A EDUCAÇÃO FÍSICA E A EDUCAÇÃO INFANTIL

O PENSAR, O SENTIR E O AGIR DA CRIANÇA

Catalogação na Fonte
Elaborado por: Josefina A. S. Guedes
Bibliotecária CRB 9/870

E244e 2024

A educação física e a educação infantil: o pensar, o sentir e o agir da criança / Francisco Finardi, Carla Ulasowicz (orgs.). – 1 ed. – Curitiba: Appris, 2024.
308 p. ; 23 cm. – (Educação, tecnologias e transdisciplinaridade).

Inclui referências.
ISBN 978-65-250-5641-8

1. Educação física para criança. 2. Educação infantil. 3. Infância. I. Finardi, Francisco. II. Ulasowicz, Carla. III. Título. IV. Série.

CDD – 372.86

Livro de acordo com a normalização técnica da ABNT

Appris editora

Editora e Livraria Appris Ltda.
Av. Manoel Ribas, 2265 – Mercês
Curitiba/PR – CEP: 80810-002
Tel. (41) 3156 - 4731
www.editoraappris.com.br

Printed in Brazil
Impresso no Brasil

Francisco Finardi
Carla Ulasowicz
(org.)

A EDUCAÇÃO FÍSICA E A EDUCAÇÃO INFANTIL

O PENSAR, O SENTIR E O AGIR DA CRIANÇA

FICHA TÉCNICA

EDITORIAL — Augusto Coelho
Sara C. de Andrade Coelho

COMITÊ EDITORIAL — Marli Caetano
Andréa Barbosa Gouveia - UFPR
Edmeire C. Pereira - UFPR
Iraneide da Silva - UFC
Jacques de Lima Ferreira - UP

SUPERVISOR DA PRODUÇÃO — Renata Cristina Lopes Miccelli

ASSESSORIA EDITORIAL — William Rodrigues

REVISÃO — Stephanie Ferreira Lima

DIAGRAMAÇÃO — Jhonny Alves dos Reis

CAPA — Francisco Finardi

ADAPTAÇÃO CAPA — João Vitor Oliveira dos Anjos

AGRADECIMENTOS

Foram 26 unidades escolares de educação infantil, das quais estive por mais de uma vez, e somaram-se, aproximadamente, 4 mil estudantes com e sem deficiências que tive o prazer de ensinar e aprender.

Limpei muitos narizes, cuidei de muitos joelhos ralados e recebi muitos abraços.

Sempre era esperado com ansiedade para o início das aulas. Ansiedade que somente estudantes da educação infantil podem explicar, por meio de abraços e carinhos conquistados ao longo dos anos.

Sempre que buscava uma turma na sala de aula, o primeiro ato dos estudantes era de correr em minha direção, o segundo era de oferecer um abraço e o terceiro era de dar licença para conduzi-los a um momento mágico e único, a aula.

Quero aqui deixar minha singela homenagem a todos os estudantes que puderam me ensinar algo novo e trocar vivências ímpares.

Quero agradecer aos meus três sobrinhos, Matteo, Luana e Lucas, pelos momentos de trocas e vivências, por meio de atividades e jogos; às famílias Finardi e Nascimento, por todo apoio que sempre concederam; à minha primeira aluna e irmã, Clarissa, pelas muitas vivências e experiências sem que ela soubesse que me ajudaria no futuro; à minha amiga, professora e orientadora, Prof.ª Dr.ª Carla Ulasowicz, por todas as trocas, as conversas, os convites acadêmicos, entre outros momentos, e pela confiança que sempre depositou em mim.

Minha gratidão.

Não posso deixar de agradecer aos professores que escreveram o prefácio e o posfácio desta obra: Prof. Dr. Luís Carlos de Menezes e Prof. Dr. Osvaldo Luiz Ferraz, respectivamente; aos colegas autores dos capítulos; aos colegas que não puderam participar na escrita dos capítulos por motivos diversos.

Não tão menos importante, agradecer aos professores que cruzaram meu caminho na educação infantil, na Educação Física, na arte, na polivalência.

A todos os funcionários das escolas em que trabalhei, às famílias, aos professores dos cursos por mim ministrados. Obrigado pelo acolhimento e confiança.

Quero agradecer também à empresa Trakto e ao CEO Paulo Tenorio Silva Filho, pela parceria na criação da capa do livro ao ceder as imagens do banco de dados.

Francisco Finardi do Nascimento

APRESENTAÇÃO

Há uma década os organizadores desta obra compartilham experiências no chão da escola, no chão das universidades; compartilham sonhos por uma Educação Física inclusiva, qualitativa, desafiadora, motivante, brincante, aventureira, significativa, brilhante, entre tantos outros adjetivos que poderiam citar.

Compartilham desapontamentos com as políticas públicas educacionais, com a falta de respeito aos colegas professores e à educação de modo geral, com quem enaltece o discurso de que a culpa é do professor se o estudante não aprende, com o descaso realizado com os pesquisadores e seus laboratórios de pesquisa, com a problemática da falta de material adequado às aulas de Educação Física, porque discursam que materiais reciclados podem ser utilizados a todo momento, aos que se referem à Educação Física como aulas para distração e sem importância acadêmica, entre outros que faltariam linhas para mencionar todos.

Apesar dos pesares, compartilham o desejo de *continuar continuando*, porque dias melhores virão.

O encontro dos professores Carla e Francisco ocorreu em um dos seminários de Educação Física escolar da Faculdade de Educação Física e Esportes da Universidade de São Paulo, não recordam o ano, apresentados pelo Prof. Dr. Luiz Sanches Neto, no caminhar pelos corredores da instituição para adentrarem às salas de aula, a fim de assistirem aos temas livres propostos no evento.

Na ocasião, o professor Luiz tecia comentários sobre a página do Facebook *Chão da quadra* e sobre a iniciativa desafiadora dessa página de publicar propostas pedagógicas inovadoras da/na Educação Física escolar que ultrapassassem didáticas que favoreçam apenas a performance, manutenção de habilidades motoras e/ou treinamento sem nenhuma contextualização para com os estudantes, ou seja, a prática pela prática.

Visitando a página do Facebook *Chão da quadra*, a professora Carla encanta-se com as aulas destinadas **à** unidade temática Práticas Corporais de Aventura, tema esse integrado à Base Nacional Comum Curricular, mas que somente é apresentado ao processo de ensino-aprendizagem a partir do 6º ano da educação básica. Porém, o professor Francisco Finardi realizava-as com as crianças da educação infantil de maneira lúdica e prazerosa, levando em consideração o contexto em que essas crianças vivem: a praia, o mar, a onda.

A partir desse seminário, os professores Carla e Francisco dividiram alguns dos momentos das suas trajetórias profissionais entre seminários, congressos, podcasts, artigos, capítulos de livros, livros, aulas para graduação e pós-graduação e **vídeos para composição de material didático.**

Pelas suas experiências acadêmicas e por suas observações das práticas pedagógicas de alguns estudantes de graduação e colegas de profissão, destaca-se a dificuldade de interagir com as aulas de Educação Física na educação infantil, dando ênfase, na maioria das vezes, ao desenvolvimento das habilidades motoras. Que fique bem claro que os organizadores consideram muito importante esse desenvolvimento, mas desde que sejam organizados e vinculados ao conhecer e compreender a cultura corporal de movimento.

Tendo conhecimento de que muitos professores atuantes na educação infantil de diferentes regiões do Brasil desenvolvem práticas pedagógicas *maravibelas* e que muito podem contribuir para melhorar o desenvolvimento das aulas para nossas crianças, teve-se a ideia de reunir algumas delas nesta obra.

Dessa forma, os leitores encontrarão 20 capítulos, respaldados por relações entre teoria e prática que vão desde os marcos legais que fundamentam o trabalho da educação infantil na unidade escolar justificados nos seis direitos de aprendizagem e desenvolvimento, de acordo com a Base Nacional Comum Curricular (BNCC), que visam assegurar o protagonismo da criança, em situações que possam vivenciar e resolver desafios, construindo sentidos e significados sobre si, os outros e o mundo; até o brincar para a desconstrução de preconceitos, estereótipos.

Da maneira em que a obra foi construída, seus capítulos podem ser lidos e estudados de maneira aleatória, pois são independentes em sua escrita.

Desejamos uma ótima leitura com a intenção de contribuir para que os professores-leitores proporcionem às nossas crianças vivências significativas relacionadas à Educação Física escolar.

Junho de 2023

Carla Ulasowicz

Francisco Finardi

PREFÁCIO

Esta notável coletânea sobre Educação Física para crianças na escola envolve tantos diferentes aspectos e visões em suas duas dezenas de artigos que seria uma temeridade tentar sintetizá-las em um simples prefácio. Por essa razão, os comentários a seguir têm por objetivo estimular sua leitura, ilustrando sua qualidade e abrangência, mais do que ousar descrever com critério tudo o que este livro apresenta, em termos de direitos, saúde, sentido lúdico, caráter pedagógico, cultura física e exemplos práticos.

Começando com as prescrições legais, vale lembrar os termos da Base Nacional Comum Curricular, relativamente à educação infantil, prescrevendo os direitos da criança de "conviver", "brincar", "participar", "explorar", "expressar" e "conhecer-se". Todos esses direitos também se efetivam na Educação Física e, como se poderá verificar, estão presentes em vários dos artigos teóricos e relatos de vivências deste livro. A Base Curricular também explicita os Campos de Experiência, entre os quais "O eu, o outro e o nós" ou "Corpos, gestos e movimentos" que ostensivamente se relacionam com a Educação Física e igualmente têm expressivo espaço nesta coletânea.

Entre os legados dos pensadores da educação do século passado, Freinet, Piaget e Vigotsky mostraram que aprende quem faz, não quem somente escuta, que aprender é ação existencial coletiva, não abstrata e isolada. E foi nosso Paulo Freire que nos convenceu de que se aprende no próprio contexto, experimentando o que se vive, e não repetindo mecanicamente algo padronizado. Pois esses ensinamentos serão percebidos como premissas de autoras e autores deste livro, ao tratarem os movimentos físicos das crianças para conhecerem-se a si mesmas na relação com as demais ou para associarem essas práticas à cultura ficcional que lhes seja familiar. Por isso, nos conceitos e exemplos que apresentam, ficará claro o sentido expressivo e lúdico do educar fisicamente, que, além de músculos, envolve conhecimento e emoção.

Sob a coordenação de Francisco Finardi do Nascimento e Carla Ulasowicz, reuniram-se 20 artigos de múltiplas autorias, que não precisam ser lidos em sequência, dada a diversidade de temáticas e abordagens, e que certamente trarão contribuições significativas para quem queira educar crianças, com a consciência de quanto isso é complexo e, portanto, demanda profundidade conceitual e diferentes competências.

São Paulo, junho de 2023

Luís Carlos de Menezes

SUMÁRIO

CAPÍTULO 1

ASPECTOS LEGAIS DA EDUCAÇÃO INFANTIL

Rosangela Matias-Andriatti

A Educação Infantil no Brasil viveu e ainda vive um cenário de intensas mudanças, desde os aspectos legais, as concepções de infâncias, práticas pedagógicas até as políticas públicas voltadas à modalidade.

De acordo com o Parecer do Conselho Nacional de Educação (CNE) n.º 20/2009 (BRASIL, 2009), a construção da identidade das creches e pré-escolas, a partir do século XIX no Brasil, foi marcada por ausência de investimentos em políticas públicas e profissionalização da área e pelas diferenciações em relação à classe social das famílias. Assim, as crianças mais pobres eram vinculadas aos órgãos de assistência social, enquanto para as de classes mais abastadas, a proposta estava assentada nas práticas escolares.

Essas diferenciações de classes sociais na educação infantil à época sinalizaram fragmentação nas concepções acerca da educação das crianças nesses espaços, compreendendo o cuidar como mera atividade ligada ao corpo, destinado às crianças com classes sociais menos favorecidas, enquanto o educar como experiência de promoção intelectual oferecido aos filhos dos grupos sociais socialmente privilegiados.

Esse cenário sofreu alterações com a promulgação da Constituição da República Federativa do Brasil (BRASIL, 1988), que incorporou importantes conquistas aos cidadãos, alicerçadas em suas concepções de direitos e deveres, um deles expresso no artigo 208, IV, que garantiu a Educação Infantil como direito social das crianças e o atendimento como um dever do estado.

Vale ressaltar que grande parte dessa conquista foi fruto de lutas dos movimentos de mulheres, trabalhadores, dos profissionais da educação e dos movimentos de redemocratização do país, como afirmado no CNE n.º 20/2009 (BRASIL, 2009), um novo paradigma do atendimento à infância — iniciado em 1959 com a Declaração Universal dos Direitos da Criança e do Adolescente e instituído no país pelo artigo 227 da Constituição Federal de

1988 (BRASIL, 1988) e pelo Estatuto da Criança e do Adolescente Lei n.º 8.069/90 (BRASIL, 1990), tornou-se referência para os movimentos sociais de "luta por creche" e orientou a transição do entendimento da creche e pré-escola como um favor aos socialmente menos favorecidos para a compreensão desses espaços como um direito de todas as crianças à educação, independentemente de seu grupo social.

A Resolução n.º 4/2010 do Conselho Nacional de Educação (BRASIL, 2010) supera a fragmentação da concepção de educar e cuidar, ao afirmar em seu Art. 6º que na educação básica é necessário considerar as dimensões do educar e do cuidar, em sua inseparabilidade, buscando recuperar para a função social desse nível da educação, a sua centralidade, que é o educando, pessoa em formação na sua essência humana. Assim, a educação infantil deve cumprir suas duas funções: cuidar e educar, sendo essas indispensáveis e indissociáveis na promoção do desenvolvimento integral e em todas as dimensões de cada criança.

Os aspectos legais previstos na Lei n.º 8.069/1990 (BRASIL, 1990), que dispõe do Estatuto da Criança e do Adolescente, a Lei n.º 9.394/1996 (BRASIL, 1996) das Diretrizes e Bases da Educação Nacional, alterada pela Lei n.º 12.796/2013 (BRASIL, 2013), a Lei n.º 13.005/2014 (BRASIL, 2014), que aprova o Plano Nacional de Educação (PNE), foram marcos históricos fundamentais que asseguraram a educação infantil como a primeira etapa da educação básica, bem como os pressupostos curriculares e pedagógicos, como destacam alguns artigos da Lei de Diretrizes e Bases da Educação Nacional (BRASIL, 2013, s/p), a saber:

> Art.4º. Educação básica e obrigatória gratuita dos quatro aos 17 anos de idade, organizada em Pré-Escola, Ensino Fundamental e Ensino Médio.
>
> Art.6º. É dever dos pais ou responsáveis efetuar a matrícula das crianças na educação básica a partir dos 4 (quatro) anos de idade.
>
> Art.26. Os currículos da Educação Infantil, do Ensino Fundamental e do Ensino Médio devem ter como referência de ensino a Base Nacional Comum Curricular, a ser complementada, em cada Sistema de ensino e em cada estabelecimento escolar.
>
> Art. 29. A Educação Infantil, primeira etapa da educação básica, tem como finalidade o desenvolvimento integral da criança de zero até cinco anos, em seus aspectos físico,

psicológico, intelectual e social, complementando a ação da família e da comunidade. Art.30. pré-escolas, para as crianças de 4 (quatro) a 5 (cinco) anos de idade.

Art.31. A Educação Infantil será organizada de acordo com as seguintes regras comuns:

I - avaliação mediante acompanhamento e registro do desenvolvimento das crianças, sem o objetivo de promoção, mesmo para o acesso ao ensino fundamental;

- carga horária mínima anual de 800 (oitocentas) horas, distribuída por um mínimo de 200 (duzentos) dias de trabalho educacional;

- atendimento à criança de, no mínimo, 4 (quatro) horas diárias para o turno parcial e de 7 (sete) horas para a jornada integral;

IV - controle de frequência pela instituição de educação pré-escolar, exigida a frequência mínima de 60% (sessenta por cento) do total de horas;

V - expedição de documentação que permita atestar os processos de desenvolvimento e aprendizagem da criança.

luz dessas prerrogativas, fez-se necessário a construção de documentos orientadores e normativos que contextualizaram concepções e práticas pedagógicas, para auxiliarem as redes e instituições na reorganização pedagógica da educação infantil.

E nesse contexto emergiu o Referencial Curricular Nacional para Educação Infantil –RCN (BRASIL, 1998). Construído a partir de debate nacional com professores e profissionais que atuavam com crianças, teve por premissa contribuir com a organização da proposta pedagógica acerca dos objetivos, temas e instrumentos avaliativos e orientações pedagógicas no fortalecimento da atuação docente e do trabalho com as famílias e comunidade, considerando a diversidade regional e territorial.

Considerando essas premissas, a proposta do Referencial Curricular Nacional (BRASIL, 1998) foi instrumentalizar as práticas pedagógicas acerca de seus objetivos, conteúdos e orientações didáticas para os profissionais que atuavam com crianças de zero a seis anos, respeitando a diversidade cultural brasileira, a especificidade de cada instituição, propondo permanente diálogo da com comunidade escolar com as famílias.

A concepção de criança apresentada no RCN (BRASIL, 1998) a constitui como um sujeito social e histórico que compõem uma organização familiar que está inserida em uma sociedade, com uma determinada cultura, em um determinado momento histórico. É profundamente marcada pelo meio social em que se desenvolve, mas também o marca.

O material foi organizado em três volumes com as temáticas:

Volume I – Introdução: contexto histórico das creches e pré-escolas no país, apresentando objetivos gerais da educação infantil, concepção de criança, de educação, de instituição e do perfil do profissional que atua na modalidade.

Volume 2 – Formação Pessoal e Social: subsidiado com propostas pedagógicas que priorizam os processos de construção da identidade e da autonomia das crianças.

Volume 3 – Conhecimento de Mundo: estruturado em propostas pedagógicas que estimulam o trabalho com as diferentes linguagens e as relações que estabelece com os objetos de conhecimento: movimento, música, artes visuais, linguagem oral e escrita, natureza e sociedade e matemática.

De acordo com Brasil (1998), a publicação do Referencial Curricular Nacional foi um avanço para a modalidade, ao buscar soluções educativas para a superação, de um lado, da tradição assistencialista das creches e, de outro, da marca da antecipação da escolaridade das pré-escolas.

Em continuidade, estudos e debates sobre a educação infantil avançaram e foram expressos na Resolução n.º 5, de 17 de dezembro de 2009 (BRASIL, 2009), com a promulgação das Diretrizes Curriculares Nacionais para a Educação Infantil – DCN (BRASIL, 2010), que teve por objetivo estabelecer as diretrizes a serem observadas na organização de propostas pedagógicas na educação infantil e, ainda, para orientar as políticas públicas e a elaboração, planejamento, execução e avaliação de propostas pedagógicas e curriculares de educação infantil.

A DCN (BRASIL, 2009) define concepções de criança, currículo e proposta pedagógica, como:

> **Concepção de criança:** como sujeito histórico e de direitos, que a partir das relações e práticas cotidianas que vivencia, constrói sua identidade pessoal e coletiva, brinca, fantasia, aprende, experimenta, observa, questiona e constrói sentidos.
>
> **Concepção de currículo:** caracterizado como conjunto de práticas que buscam articular as experiências e os saberes

> das crianças com os conhecimentos que compõem o patrimônio cultural, artístico, ambiental, científico e tecnológico, visando o desenvolvimento integral. O documento ressalta que os eixos norteadores do currículo são as interações e as brincadeiras.
>
> **Proposta Pedagógica ou Projeto Político Pedagógico:** como plano orientador das instituições que define as metas para a aprendizagem e o desenvolvimento das crianças, sendo construído num processo colaborativo entre todos os profissionais da escola e a comunidade atendida, respeitando os princípios éticos, políticos e estéticos, sendo:
>
> - Éticos: da autonomia, da responsabilidade, da solidariedade e do respeito ao bem comum, ao meio ambiente e às diferentes culturas, identidades e singularidades.
> - **Políticos:** dos direitos de cidadania, do exercício da criticidade e do respeito à ordem democrática.
> - **Estéticos:** da sensibilidade, da criatividade, da ludicidade e da liberdade de expressão nas diferentes manifestações artísticas e culturais sobre a natureza e a sociedade, produzindo cultura. (BRASIL, 2010, p. 16, grifos nossos).

De acordo com as Diretrizes Curriculares Nacionais para a Educação Infantil (BRASIL, 2010), para consolidação dos objetivos as propostas pedagógicas das instituições, devem assegurar condições para o trabalho coletivo com as equipes das escolas na organização dos tempos, espaços e materiais e, na perspectiva da integralidade da criança, educar e cuidar são processos indissociáveis.

As Diretrizes Curriculares balizaram discussões para a construção da Base Nacional Comum Curricular – BNCC (BRASIL, 2018). O documento de caráter normativo define o conjunto orgânico e progressivo de aprendizagens essenciais, assegurando o desenvolvimento de dez competências, que todos os estudantes devem desenvolver em seu processo de escolarização da educação básica, sendo elas:

1. Valorizar e utilizar os conhecimentos historicamente construídos sobre o mundo físico, social, cultural e digital para entender e explicar a realidade, continuar aprendendo e colaborar para a construção de uma sociedade justa, democrática e inclusiva.

2. Exercitar a curiosidade intelectual e recorrer à abordagem própria das ciências, incluindo a investigação, a reflexão, a análise crítica, a imaginação e a criatividade, para investigar causas, elaborar e testar hipóteses, formular e resolver problemas e criar soluções (inclusive tecnológicas) com base nos conhecimentos das diferentes áreas.
3. Valorizar e fruir as diversas manifestações artísticas e culturais, das locais às mundiais, e também participar de práticas diversificadas da produção artístico-cultural.
4. Utilizar diferentes linguagens – verbal (oral ou visual-motora, como Libras, e escrita), corporal, visual, sonora e digital –, bem como conhecimentos das linguagens artística, matemática e científica, para se expressar e partilhar informações, experiências, ideias e sentimentos em diferentes contextos e produzir sentidos que levem ao entendimento mútuo.
5. Compreender, utilizar e criar tecnologias digitais de informação e comunicação de forma crítica, significativa, reflexiva e ética nas diversas práticas sociais (incluindo as escolares) para se comunicar, acessar e disseminar informações, produzir conhecimentos, resolver problemas e exercer protagonismo e autoria na vida pessoal e coletiva.
6. Valorizar a diversidade de saberes e vivências culturais e apropriar-se de conhecimentos e experiências que lhe possibilitem entender as relações próprias do mundo do trabalho e fazer escolhas alinhadas ao exercício da cidadania e ao seu projeto de vida, com liberdade, autonomia, consciência crítica e responsabilidade.
7. Argumentar com base em fatos, dados e informações confiáveis, para formular, negociar e defender ideias, pontos de vista e decisões comuns que respeitem e promovam os direitos humanos, a consciência socioambiental e o consumo responsável em âmbito local, regional e global, com posicionamento ético em relação ao cuidado de si mesmo, dos outros e do planeta.
8. Conhecer-se, apreciar-se e cuidar de sua saúde física e emocional, compreendendo-se na diversidade humana e reconhecendo suas emoções e as dos outros, com autocrítica e capacidade para lidar com elas.
9. Exercitar a empatia, o diálogo, a resolução de conflitos e a cooperação, fazendo-se respeitar e promovendo o respeito ao outro e aos

direitos humanos, com acolhimento e valorização da diversidade de indivíduos e de grupos sociais, seus saberes, identidades, culturas e potencialidades, sem preconceitos de qualquer natureza.

10. Agir pessoal e coletivamente com autonomia, responsabilidade, flexibilidade, resiliência e determinação, tomando decisões com base em princípios éticos, democráticos, inclusivos, sustentáveis e solidários. (BRASIL, 2018, p. 10).

O conjunto de competências apresentados no documento reitera o compromisso da educação em contribuir para com o desenvolvimento de uma sociedade mais democrática, solidária, humana e inclusiva. Nesse sentido, a BNCC (BRASIL, 2018) está orientada pelos princípios éticos, políticos e estéticos que visam à formação humana integral.

A concepção de criança preconizada pela Base Nacional Comum Curricular (BRASIL, 2018) é o ser humano que observa, questiona, levanta hipóteses conclui e assimila valores e que constrói conhecimentos e se apropria do conhecimento sistematizado, por meio da ação e nas interações com o mundo físico e social, não deve resultar no confinamento dessas aprendizagens a um processo de desenvolvimento natural ou espontâneo. Ao contrário, ressalta a necessidade de imprimir intencionalidade educativa às práticas pedagógicas desde os bebês.

Nessa perspectiva, a educação infantil na BNCC está estrutura em seis direitos de aprendizagem e desenvolvimento, visando assegurar o protagonismo da criança, em situações que possam vivenciar e resolver desafios, construindo sentidos e significados sobre si, os outros e o mundo, sendo eles:

- **Conviver** com outras crianças e adultos, em pequenos e grandes grupos, utilizando diferentes linguagens, ampliando o conhecimento de si e do outro, o respeito em relação à cultura e às diferenças entre as pessoas.
- **Brincar** cotidianamente de diversas formas, em diferentes espaços e tempos, com diferentes parceiros (crianças e adultos), ampliando e diversificando seu acesso a produções culturais, seus conhecimentos, sua imaginação, sua criatividade, suas experiências emocionais, corporais, sensoriais, expressivas, cognitivas, sociais e relacionais.
- **Participar** ativamente, com adultos e outras crianças, tanto do planejamento da gestão da escola e das atividades propostas pelo

educador quanto da realização das atividades da vida cotidiana, tais como a escolha das brincadeiras, dos materiais e dos ambientes, desenvolvendo diferentes linguagens e elaborando conhecimentos, decidindo e se posicionando.

- **Explorar** movimentos, gestos, sons, formas, texturas, cores, palavras, emoções, transformações, relacionamentos, histórias, objetos, elementos da natureza, na escola e fora dela, ampliando seus saberes sobre a cultura, em suas diversas modalidades: as artes, a escrita, a ciência e a tecnologia.
- **Expressar,** como sujeito dialógico, criativo e sensível, suas necessidades, emoções, sentimentos, dúvidas, hipóteses, descobertas, opiniões, questionamentos, por meio de diferentes linguagens.
- **Conhecer-se** e construir sua identidade pessoal, social e cultural, constituindo uma imagem positiva de si e de seus grupos de pertencimento, nas diversas experiências de cuidados, interações, brincadeiras e linguagens vivenciadas na instituição escolar e em seu contexto familiar e comunitário. (BRASIL, 2018, p. 39, grifos nossos).

Para assegurar o trabalho com os direitos de aprendizagens, a BNCC (BRASIL, 2018) reafirma o trabalho com os eixos estruturantes **interações e brincadeira**, com a organização curricular estruturada em cinco campos de experiências, sendo eles:

O eu, o outro e o nós: é na interação com os pares e com adultos que as crianças vão constituindo um modo próprio de agir, sentir e pensar e vão descobrindo que existem outros modos de vida, pessoas diferentes, com outros pontos de vista. Conforme vivem suas primeiras experiências sociais (na família, na instituição escolar, na coletividade), constroem percepções e questionamentos sobre si e sobre os outros, diferenciando-se e, simultaneamente, identificando- se como seres individuais e sociais. Ao mesmo tempo que participam de relações sociais e de cuidados pessoais, as crianças constroem sua autonomia e senso de autocuidado, de reciprocidade e de interdependência com o meio. Por sua vez, na educação infantil, é preciso criar oportunidades para que as crianças entrem em contato com outros grupos sociais e culturais, outros modos de vida, diferentes atitudes, técnicas e rituais de cuidados pessoais e do grupo, costumes, celebrações e narrativas. Nessas experiências, elas podem ampliar o modo de perceber a si mesmas e ao outro, valorizar sua identidade, respeitar os outros e reconhecer as diferenças que nos constituem como seres humanos.

Corpo, gestos e movimento: com o corpo (por meio dos sentidos, gestos, movimentos impulsivos ou intencionais, coordenados ou espontâneos), as crianças, desde cedo, exploram o mundo, o espaço e os objetos do seu entorno, estabelecem relações, expressam-se, brincam e produzem conhecimentos sobre si, sobre o outro, sobre o universo social e cultural, tornando-se, progressivamente, conscientes dessa corporeidade. Por meio das diferentes linguagens, como a música, a dança, o teatro, as brincadeiras de faz de conta, elas se comunicam e se expressam no entrelaçamento entre corpo, emoção e linguagem. As crianças conhecem e reconhecem as sensações e funções de seu corpo e, com seus gestos e movimentos, identificam suas potencialidades e seus limites, desenvolvendo, ao mesmo tempo, a consciência sobre o que é seguro e o que pode ser um risco à sua integridade física. Na educação infantil, o corpo das crianças ganha centralidade, pois ele é o partícipe privilegiado das práticas pedagógicas de cuidado físico, orientadas para a emancipação e a liberdade, e não para a submissão. Assim, a instituição escolar precisa promover oportunidades ricas para que as crianças possam, sempre animadas pelo espírito lúdico e na interação com seus pares, explorar e vivenciar um amplo repertório de movimentos, gestos, olhares, sons e mímicas com o corpo, para descobrir variados modos de ocupação e uso do espaço com o corpo (tais como sentar com apoio, rastejar, engatinhar, escorregar, caminhar apoiando-se em berços, mesas e cordas, saltar, escalar, equilibrar-se, correr, dar cambalhotas, alongar-se etc.).

Traços, sons, cores e formas: conviver com diferentes manifestações artísticas, culturais e científicas, locais e universais, no cotidiano da instituição escolar, possibilita às crianças, por meio de experiências diversificadas, vivenciar diversas formas de expressão e linguagens, como as artes visuais (pintura, modelagem, colagem, fotografia etc.), a música, o teatro, a dança e o audiovisual, entre outras. Com base nessas experiências, elas se expressam por várias linguagens, criando suas próprias produções artísticas ou culturais, exercitando a autoria (coletiva e individual) com sons, traços, gestos, danças, mímicas, encenações, canções, desenhos, modelagens, manipulação de diversos materiais e de recursos tecnológicos. Essas experiências contribuem para que, desde muito pequenas, as crianças desenvolvam senso estético e crítico, o conhecimento de si mesmas, dos outros e da realidade que as cerca. Portanto, a educação infantil precisa promover a participação das crianças em tempos e espaços para a produção, manifestação e apreciação artística, de modo a favorecer o desenvolvimento da sensibilidade, da criatividade e da expressão pessoal das crianças, permitindo que se apropriem e reconfigurem, permanentemente, a cultura e potencializem suas singularidades, ao ampliar repertórios e interpretar suas experiências e vivências artísticas.

Escuta, fala, pensamento e imaginação: desde o nascimento, as crianças participam de situações comunicativas cotidianas com as pessoas com as quais interagem. As primeiras formas de interação do bebê são os movimentos do seu corpo, o olhar, a postura corporal, o sorriso, o choro e outros recursos vocais, que ganham sentido com a interpretação do outro. Progressivamente, as crianças vão ampliando e enriquecendo seu vocabulário e demais recursos de expressão e de compreensão, apropriando-se da língua materna — que se torna, pouco a pouco, seu veículo privilegiado de interação. Na educação infantil, é importante promover experiências nas quais as crianças possam falar e ouvir, potencializando sua participação na cultura oral, pois é na escuta de histórias, na participação em conversas, nas descrições, nas narrativas elaboradas individualmente ou em grupo e nas implicações com as múltiplas linguagens que a criança se constitui ativamente como sujeito singular e pertencente a um grupo social.

Espaços, tempos, quantidades, relações e transformações: as crianças vivem inseridas em espaços e tempos de diferentes dimensões, em um mundo constituído de fenômenos naturais e socioculturais. Desde muito pequenas, elas procuram se situar em diversos espaços (rua, bairro, cidade etc.) e tempos (dia e noite; hoje, ontem e amanhã etc.). Demonstram também curiosidade sobre o mundo físico (seu próprio corpo, os fenômenos atmosféricos, os animais, as plantas, as transformações da natureza, os diferentes tipos de materiais e as possibilidades de sua manipulação etc.) e o mundo sociocultural (as relações de parentesco e sociais entre as pessoas que conhece; como vivem e em que trabalham essas pessoas; quais suas tradições e seus costumes; adversidade entre elas etc.). Além disso, nessas experiências e em muitas outras, as crianças também se deparam, frequentemente, com conhecimentos matemáticos (contagem, ordenação, relações entre quantidades, dimensões, medidas, comparação de pesos e de comprimentos, avaliação de distâncias, reconhecimento de formas geométricas, conhecimento e reconhecimento de numerais cardinais e ordinais etc.) que igualmente aguçam a curiosidade. Portanto, a educação infantil precisa promover experiências nas quais as crianças possam fazer observações, manipular objetos, investigar e explorar seu entorno, levantar hipóteses e consultar fontes de informação para buscar respostas às suas curiosidades e indagações. Assim, a instituição escolar está criando oportunidades para que as crianças ampliem seus conhecimentos do mundo físico e sociocultural e possam utilizá-los em seu cotidiano (BRASIL, 2018, p. 40).

Para a BNCC (BRASIL, 2018), os campos de experiências constituem um arranjo curricular que acolhe as situações e as experiências concretas e cotidianas das crianças e seus saberes.

indiscutível que os avanços no âmbito legislativo e pedagógico trouxeram importantes conquistas para a modalidade, desde a Constituição de 1988, que garantiu a educação infantil como direito da criança e dever do estado e a Lei n.º 9.394/1996 das Diretrizes e Bases da Educação Nacional, alterada pela Lei n.º 12.796/2013, que assegurou a educação básica e gratuita dos quatro aos 17 anos de idade.

As determinações dessas legislações têm assegurado a educação infantil como direito constitucional da criança a ser cumprido por instituições, profissionais e famílias.

Perceptível, desde então, que essa garantia tem sido, por um lado, ainda negligenciada e, por outro, implementada e expandida em muitos estados e municípios, com maior ou menor intensidade, seja como política pública local ou para atender as legislações vigentes que monitoram essas ações, como o Plano Nacional de Educação (PNE), da Lei n.º 13.005/2014 (BRASIL, 2014).

O conjunto de normas regulamentadoras expressas nas legislações e pareceres, bem como os documentos orientadores para a educação no decorrer das últimas décadas, tem como premissas o acesso, a permanência, a aprendizagem e o desenvolvimento integral da criança, como direito, sendo dever do estado em regime de colaboração, entre as três esferas (municipal, estadual e federal), investimentos em políticas públicas balizadoras de uma educação de qualidade com equidade.

REFERÊNCIAS

BRASIL. **Constituição da República Federativa do Brasil de 1988**. Brasília, DF: Presidente da República [2016]. Disponível em: http://www.planalto.gov.br/ccivil_03/constituicao/constituicao.htm. Acesso em: 1 maio 2022.

BRASIL. Ministério da Educação e do Desporto. Secretaria de Educação Fundamental. **Referencial Curricular Nacional para a Educação Infantil**. Secretaria de Educação Básica. Brasília: MEC, SEF, 1998.

BRASIL. Ministério da Educação. Secretaria de Educação Básica. **Diretrizes curriculares nacionais para a Educação Infantil**. Brasília: MEC, SEB, 2010.

BRASIL. Ministério da Educação. Secretaria de Educação Básica. **Diretrizes curriculares nacionais para o ensino fundamental.** Brasília: MEC, SEB, 2010b.

BRASIL. Ministério da Educação. **Base Nacional Comum Curricular.** Brasília, 2017. Disponível em: BNCC_EI_EF_110518_versaofinal_site.pdf (mec.gov.br). Acesso em: 30 abr. 2022.

BRASIL. **Lei 8.069, de 13 de julho de 1990**. Dispõe sobre o Estatuto da Criança e do Adolescente e dá outras providências. Brasília, 1990.

BRASIL. **Lei Federal 9.394 de 20 de dezembro de 1996.** Lei de Diretrizes e Bases – LDB. Brasília, 1996.

BRASIL. Brasília, DF, 20 de dez 1996. Disponível em: http://portal.mec.gov.br/seed/arquivos/pdf/tvescola/leis/lei. Acesso em: 30 abr. 2022.

BRASIL. **Lei Federal 12.796 de 4 de abril de 2013.** Altera a Lei de Diretrizes e Bases – LDB. Brasília, 2013.

BRASIL. Brasília, DF, 4 de abr. 2013. Disponível em: https://www.in.gov.br/materia/-/asset_publisher/Kujrw0TZC2Mb/content/id/30037356/do1-2013-04-05-lei-n-12-796-de-4-de-abril-de-2013-30037348. Acesso em: 30 abr. 2022.

BRASIL. **Lei Federal 13.005, de 25 de junho de 2014**. Aprova o Plano Nacional de Educação - PNE e dá outras providências. Brasília, DF, 25. Jun. 2014. Disponível em: http://www.planalto.gov.br/ccivil_03/_ato2011-2014/2014/lei/l13005.htm. Acesso em: 30 abr. 2022.

BRASIL. PARECERCNE/CEBN.º20/2009.Brasília, 2009. Disponívelem: https://www.asbrei.org.br/parecer-cneceb-no-202009/. Acesso em: 6 ago. 2022.

CAPÍTULO 2

CORPO EM MOVIMENTO: SABERES DA EDUCAÇÃO FÍSICA NA INFÂNCIA

Evandro Antonio Corrêa
Deivide Telles de Lima

INTRODUÇÃO

Ao refletirmos sobre as possibilidades de saberes relacionados à Educação Física, indagamos a diversidade de conteúdos/temáticas que podem ser abordados no processo de ensino e aprendizagem, em diferentes tempos/espaços do processo educacional formal como jogos, brincadeiras, esportes, ginásticas, lutas, danças e atividades rítmicas expressivas, práticas corporais de aventura (urbanas e na natureza) e o envolvimento das tecnologias nesse contexto de inter-relações mediado pelo corpo em movimento.

Para além desses conteúdos, o ensino da Educação Física escolar envolve, segundo Brasil e Ferreira (2020, p. 3), "um conjunto de conhecimentos como, por exemplo, a contextualização histórica; discussões relacionadas ao gênero e ao preconceito; a contemporaneidade das práticas corporais; valores e atitudes identificados e produzidos nestas práticas, entre tantos outros". Todavia, de acordo com Bagnara e Fensterseifer (2019), parece ser um desafio e pode haver dificuldades, por parte dos professores, em planejar estratégias de ensino e avaliar conteúdos e conhecimentos dentro de um projeto curricular para a Educação Física Escolar.

O professor de Educação Física, por sua vez, pode encontrar dificuldades e/ou limitações em sua formação inicial e continuada, assim como na sua atuação como docente na escola, que poderá enfrentá-las ou ignorá-las. Dessa forma, enfrentá-los significa, muitas vezes, que o professor deve repensar uma série de fatores, dialogar com outros professores e literaturas específicas, experimentar alternativas, romper paradigmas e propor soluções, mesmo que provisórias, na perspectiva de uma proposta inovadora deve ser realizada como uma construção diária, que demanda tempo e energia (BAGNARA; FENSTERSEIFER, 2019), ou seja, planejar, sistematizar, ministrar aulas e avaliar os alunos, entre outros, "dá trabalho".

Sobre essa temática, em 2018, a Base Nacional Comum Curricular (BNCC) vem propor mudanças e dar subsídios para a educação brasileira planejar e elaborar seus currículos, tendo em vista o compromisso com a educação integral e o reconhecimento de que a educação básica deve visar a formação e o desenvolvimento humano em sua totalidade. Porém, especialmente, na educação infantil e no ensino fundamental I, isso implica por um lado reconhecer os contextos e as demandas educacionais da atualidade, bem como romper com visões reducionistas de criança, que fragmenta as crianças e os saberes e privilegiam apenas a formação intelectual.

Nesse sentido, sabe-se que na Educação Física escolar, essas etapas da educação básica ainda esbarram em inúmeras dificuldades, como as concepções de infância, ludicidade e criança, a formação docente e as condições de infraestrutura das instituições. Entendemos ser um desafio compreender essas relações. Contudo, na cultura infantil, o repertório de vivências e interações ocorrem por meio do corpo em movimento, caracterizados sob a perspectiva do lúdico, ou seja, na ação do brincar e do jogar, tendo como elementos essenciais a imaginação, o prazer e a diversão.

Para Callois (1990), o jogo é um elemento essencial no desenvolvimento da civilização. Os jogos e brincadeiras estão presentes no universo infantil e nos tempos/espaços da educação escolar. Com efeito, a ideia de sistematização das brincadeiras e jogos como atividades de ensino que guiam o desenvolvimento da criança se configuram como o ambiente no "qual ocorrem as mais importantes mudanças no desenvolvimento psíquico que preparam o caminho da transição da criança para um novo e mais elevado nível de desenvolvimento" (LEONTIEV, 1978, p. 122).

Diante desse quadro, à luz da literatura e da experiência docente, objetivamos refletir sobre os saberes da Educação Física manifestados no corpo em movimento na infância por meio dos jogos e brincadeiras, tendo em vista a formação integral da criança na educação infantil e ensino fundamental I.

O corpo em movimento: interfaces com a educação na/da infância

O processo de investigação deste capítulo contou uma reflexão sobre o tema na forma jogos e brincadeiras "tradicionais", tecnológicos e de matriz indígena e africana nas infâncias com significativa diversidade de manifestações corporais praticadas/vivenciadas nessa etapa. Essas atividades são elementos constituintes da cultura e expressam saberes populares, lúdico e tecnológicos produzidos pelas sociedades, possibilitando um envolvimento intergeracional, além do convívio social permeado por oportunidades de ensino e aprendizagem educação escolar da/na infância.

Dessa maneira, dentro de uma perspectiva sociológica a cultura lúdica acompanha a humanidade, que "incorpora diferentes aspectos da cultura: conhecimentos, valores, habilidades e atitudes, portanto, a sua utilização como recurso pedagógico requer do educador um posicionamento frente às suas possibilidades e limitações" (HUIZINGA, 2008, p. 19).

Martins, Albres e Souza (2015, p. 109) destacam que "no processo de brincar em conjunto, a enunciação proferida é incitada fora do indivíduo, influenciada pelo outro e pelas condições do meio social". Nesse sentido, o lúdico contribui para construção e descobrimento do mundo pela criança, pois seria um potencializador da aprendizagem, em que o "brincar é envolvido do simbólico, da transposição do real para o imaginário" (MARTINS; ALBRES; SOUZA, 2015, p. 109).

Já Marcellino (1999) constatou certo "furto" do componente lúdico da infância. Tal fator pode ser observado nos últimos anos com a restrição de tempo e de espaços para a criança, principalmente, nas áreas urbanas, o que pode reduzir a cultura infantil ao consumo de bens culturais produzidos pelos adultos, e não por elas, comprometendo a evasão do real, o uso da imaginação, elemento proporcionado pelas vivências lúdicas.

De acordo com Kishimoto (2009, p. 11), "com a urbanização, industrialização e novos modos de vida, esqueceu-se a criança, encurtou-se a infância, a criança tornou-se um precoce aprendiz". Nesse interim, Sarmento e Marchi (2008) propõe uma reconstrução teórica do que é ser criança e apontam para a marginalização e a invisibilidade de ser criança.

Marcellino (1999, p. 85) alega que muitas propostas existentes na instituição escolar geralmente "são tão carregadas pelo adjetivo 'educativo', que perdem as possibilidades de realização do brinquedo, da alegria, da espontaneidade, da festa". O autor menciona como exemplos os "passeios educativos" e os "dias de lazer obrigatórios" que, pela obrigatoriedade, acabam se tornando artificiais.

Por sua vez, as práticas pedagógicas na Educação Física escolar deveriam possibilitar as crianças "expressar-se, movimentar-se, identificar, reconhecer-se, relacionar, conhecer, perceber, em suas ações e nas relações que estabelecem com o mundo e com o outro", por intermédio do corpo em movimento (LIMA; HUNGER, 2019, p. 185). Da mesma maneira, "seja qual for a ótica, torna-se necessário o debate das interrelações estabelecidas na sociedade entre a tecnologia, corpo e educação como um processo contínuo de transformações que envolvem questões culturais, econômicas, políticas, sociais" (CORRÊA; LIMA, 2021, p. 237).

Para Corrêa e Lima (2021), apoiados, principalmente, na fenomenologia da percepção, do filósofo Merleau-Ponty, apontam para superação da visão dicotômica de corpo para uma perspectiva de corporeidade na área da Educação Física Escolar e que, para esse filósofo, o homem não tem um corpo, ele é um corpo, uma experiência vivida do ser.

Significa, também, observar "[...] a ampliação dos limites de compreensão sobre o corpo, agora podendo estar também presente virtualmente" e tal situação leva a refletir sobre a exigência sobre "novas concepções para tempo, espaço e construção simbólica da corporeidade, temáticas importantes, as quais representam um grande desafio para serem discutidas no contexto da Motricidade Humana" (SCHWARTZ, 2019, p. 216).

Ademais, "este novo modo de pensar a corporeidade aliada à virtualidade, alarga a percepção de corpo para além da presença física tangível (in loco), o que deflagra inúmeras alterações na sociedade" (SCHWARTZ, 2019, p. 216). Ou seja, "emissor ou receptor, o corpo produz sentidos continuamente e assim insere o homem, de forma ativa, no interior de dado espaço social e cultural" (LE BRETON, 2007, p. 9).

Mediante a esses breves apontamentos, na escola, pensar o corpo em movimento e as possibilidades lúdicas é pensar na criança e na cultura infantil dentro desse espaço como parte do processo de formação do ser humano. As Diretrizes Curriculares Nacionais para Educação Infantil (DCNEI) colocam a criança como centro do planejamento curricular, entendendo-a como "sujeito histórico e de direitos que se desenvolve nas interações, relações e práticas cotidianas a ela disponibilizadas e por ela estabelecidas com adultos e crianças de diferentes idades nos grupos e contextos culturais nos quais se insere" (BRASIL, 2013, p. 86).

Conforme apresentado na DCNEI, a criança "faz amizades, brinca com água ou terra, faz-de-conta, deseja, aprende, observa, conversa, experimenta, questiona, constrói sentidos sobre o mundo e suas identidades pessoal e coletiva, produzindo cultura" (BRASIL, 2013, p. 86). Segundo

Lucena (2017, p. 1320), "[...] a relação entre corpo, educação e civilização faz suscitar uma série de interrogações, melhor dizendo, de inquietações que podem trazer novos movimentos para pensarmos o homem".

O ser humano é percepção, é linguagem e expressão, é movimento, ou seja, "[...] emissor ou receptor, o corpo produz sentidos continuamente e assim insere o homem, de forma ativa, no interior de dado espaço social e cultural" (LE BRETON, 2007, p. 9).

Para Daolio (2004), as manifestações corporais humanas são geradas na dinâmica cultural, sendo expressas de modo diversificado e com significados próprios de grupos culturais específicos e seus respectivos contextos. E concordamos que "[...] os saberes construídos sobre o corpo humano são provisórios e contextualizados num dado momento histórico" (PAIVA; GOELLNER, 2008, p. 486).

Nesse sentido, a Educação Física é a "área de conhecimento e intervenção que lida com a cultura corporal de movimento, objetivando a melhoria qualitativa das práticas constitutivas daquela cultura, mediante referenciais científicos, filosóficos e pedagógicos" (BETTI, 2001, p. 155). Essa disciplina curricular, como parte integrante da proposta pedagógica da escola, tem a finalidade de

> [...] introduzir e integrar o aluno no âmbito da cultura corporal de movimento, visando [pela apropriação crítica dessa cultura] formar o cidadão que possa usufruir, compartilhar, produzir, reproduzir e transformar as formas culturais do exercício da motricidade humana, tais como jogos, esportes, ginásticas e práticas de aptidão física, dança e atividades rítmicas/expressivas, lutas/artes marciais e práticas alternativas (BETTI, 2004, p. 24-25).

Destaca-se, ainda, que o ensino da cultura corporal de movimento pode contribuir, especialmente, se desenvolvido e valorizado na infância por meio dos jogos e brincadeiras. Rossi e Hunger (2012) abordam elementos da linguagem corporal que podem ser explorados na infância, como a

> [...] relação entre indivíduo(s) (o próprio sujeito, outras crianças, professores(as) etc.), objetos (bola, arco, brinquedos variados, entre tantos outros) e o ambiente. As crianças devem experimentar um amplo repertório de vivencias, com oportunidades motoras variadas, a fim de que explorem os diferentes conteúdos da cultura corporal de movimento, como jogos, brinquedos e brincadeiras; expressão corporal, comunicação não-verbal e atividades rítmicas: movimentos

> expressivos e interpretativos; habilidades motoras básicas: habilidades locomotoras, manipulativas e de estabilização; discriminação cenestésica: esquema e consciência corporal (bilateralidade, lateralidade, dominância lateral, equilíbrio), imagem corporal, relação do corpo com os objetos circundantes no espaço; habilidades perceptivo-motoras: visual, auditivo, tátil, olfativo e gustativo; formas geométricas/ números/ alfabetização trabalhadas com o movimento corporal; criação de brinquedos etc. (ROSSI; HUNGER, 2012, p. 22).

Ao observar esses e outros elementos em relação à construção dos currículos na Educação Infantil, observa-se que as diretrizes pedagógicas para essa etapa devem conceber "práticas que buscam articular as experiências e os saberes das crianças com os conhecimentos que fazem parte do patrimônio cultural, artístico, científico e tecnológico" (BRASIL, 2013, p. 86). O Art. 9º das DCNEI afirma que as interações e brincadeiras devem configurar-se em experiências nas quais as crianças possam construir e apropriar-se de conhecimentos por meio de suas ações e interações com seus pares e com os adultos, o que possibilita aprendizagens, desenvolvimento e socialização (BRASIL, 2018).

Nista-Piccolo e Moreira (2012) mencionam que, com um trabalho direcionado à exploração do movimento e à descoberta do próprio corpo, é possível atingir a consciência corporal, ou seja, a corporeidade, em vivências que levem ao controle do movimento.

Mediante a esses pressupostos, compreende-se que o desenvolvimento das crianças deve acontecer de forma multidimensional, rompendo com práticas pedagógicas conteudistas, mecanizadas e fragmentadas que não consideram nem o desenvolvimento e nem a criança em sua totalidade.

Desse modo, entende-se que as intervenções no âmbito da Educação Física escolar, em especial na infância, devem promover a vivências das manifestações corporais, contribuindo para que as crianças construam sentidos e significados. Cabe, assim, valorizar a presença do brincar, do lúdico, muitas vezes, adormecido no ambiente escolar (seja nas aulas, seja no recreio), com o intuito de compreender as práticas da cultura corporal do movimento presentes em nossa sociedade.

Jogos e brincadeiras: vivendo a ludicidade na educação infantil

Considerando a função da educação escolar, a criança desde a mais tenra idade deve ter acesso aos conhecimentos nas formas mais desenvolvidas, pois, na medida em que ela se apropria dos conhecimentos, ela torna-se cada vez mais humanizada, ou seja, apropria-se daquilo que a própria humanidade construiu.

A criança, segundo Assis *et al.* (2015, p. 104), "assina/demarca a sua existência como autora, ao utilizar maneiras e artes de fazer, em que atribui diferentes sentidos e significados a suas práticas lúdicas". O lúdico representado no jogo não deve ser entendido "apenas como um meio para aquisição de conteúdos, mas como um espaço-tempo que potencialize as produções culturais das crianças nas relações sociais que estabelecem entre si e com os adultos" (ASSIS *et al.*, 2015, p. 96).

As atividades lúdicas incluem atividades que possibilitam momentos de prazer, entrega e integração dos envolvidos, promovendo a ludicidade que se refere à qualidade do que é lúdico, ou seja, consequência provocada pelo lúdico. O lúdico pode entrelaçar e desenvolver a criatividade, inovação, inventividade, liderança, autoestima, confiança, autoconhecimento, atuação, fascinação, imaginação, divertimento, distração, alegria, tensão, estabelecer relações com outras pessoas, pertence a dimensão do sonho, da magia, da sensibilidade, entre outras possibilidades.

Dessa maneira, o jogo, como representação do lúdico, passa a ser "[...] forma específica de atividade, como 'forma significante', como função social", ou seja, o jogo "[...] como fator cultural da vida" (HUIZINGA, 2008, p. 6). A ludicidade é compreendida nos estudos de Bacelar (2009, p. 24) "como uma experiência plena, que pode colocar o indivíduo em um estado de consciência ampliada e, consequentemente, em contato com conteúdos inconscientes de experiências passadas, restaurando-as e, em contato com o presente, anunciando possibilidades para o futuro".

No estado lúdico, de acordo com Bacelar (2009, p. 25), "o ser humano está inteiro, ou seja, está vivenciando uma experiência que integra sentimento, pensamento e ação, de forma plena. Nessa perspectiva, não há separação entre esses elementos. A vivência se dá nos níveis corporal, emocional, mental e social, de forma integral e integrada".

Posto isso, desenvolver intervenções lúdicas na educação escolar trata-se de uma ação que corresponde ao processo de humanização das crianças em sua totalidade e ao favorecimento das significações com base na apropriação simbólica, uma vez que a ludicidade se encontra presente desde os tempos mais remotos da cultura humana. Pois a "vida social reveste-se de formas supra biológicas, que lhe conferem uma dignidade superior sob a forma de jogo, e é através deste último que a sociedade exprime sua interpretação da vida e do mundo" (HUIZINGA, 2008, p. 33). O autor continua a dizer que "não queremos com isto dizer que o jogo se transforma em cultura, e sim que em suas fases mais primitivas a cultura possui um caráter lúdico, que ela se processa segundo as formas e no ambiente do jogo" (HUIZINGA, 2008, p. 33).

A partir dessa compreensão sobre a ludicidade na formação dos indivíduos e das sociedades, os jogos e brincadeiras podem ser considerados intervenções essenciais para o desenvolvimento das crianças, pois

> [...] alavanca o seu desenvolvimento, exercendo fundamental importância nos processos de aprendizagem. Nesse referencial teórico a brincadeira e o jogo são utilizados como sinônimos, [...] considerando a importância da brincadeira no desenvolvimento da criança, concebendo-a como sujeito social, inserida em uma determinada cultura [...]. No entanto, é fundamental a existência de uma relação entre significado e sentido que motive a ação dos docentes, de modo a aprofundarem os níveis de intencionalidade da atividade de brincadeira com as crianças, afastando-se cada vez mais do perigo de alienação dessa prática na Educação Infantil em que basta deixar brincar, dar alguns brinquedos e a criança aprenderá por si só (IZA; MELLO, 2009, p. 282-283).

Em relação à educação infantil, observamos avanços nas últimas décadas, consolidando um campo de conhecimento científico de atuação pedagógica, em que "concebe-se a criança no tempo presente como sujeito e como produtora cultural e portadora de voz no cenário sócio e histórico em que está inserida" (ROSSI; HUNGER, 2012, p. 19).

Especialmente na educação infantil, as instruções normativas da Base Nacional Comum Curricular (BNCC) elegem as **interações e brincadeiras** como eixos estruturantes da prática pedagógica. Essas intervenções devem assegurar seis direitos de aprendizagem e desenvolvimento, que materializam as condições para que as crianças aprendam de maneira ativa, em ambientes que as convidem a vivenciar desafios e a sentirem-se provocadas a resolvê-los, nas quais possam construir significados sobre si, os outros e o mundo. São eles: **conviver, brincar, participar, explorar, expressar, conhecer-se** (BRASIL, 2018).

Para definir tais direitos, a BNCC traz a concepção de criança como aquela

> [...] que observa, questiona, levanta hipóteses, conclui, faz julgamentos e assimila valores e que constrói conhecimentos e se apropria do conhecimento sistematizado por meio da ação e nas interações com o mundo, não deve resultar no confinamento dessas aprendizagens a um processo de desenvolvimento natural ou espontâneo. Ao contrário, impõe a necessidade de imprimir intencionalidade educativa às práticas pedagógicas na Educação Infantil (BRASIL, 2018, p. 38).

Na estrutura curricular da BNCC, não há uma divisão de áreas do conhecimento por disciplinas, mas, sim, uma organização em **cinco campos de experiências**, nos quais estão inseridas diferentes linguagens e áreas do conhecimento, são eles: **o eu, o outro e o nós; corpo, gestos e movimento; traços, sons, cores e formas; escuta, fala, pensamento e imaginação; espaços, tempos, quantidades, relações e transformações**. Assim, os campos de experiências se apresentam como "um arranjo curricular que pretende acolher as situações e as experiências concretas da vida cotidiana das crianças e seus saberes, entrelaçando-os aos conhecimentos que fazem parte do patrimônio cultural" (BRASIL, 2018, p. 40, grifo nosso).

Lima e Hunger (2019) demonstram que intervenções sob a forma de interações e brincadeiras no âmbito da Educação Física escolar podem transitar pelos cinco campos de experiência propostos pela BNCC, configurando-se em possibilidades de expressão e de produção de sentidos/ experiências, e não apenas restrita ao campo corpo gestos e movimentos, como se pode pensar em um primeiro momento.

E quando pensamos na transição do ensino infantil para o fundamental — anos iniciais —, a BNCC reconhece três elementos comuns as práticas corporais: "movimento corporal como elemento essencial; organização interna (de maior ou menor grau), pautada por uma lógica específica; e produto cultural vinculado com o lazer/entretenimento e/ou o cuidado com o corpo e a saúde" (BRASIL, 2018, p. 213). O documento salienta ainda o caráter lúdico presente em

> [...] todas as práticas corporais, ainda que essa não seja a finalidade da Educação Física na escola. Ao brincar, dançar, jogar, praticar esportes, ginásticas ou atividades de aventura, para além da ludicidade, os estudantes se apropriam das lógicas intrínsecas (regras, códigos, rituais, sistemáticas de funcionamento, organização, táticas etc.) a essas manifestações, assim como trocam entre si e com a sociedade as representações e os significados que lhes são atribuídos (BRASIL, 2018, p. 220).

No brincar, Palma (2017, p. 204) relata que a "criança vai apreendendo as dinâmicas das realidades que a cercam, construindo conhecimentos e elaborando suas próprias formas de ler o mundo e de agir intencionalmente sobre ele". As crianças, imersas em contextos sociais diferentes, "nas interações entre si e com os outros membros da sociedade, vão produzindo, compartilhando e ressignificando rituais, costumes, valores e brincadeiras, fazendo emergir uma cultura específica".

Nessa participação cultural, "por intermédio da Educação Física, com atividades nas quais o prazer, a curiosidade e o movimento possam criar condições favoráveis de aprendizagem e, no futuro, transformar essa aprendizagem em atitudes de convivência e responsabilidade social" (NISTA-PICCOLO; MOREIRA, 2012, p. 30).

Entretanto, "não nos enganemos", diz Brougère (2022), pois "não é o jogo que é educativo, é o olhar que analisa diferentemente a atividade da criança, com novas noções e novos valores". Nesse sentido, Silva e Marcellino (2006) mencionam que os jogos possibilitam as crianças à vivência com outras da mesma faixa etária, contribuindo para sua formação como seres sociais. Ou ainda, segundo Winnicott (1975), a brincadeira é base para a participação cultural. É no brincar, e somente no brincar, que a criança pode ser criativa.

Pode-se destacar aqui que, para a Educação Física, o jogo possui outras finalidades, além de auxiliar os progressos cognitivos, podendo transmitir e produzir cultura, permitir o entendimento de como a cultura foi produzida, facilitando a convivência entre as pessoas, além de propiciar certo prazer para quem joga (RANGEL, 2007).

O jogo não é mero passatempo, tão pouco perda de tempo. E o que caracteriza o jogo para Brougère (2002, p. 16), entre outras coisas, "não é uma vocação particular para a educação, mas uma riqueza potencial de conteúdos culturais e de processos de construção, de transformação desses mesmos conteúdos". Compreende que "o jogo não é uma atividade ou uma situação educativa, mas ele pode gerar uma experiência que tenha efeitos educativos" (BROUGÈRE, 2002, p. 14).

Na utilização do jogo no processo educacional, para Santos (2012), há uma tendência na área da educação, no final do século XX, em conscientizar a sociedade sobre a relevância dos jogos na formação do indivíduo e na preparação deste para a convivência social consciente. Assim, "o jogo é um facilitador para a compreensão dos saberes propostos. Porém, não basta apenas jogar para que o conteúdo seja compreendido, é preciso realizar intervenções adequadas entre o jogo praticado e o conhecimento abordado" (SANTOS, 2012, p. 211).

O jogo, a brincadeira, o lúdico, então, são pensados como elemento integrante do processo pedagógico e de formação formal e informal da criança. O jogo e a brincadeira, além de conteúdos específicos, podem ser abordados, experimentados e vivenciados para o ensino dos saberes da Educação Física na infância, na perspectiva do corpo em movimento.

Assim, as atividades lúdicas representadas pelos e nos jogos e brincadeiras tradicionais/populares (amarelinha, pula-corda, pega-pega, queimada, cinco marias/jogo das pedrinhas, passa anel, roda, bolinha de gude, jogo de taco/lesca), jogos e brincadeiras de matriz indígenas e africanas e jogos eletrônico-digitais as crianças aprendem a conviver em grupos, respeitando a individualidade de cada um, a controlar suas emoções, sentimentos, a desenvolver habilidades, competências, criatividade etc. Momentos esses para construção que podem partilhados entre as gerações, ou seja, a troca de informações intergeracionais no contexto informal e formal de educação, com envolvimento de pais/mães e filhos(as), avós/avôs e netos(as), professores(as) e alunos(as) possibilitariam o resgate cultural e o fortalecimento da diversidade cultural brasileira e estrangeira, frente às interfaces das manifestações culturais entre gerações.

Essa troca intergeracional que ocorre nos diferentes ambientes (casa, rua, praças clubes etc.) pode ser abordada no contexto escolar, a fim de enriquecer e aumentar o repertório de atividades praticadas/vivenciadas. Palma (2017, p. 204) relata que "uma mesma informação ou situação adquire significações diferentes para cada criança", trata-se, portanto, do "resultado das suas experiências de vida, dos cenários sociais e culturais onde estabelece relações com os adultos e com os pares, de acordo ainda com sua condição econômica, gênero, etnia ou localização geográfica".

Além disso, as atividades lúdicas, os jogos, as brincadeiras, para Piassalonga, Porfírio e Corrêa (2016, p. 16), "seriam momentos em que as crianças conseguem, de forma natural, fixar conhecimentos, como histórias e seus conteúdos, corroborando para o desenvolvimento, não só psicomotor e socioafetivo, mas também cognitivo e linguístico".

Bacelar (2009, p. 26) coloca que, por meio de uma vivência lúdica, a criança está aprendendo com a experiência, de maneira mais integrada, a posse de si mesma e do mundo de um modo criativo e pessoal. E continua a destacar que a vivência lúdica para a criança deve ser uma vivência plena, de inteireza e de integração do sentir, pensar e agir.

Essa totalidade está imersa no corpo em movimento, que pode ser experimentado e vivenciado com os saberes da Educação Física. Segundo Tisi (2007, p. 39),

> [...] É através do corpo que o indivíduo se projeta no mundo. O corpo é a história de vida encarnada. Trabalhar, nas fases iniciais do processo de desenvolvimento escolar (quatro a nove anos, aproximadamente), a noção espaço-temporal é, ao mesmo tempo, trabalhar os vários ritmos existentes, suas possíveis correlações, os sentidos que podem assumir para o educando, sua importância na construção da imagem corporal e como componente indissociável da vida.

Nessa dinâmica do corpo em movimento indissociável da vida, do lúdico, jogos e brincadeiras, entre outras, cabe ao docente de Educação Física ou de Pedagogia, conforme destacam Piassalonga, Porfírio e Corrêa (2016, p. 23), "despertar a curiosidade, criatividade, estabelecer uma ligação do aprender, criar e recriar, ampliar horizontes com a cultura corporal de movimento que as crianças têm dentro e fora da escola". E ainda o professor deve "utilizar diferentes espaços e recursos naturais e/ou artificiais da escola, materiais, equipamentos, linguagens e esquemas corporais, organização espacial e temporal etc. com intuito de trabalhar os aspectos cognitivos, sociais, afetivos e motores de forma integrada" (PIASSALONGA; PORFÍRIO; CORRÊA, 2016, p. 23).

Assim, a experimentação e vivências de diferentes atividades lúdicas pelos alunos, a sua participação ativa individualmente e coletiva, com a valorização processo de tomada de decisões, a reflexão, o debate, a resolução de problemas, a exploração de novos caminhos e ideias, a espontaneidade, entre outros, são fundamentais para o estabelecimento, ampliação e apropriação crítica do corpo em movimento.

Para Assis *et al.* (2015), "é preciso não apenas ter sensibilidade para deixar as crianças agirem sobre o que é ensinado, mas transformar as táticas produzidas pelos alunos em novas estratégias orientadoras para a prática docente em Educação Física". E a infância, para Kishimoto (2009), é a idade do possível, projetando sobre ela a esperança de mudança, de transformação social e renovação moral.

Entre os saberes da Educação Física, embasados nos apontamentos anteriores, em síntese, destacamos um exemplo de atividade para crianças de 3 a 6 anos, elaborada por Lima e Hunger (2019), com base nos pressupostos da Pedagogia Histórico Crítica e nos momentos intermediários da mediação educativa: **prática social (síncrese-síntese) e o processo unitário de Problematização-Instrumentalização-Catarse.** Vale destacar que tal atividade de ensino sistematizada sob a forma de brincadeira pode ser desenvolvida, adaptada e reconstruída pelos docentes em suas aulas.

Nome da atividade: "O SOL QUE ESTAVA TRISTE"[1]

Nessa atividade de ensino, segundo Lima e Hunger (2019), o professor, após contar uma história sobre o sol que não conseguia mais iluminar e aquecer a cidade, coloca uma corda grande no chão (ainda sem forma de círculo – sol) e na sequência são chamados os alunos cada um com uma corda menor (que vai representar os agasalhos), com a ajuda do docente, vai amarrando-as e entrelaçando-as uma a uma com a corda maior. Ao final das amarrações, todas as crianças (ainda sentadas) poderão puxar a corda em sua direção e com a "solidariedade" de todos o "sol" (representado pelas cordas menores entrelaçadas entre elas e com a corda maior, quando puxada e estica e esticada formam a figura do sol) vai se levantar (aqui as crianças se levantam segurando as cordas esticadas) e voltará a iluminar a cidade com seus raios de solares.

Na sequência, são apresentados os momentos teórico-metodológicos, não como passos mecanizados e inflexíveis, mas compreendido dentro de uma organização lógica, como momentos interdependentes que ocorrem no interior da prática social e que não obedecem a um ordenamento temporal fixo (LIMA; HUNGER, 2019):

> **Prática social** (ponto de partida e ponto de chegada)
>
> Todos os anos com a chegada do inverno, temos uma visão mais próxima das contradições e desigualdades sociais presentes em nossa sociedade, visto que por conta das baixas temperaturas, muitas pessoas sofrem com os efeitos do frio, pois não dispõe de condições mínimas como moradia, roupas, agasalhos, cobertores etc. ou vivem em situação de rua e chegam a morrer em decorrência do frio. Nesse contexto de desigualdades sociais explícitas, encontram-se imersos a escola, professores e alunos.

[1] Para outras informações consultar Lima e Hunger (2019) e para visualização da atividade acessar o vídeo disponível em: https://www.youtube.com/watch?v=rtwzbR1Xduk.

Problematização

A partir dos problemas postos pela prática social e considerando os limites e as especificidades da EI, observa-se a necessidade de sensibilizar e instrumentalizar as crianças em relação ao problema das desigualdades sociais evidenciadas no contexto da prática social. Dessa maneira, com a escola mobilizada em torno da Campanha do Agasalho (arrecadação de roupas e agasalhos), observa-se a possibilidade uma atividade de ensino nos tempos/espaços da EF, que permita às crianças a compreensão mais elaborada sobre algumas questões ligadas aos problemas identificados na prática social como o conceito de solidariedade.

Instrumentalização

Nesse momento, o problema identificado na prática social, é contextualizado com as crianças em uma roda de conversa: o que é solidariedade? Quais atitudes fazem parte de uma ação solidária? Por que devemos ser solidários? Como podemos ser solidários? Em seguida, é proposta a brincadeira "O Sol que estava triste", realizada com uma corda grande e cordinhas pequenas (individuais) entrelaçadas formando uma espécie de "sol" quando todos puxam as cordinhas. Nessa brincadeira, as crianças vivenciam por meio do corpo em movimento, situações de solidariedade, respeito e cooperação, reconhecendo de maneira sistemática o conceito de solidariedade, bem como sua importância na convivência em sociedade. Outros conhecimentos também podem ser assimilados nessa atividade como: Identificar sua própria a força; reconhecer a força como capacidade física; relacionar a força com sua aplicabilidade no dia a dia; perceber a função, dimensão e forma do Sol; e outros possíveis conhecimentos pensados por cada professor em cada escola.

Catarse

Considerando a catarse, como resultado da ação unitária promovida pela problematização-instrumentalização, espera-se que as crianças compreendam de forma mais elaborada as questões relacionadas as desigualdades sociais, conscientizando-se que podem fazer parte da superação dessas desigualdades assumindo posturas colaborativas e solidárias em suas ações.

Prática social (ponto de partida e ponto de chegada)

Após atividade, as crianças devem compreender que o mundo possui desigualdades sociais que causam sofrimento em algumas pessoas e que as ações solidárias e colaborativas

> podem ajudar a amenizar essas desigualdades e contribuir para transformação da sociedade. Possíveis evidencias de síntese em relação ao ponto de partida sobre o conceito de solidariedade no contexto da atividade podem ocorrer, nas falas, interações, atitudes e comportamentos exemplo: quando uma criança incentiva os demais colegas a puxar a corda durante a atividade ou em outros contextos do cotidiano da criança (LIMA; HUNGER, 2019, p. 172, grifo nosso).

De maneira sintética, essa atividade, assim como outros exemplos apresentados pelo autor e autora, para crianças, de forma lúdica, buscou atender os campos de experiência previstos na BNCC, "Corpo, gestos e movimentos" e "O eu, o outro e o nós", os quais são abordados dentro do conteúdo/forma "Jogos e Brincadeiras" e sob a perspectiva conteúdo "Teórico-Epistemológico", abordou, ainda, o conceito teórico-prático de solidariedade, o reconhecimento da força como uma das capacidades físicas, do formato, dimensão e função do sol e, por fim, o docente pode elaborar relatórios de campo, registros de impressões e observações de rodas de conversa como instrumento de avaliação do processo de ensino e aprendizagem.

Nesse sentido, por meio do lúdico, as crianças vivenciam um conjunto de experiências do corpo em movimento, carregando consigo informações/conhecimentos contextualizadas sob a forma de jogos, brincadeiras e brinquedos em contato com outras crianças. Tais fatores podem e devem extrapolar os muros das escolas com o envolvimento de outras gerações (pais e avós), grupos socioculturais como a família, amigos e comunidade local.

Considerações finais

Ao refletir as possibilidades de ensino na infância e do corpo em movimento a partir da ludicidade, considerando a perspectiva sócio-histórica, pode-se dar a partir das vivências corporais das infâncias na escola e fora dela por meio de jogos e brincadeiras. Nesse sentido, constatou-se a relevância de buscarmos os saberes da Educação Física necessários e aplicá-los no contexto escolar, no processo de ensino e aprendizagem, levando-se em consideração a forma como serão planejados, desenvolvidos, vivenciados e avaliados na escola, em especial, na infância.

Os jogos, brincadeiras e brinquedos tradicionais, indígenas, africanos, eletrônicos, entre outros, fornecem oportunidades de ampliação cultural — bem como a abordagem lúdica de atividades relacionadas aos esportes, ginásticas, danças, atividades rítmicas e expressivas, lutas, práticas corporais de aventura etc. —, nos diferentes segmentos da educação infantil e que a diversidade de atividades, locais e pessoas podem contribuir com o resgate e vivência dessas práticas no âmbito escolar e da Educação Física.

As intervenções da Educação Física na infância devem favorecer a interação entre a criança e o mundo, partindo da premissa que elas se constituem nas relações sociais e na apropriação dos conhecimentos historicamente produzidos e reinterpretados pela humanidade. Assim, o corpo não pode ser visto como mero instrumento das práticas pedagógicas ou robotizado/adestrado, mas carregados de historicidade que se constituem nas relações sociais com outros corpos.

Sobre os jogos, brincadeiras e suas interações lúdicas exercidas no corpo em movimento, carece de espaços e condições adequadas que são necessárias para aulas. Uma vez que muitas escolas não foram projetadas e pensadas para educação, menos, ainda, para educação infantil. Assim, as crianças precisam de espaços que facilitem sua ambientação e concentração.

Compreendemos que é urgente o desenvolvimento de políticas públicas e do setor privado no desenvolvimento da educação infantil e, logicamente, de toda educação básica. Da mesma forma, a importância da formação (inicial e continuada) dos professores(as), condições de espaços e materiais para aulas, maior envolvimento da equipe gestora da escola e da família, bem como a valorização dos docentes com salários mais dignos. Todavia, cabe lembrar que, talvez, pelo cansaço, desanimo, falta de valorização profissional, envolvimento do sistema desgastante e outras situações que acarretam um certo "desinvestimento pedagógico", em que o(a) professor(a) em algum momento/contexto se submeta a ser apenas um (uma) "auleiro(a)"/"rola bola", favorecendo um brincar desprovido de intencionalidades.

Nesse sentido, a práxis no âmbito das especificidades da Educação Física escolar, sob a perspectiva do corpo em movimento, pode configurar-se em espaços que sistematizam intencionalmente o lúdico, favorecendo a apropriação dos saberes e da cultura infantil por meio dos jogos, brinquedos, brincadeiras oriundas das experiências históricas da comunidade a qual a criança está inserida.

Assim, os diferentes tipos de saberes da Educação Física na infância permitem desenvolver os saberes escolares mediante a diversidade de significados, atitudes, valores e normas vivenciado e experimentado em cada momento da vida da criança.

Diante a variedade de saberes previstas em documentos como a Base Nacional Comum Curricular e as Diretrizes Curriculares Nacionais para Educação Infantil ou em estudos e pesquisa da área, podemos pensar na articulação desses saberes de forma integrada, que se interrelacionam com o mundo e com o outro.

A partir dessa ideia de integração na práxis da Educação Física, somos levados a estabelecer interconexões para compreensão dos saberes corporais: crescimento, desenvolvimento e aprendizagem motora; conceituais, técnicos, táticos, biológicos, sociais, culturais, históricos; bem como o saber sobre o pensar, planejar, agir, ser, administrar e democratizar o tempo, espaço, material e as informações/conhecimento, a criticidade, entre outros.

Há, portanto, uma pluralidade e diversidade de ações comprometidas com a formação humana das crianças que aspirem por socialização/sociabilização, afetividades, consciência e "domínio" corporal, criatividade, satisfação e frustação, vitória e derrota, alegria e tristeza e que apresentem informações, ideias e teorias democráticas, além de valores como respeito, solidariedade, igualdade, paz e liberdade, sobretudo, pelo avanço das tecnologias e após reclusão social ocasionada pela Covid-19.

Entre as ideias por ora apresentadas, a vivência e a experimentação da criança — por meio de diferentes movimentos, objetos, materiais — individualmente e, principalmente, coletivamente podem ampliar as interrelações pessoais e sociais e empoderar os saberes da Educação Física na infância (e por toda vida) que vão além da aquisição da predominância de um tipo conhecimento, pois trata-se do e o corpo em movimento, um corpo que age, pensa, observa, fala, emociona, transmiti valores, que tem sentido, está aberto à mudança, à reflexão, à emancipação, à criatividade e à criticidade.

Da mesma forma, tal perspectiva possibilita a criança experienciar as diferentes formas de linguagens (fala, escrita, corporal etc.), o desenho, a música, o gesto, a interpretação, conhecimento crítico de e em contextos socioculturais distintos de produção e transformação. E assim, levar a criança a vivenciar e tomar decisões sobre essas práticas para além dos muros da escola, estendendo e vinculando as transformações/conhecimentos que se apropriou para todo seu contexto social, ou seja, na rua, na praça, no clube, nos parques públicos e privados, em casa.

Portanto, o envolvimento dos saberes da/na ação pedagógica da Educação Física deve considerar a educação integral da criança, concebida como sujeito histórico que se constrói e se humaniza a partir de relações interdependentes com outros corpos e saberes, sob a perspectiva da educação do corpo em movimento.

REFERÊNCIAS

ASSIS, L. C. *et al.* Jogo e protagonismo da criança na educação infantil. **Revista Portuguesa de Educação,** [*S. l.*], v. 28, n. 1, p. 95-106, 2015.

BACELAR, V. L. E. **Ludicidade e educação infantil**. Salvador: EDUFBA, 2009.

BAGNARA, I. C.; FENSTERSEIFER, P. E. O desafio didático da educação física escolar: planejar, ensinar, avaliar. **Educación Física y Ciencia**, Buenos Aires, v. 21, n. 4, 2019.

BETTI, M. Educação Física e Sociologia: novas e velhas questões no contexto brasileiro. *In*: CARVALHO, M. C.; RUBIO, K. **Educação Física e Ciências Humanas**. São Paulo: Hucitec, 2001.

BETTI, M. Fundamentos e princípios pedagógicos da Educação Física: uma perspectiva sociocultural. *In*: DARIDO, S. C.; MAITINO, E. M. (org.). **Pedagogia cidadã:** cadernos de formação: Educação Física. São Paulo: Unesp, Pró-reitoria de Graduação, 2004. p. 23-32.

BROUGÈRE, G. Lúdico e educação: novas perspectivas. **Linhas Críticas**, Brasília, v. 8, n. 14, p. 5-20, jan./jun. 2002.

BRASIL. Ministério da Educação. Secretaria de Educação Básica. **Diretrizes Curriculares Nacionais Gerais da Educação Básica**. Brasília: MEC, SEB, DICEI, 2013.

BRASIL. Ministério da Educação. **Base Nacional Comum Curricular**. Brasília, 2018.

BRASIL, I. B. G.; FERREIRA, L. A. Os saberes corporais na Educação Física escolar: reflexões acerca dos processos avaliativos. **Motrivivência**, Florianópolis, Universidade Federal de Santa Catarina, v. 32, n. 62, p. 01-22, abr./jun. 2020.

CAILLOIS, R. **Os jogos e os homens**. Lisboa: Portugal, 1990.

CORRÊA, E. A.; LIMA, D. T. Tecnologia, corpo e educação física: entre a formação e a prática docente. **Motricidades:** Rev. SPQMH, São Carlos, v. 5, n. 2, p. 235-249, maio/ago. 2021.

DAOLIO, J. **Educação Física e o conceito de cultura**. Campinas: Autores Associados, 2004.

HUIZINGA, J. **Homo Ludens:** o jogo como elemento da cultura. São Paulo: Perspectiva, 2008.

IZA, D. F. V.; MELLO, M. A. Significado e sentido da atividade de brincadeira para professoras de educação infantil. **Revista Educação UFSM**, Santa Maria, v. 34, n. 2, p. 279-294, maio/ago. 2009.

KISHIMOTO, T. M. O jogo e a educação infantil. *In*: KISHIMOTO, T. M. (org.). **Jogo, brinquedo, brincadeira e a educação.** São Paulo: Cortez, 2009. p. 13-44.

LEONTIEV, A. **O Desenvolvimento do Psiquismo**. Lisboa: Horizonte, 1978.

LÊ BRETON, D. **A sociologia do corpo**. Petrópolis, RJ: Vozes, 2007.

LIMA, D. T.; HUNGER, D. **Educação física escolar**: crianças em movimento aprendendo criticamente o viver social. Curitiba: Appris, 2019.

LUCENA, R. F. Os Corpos de Elias: a concepção de corpo e educação a partir de três trabalhos de Norbert Elias. **Educação & Realidade**, Porto Alegre, v. 42, n. 4, p. 1319-1332, out./dez. 2017.

MARCELLINO, N. C. **Pedagogia da animação.** Campinas: Papirus, 1999.

MARCELLINO, N. C. **Estudos do Lazer**: uma introdução. Campinas: Autores Associados, 2006.

MARTINS, V. R. O.; ALBRES, N. A.; SOUZA, W. P. A. Contribuições da Educação Infantil e do brincar na aquisição de linguagem por crianças surdas. **Pro-Posições**, Campinas, v. 26, n. 3 (78), p. 103-124, 2015.

NISTA-PICCOLO, V. L.; MOREIRA, W. W. **Corpo em movimento na educação infantil**. São Paulo: Telos, 2012.

PAIVA, L. L.; GOELLNER, S. V. Reinventando a vida: um estudo qualitativo os significados atribuídos à construção do corpo de amputados mediante uma protetização. **Interface**, Botucatu, v. 12, n. 26, p. 485-497, set. 2008.

PALMA, M. S. Representações das crianças sobre o brincar na escola. **Revista Portuguesa de Educação**, [*S. l.*], v. 30, n. 2, p. 203-251, 2017.

PIASSALONGA, M. C.; PORFÍRIO, E. A. P.; CORRÊA, E. A. A contribuição da Educação Física no processo de alfabetização no Ensino Fundamental I. **Revista Brasileira Educação Física Escolar**, [*S. l.*], ano II, v. I, p. 7-26, jul. 2016.

RANGEL, I. C. A. Jogos e Brincadeiras nas Aulas de Educação Física. *In*: DARIO, S. C.; MAITINO, E. M. (org.). **Caderno de formação: educação física.** São Paulo: Páginas & Letras Editora e Gráfica, 2007. p. 85-112.

ROSSI, F.; HUNGER, D. O Ensino da Educação Física na Educação Infantil: implicações do conhecimento acadêmico-científico. *In*: ZANATA, E. M.; CALDEIRA, A. M. A.; LEPRE, R. M. (org.). **Caderno de Docência na Educação Básica**. São Paulo: Cultura Acadêmica, 2012. p. 19-36.

SANTOS, G. F. L. **O processo de civilização do jogo**. 2012. Tese (Doutorado em Educação) – Programa de Pós-Graduação em Educação, Faculdade de Filosofia e Ciências, Unesp, Marília, 2012.

SCHWARTZ, G. M. Motricidade (pós)humana e a abordagem sobre o corpo na era da simulação. **Motricidades:** Rev. SPQMH, São Carlos, v. 3, n. 3, p. 213-221, set./dez. 2019.

SILVA, D. A. M.; MARCELLINO N. C. Considerações Sobre o Lazer na Infância. *In*: MARCELLINO, N. C. (org.). **Repertório por fases da vida**. Campinas: Papirus, 2006. p. 15-64.

TISI, L. **Educação Física e alfabetização**. Rio de Janeiro: Sprint, 2007.

WINNICOTT, D. W. **O brincar e a realidade**. Rio de Janeiro: Imago, 1975.

CAPÍTULO 3

INTEGRAÇÃO CURRICULAR E DOCUMENTAÇÃO PEDAGÓGICA: INSPIRAÇÕES PARA A EDUCAÇÃO FÍSICA COM[2] A EDUCAÇÃO INFANTIL

Isabel Porto Filgueiras
Aline Rodrigues Santos
Raimundo Maximiano de Oliveira

Contornos da Educação Física com a educação infantil: o que queremos?

Há mais de duas décadas, investigadores(as) têm se debruçado sobre a integração da Educação Física ao currículo das instituições de educação infantil (SAYÃO, 2002; VIEIRA; MEDEIROS, 2007; SOARES; PRODÓCIMO; DE MARCO, 2016; MARTINS, 2019; MELLO *et al.*, 2020). Os trabalhos discutem a formação docente, o currículo e as práticas pedagógicas com crianças pequenas e chamam atenção para a relevância de ações intencionais tanto de professores(as) de Educação Física, como de professoras(es) pedagogas(os) na promoção dos direitos de aprendizagem das crianças.

Políticas curriculares e educacionais, desde a Lei de Diretrizes da Educação Básica (BRASIL, 1996), que incorporou a educação infantil como primeira etapa da educação básica, passando por documentos orientadores do currículo produzidos no âmbito do Ministério da Educação como o Referencial Curricular Nacional da Educação Infantil (RCNEI) (BRASIL, 1998), as Diretrizes Curriculares da Educação Infantil (DCNEI) (BRASIL, 2010) e a Base Nacional Comum Curricular (BNCC) (BRASIL, 2017) têm ressaltado a relevância da linguagem corporal, do corpo, do movimento e da cultura corporal na educação dos bebês, crianças bem pequenas e crianças pequenas.

Mello *et al.* (2016) e Martins *et al.* (2021) notam que, embora ainda predominem concepções psicomotoras do componente, os professores e

[2] Preposição utilizada por Mello *et al.* (2020) para reforçar a necessidade de trabalho integrado da Educação Física COM a educação infantil.

professoras têm buscado posicionar a Educação Física nas pedagogias da infância que concebem as crianças como produtoras de cultura, agentes de seus próprios processos de desenvolvimento e aprendizagem.

Surdi, Melo e Kunz (2016) advogam que o currículo de Educação Física na educação infantil deve valorizar o se-movimentar das crianças, a interioridade, a expressão singular que ocorre em processos de produção da cultura corporal lúdica. Soares, Prodócimo e De Marco (2016) defendem que o movimento e a brincadeira são eixos de integração curricular que devem ser priorizados na educação infantil, por isso, a observação e a escuta dos modos pelos quais as crianças produzem culturas é fundamental para o planejamento educacional. Martins (2018) defende que as aulas de Educação Física na educação infantil deveriam acontecer por meio do trabalho integrado, entre os profissionais de Educação Física, os/as professores/as unidocentes, as famílias e as crianças. No entanto, considerar o protagonismo das crianças e desenvolver projetos integrados com os e as professoras pedagogas, ainda é desafio para a prática pedagógica em muitas instituições de educação infantil.

As atividades de Educação Física na educação infantil ainda parecem ocorrer de modo isolado. Sayão (2002) já apontava essa problemática criticando a fragmentação curricular que revela dicotomias mente/corpo, sala/pátio e teoria/prática. O que se torna uma limitação tendo em vista a concepção curricular da educação infantil expressa nos documentos orientadores do currículo. Práticas pedagógicas integradas e fundamentadas na metodologia de projetos têm ganhado espaço na Educação Física com a educação infantil, articulando professores(as) de Educação Física e demais atores da educação infantil (ROCHA, 2015; MELLO, 2020). No entanto, essas ações esbarram em dificuldades como: espaços e tempo de interação entre os docentes, pois o professor(a) de Educação Física acaba dando aulas no momento de planejamento individual da(o) professora(o) pedagoga(o). Além disso, muitos dos(as) docentes questionam propostas de integração nas quais as aulas de Educação Física são vistas apenas como meios auxiliares no desenvolvimento de outras aprendizagens. Somam-se ainda questões relativas à escolha de temáticas (para não artificializar a integração); às possibilidades de articulação entre a Educação Física e a outras linguagens da infância como as linguagens artísticas e a linguagem verbal; às estratégias de produção de registros e desenvolvimento de atividades de culminância dos projetos; bem como aos processos de avaliação e documentação pedagógica.

Este texto busca contribuir com a elucidação dessas questões ao discutir a metodologia de projetos, a integração curricular e a documentação pedagógica nas práticas da Educação Física na educação infantil fundamentadas nas pedagogias da infância que valorizam a agência e o protagonismo das crianças, bem como o caráter histórico cultural das práticas corporais e seus significados sociais. Para nós, o trabalho educativo da Educação Física com a educação infantil deve partir da cultura corporal criada e cultivada pelas próprias crianças em seus contextos de brincadeira na escola e na família, bem como fomentar o processo de construção cultural das próprias crianças.

Integração curricular, metodologia de projetos e Educação Física com a educação infantil

A integração curricular rompe com a falta de significado e com a fragmentação de conhecimentos e linguagens que muitas vezes atinge o currículo escolar. Organizar o currículo de modo integrado traz ganhos para as crianças e adultos, pois, dessa maneira, as crianças avançam de forma autônoma em seu desenvolvimento integral, além de serem respeitadas como pessoas de direito, que têm voz no espaço educativo (BEANE, 2003). Por meio do currículo integrado, desenvolve-se a autonomia das crianças respeitando seus interesses, experiências e individualidades (ROCHA, 2018). No currículo integrado, a participação das crianças nas decisões sobre o processo educativo e avaliativo promove o desenvolvimento do senso crítico e da confiança nas próprias competências para aprender (ALONSO, 2002).

De acordo com Katz e Chard (1997), a integração curricular estruturada na metodologia de projetos oferece às crianças a oportunidade de fazer escolhas, problematizar e solucionar questões que ampliam suas possibilidades de aprendizagem nas múltiplas linguagens. No documento das DCNEI (BRASIL, 2010), fica explícito que o trabalho educativo na educação infantil deve dialogar com saberes e experiências do cotidiano, integrando o ambiente educativo da família e da escola.

Segundo Lerner (2002), os projetos são uma das modalidades organizativas do planejamento. Para a autora, as sequências didáticas se caracterizam pela organização de atividades que supõem um objetivo de aprendizagem pontual, sendo organizadas de acordo com uma progressão; os projetos se diferenciam, pois pressupõem a flexibilidade de tempos e objetivos de aprendizagem, visto que são conduzidos por questões trazidas pelas crianças e envolvem planejar e decidir etapas com elas. Para Lerner (2002), os projetos são modalidades de organização das atividades pedagógicas que contribuem para preservar o sentido das aprendizagens das crianças, caracterizam-se por atividades voltadas para um objetivo compartilhado e que propõem a elaboração de um produto final; valorizam o trabalho cooperativo, porque durante o processo é preciso tomar decisões, debater ideias e avaliar coletivamente. Além disso, a metodologia de projetos busca romper com a rotina fragmentada e pré-estabelecida pelos adultos, pois se orienta pela condução de tempos e espaços a partir dos interesses de investigação das crianças.

Na tradição didática da Educação Física na educação infantil prevalece o uso de sequências didáticas, muitas vezes, embasadas na progressão do desenvolvimento psicomotor ou de objetivos de aprendizagens em outras dimensões do desenvolvimento infantil. A atuação com projetos conecta as experiências das crianças com a cultura corporal ao modo como significam o mundo, por meio de suas múltiplas linguagens, o que também abre espaço para as parceiras com as e os professores pedagogos.

A efetivação da metodologia de projetos pode acontecer por diferentes caminhos, conforme as perspectivas teóricas que sustentam a proposta. Em nossa experiência docente na educação infantil, temos estruturado o trabalho a partir das seguintes ações.

1. **Seleção da temática.** A partir dos interesses das crianças, mapeados por meio da observação e da escuta, de um problema concreto a ser solucionado pelo projeto ou do mapeamento de questões importantes para a comunidade escolar que as crianças significam como relevantes para elas.
2. **Escolha com as crianças e educadores do produto final.** Todo projeto tem uma função didática (aprende-se no decorrer do trabalho) e uma função comunicativa (momento em que as aprendizagens são sistematizadas e socializadas, por meio de produtos culturais com a elaboração de uma apresentação, de um livro, de uma vivência, oficina, vídeo, mura, exposições, espetáculos etc.).
3. **Mapeamento de conhecimentos e experiências e questões a investigar.** Essa parte do planejamento é fundamental, pois um projeto não é um estudo detalhado de um determinado assunto, mas a busca de respostas para questões que instigam as crianças e que contribuem para a comunicação das aprendizagens no produto final. É muito importante investigar o que as crianças já sabem e o que querem saber.

4. **Definição de questões a investigar.** Escolha de focos de investigação que serão problematizados e alimentados com a participação das crianças e as intencionalidades educativas dos professores e das professoras.
5. **Seleção de experiências, fontes de pesquisa e experimentação.** Todo trabalho por projetos implica em atividades que buscam experiências significativas de experimentação, apreciação e produção cultural, bem como a produção de diferentes formas de registro como desenhos, fotos, filmes sobre as aprendizagens que estão ocorrendo, sempre com a preservação da agência das crianças, de modo a garantir processos pessoais de apropriação.
6. **Definição de etapas prováveis, duração do projeto e materiais necessários.** A distribuição do projeto em etapas permite organizar o planejamento, no entanto, sua sequência e duração são estimadas, pois, dependendo do processo de participação e investigação protagonizado pelas crianças, novos caminhos podem ser tomados. O planejamento de um projeto deve ser permeado pela partilha das decisões e pela construção colaborativa.
7. **Organização do produto final e da avaliação.** O planejamento precisa prever momentos de finalização da produção final das crianças, diante da qual as etapas vividas e as aprendizagens retomadas serão avaliadas.

Documentação pedagógica e metodologia de projetos.

A documentação pedagógica se insere na proposta da pedagogia-em-participação, dialogando fortemente com a metodologia de projetos, sendo ferramenta fundamental no processo educativo rumo a uma pedagogia libertadora, democrática, visto que respeita os direitos das crianças, pois permite a elas serem ouvidas e cria situações nas quais as crianças se escutem e dialoguem com os demais atores do espaço escolar, permite aos pequenos participar das decisões e escolhas no processo educativo e avaliativo. A ação de documentar está ligada a três funções:

1. Diálogo entre a escola, seus professores e professoras e a comunidade, do ponto de vista de relatar e compartilhar a complexidade das experiências na educação infantil, sistematizar e acompanhar

as aprendizagens das crianças envolvidas no processo educativo e, por fim, constituir-se como acervo pedagógico para reflexão sobre a prática pedagógica e possíveis inovações e possibilidades (MELLO; BARBOSA; FARIA, 2017).

2. Construção coletiva de uma linguagem capaz de criar significados sobre as ações das crianças e o processo educativo (DAHLBERG, 2015), tornando visível a intencionalidade na ação pedagógica (GIGLIOLI, 2020), tendo em vista sua complexidade, o que está implícito no trabalho com projetos.
3. Diálogo com as famílias na comunicação das aprendizagens de bebês e crianças pequenas, envolvendo crianças, comunidade escolar e educadores(as) em um processo de criação de memórias e aprendizagens mútuas.

As discussões sobre documentação pedagógica em aulas de Educação Física ainda são incipientes. Alguns trabalhos apontam o uso de registros em portfólio, como é o caso de um trabalho realizado por Melo *et al.* (2010). Como afirmam Müller e Neira (2018), apesar de o registro ser enfatizado como de grande importância na literatura sobre o fazer docente, pouco se tem avançado sobre o tema em trabalhos acadêmicos no campo da Educação Física. Além disso, os trabalhos encontrados pelos autores utilizam os registros exclusivamente para a avaliação dos alunos, sem um viés crítico reflexivo.

Na documentação pedagógica, deve-se ter um olhar atento para todas as ações das crianças e registrar aquilo que é mais relevante como experiência educativa, aguçando o olhar dos e das professoras para o que as crianças estão investigando e criando durante as propostas pedagógicas. Essa escuta atenta concretiza a pedagógica em participação com base no fazer, sentir, pensar e dizer das crianças (OLIVEIRA-FORMOSINHO, 2017). Exercitar a escuta das crianças não significa ouvi-las apenas verbalmente, mas, sim, em todos os sentidos, as expressões, os sorrisos, os choros, as disputas por espaços e brinquedos, enfim, é preciso saber interpretar as ações das crianças em suas expressões, identificando seus desejos, frustrações, curiosidades, conquistas e desafios.

A documentação pedagógica também permite criar um ambiente encorajador para que todos os atores do espaço escolar possam dialogar, discutir sobre o processo educativo, proporcionado uma troca entre as crianças e os adultos. Desse modo, garantir que todos possam participar do processo pedagógico-em-participação (OLIVEIRA-FORMOSINHO; PASCAL, 2019).

Com a documentação pedagógica, a professora ou o professor criam oportunidades para que cada criança escute a si mesma e aos outros e, desse modo, possa fazer escolhas no processo educativo, incluindo a participação em projetos e outras decisões que dizem respeito às suas próprias aprendizagens. A documentação pedagógica permite respeitar o direito da criança como pessoa que é, e não como pessoa que está esperando vir a ser, como pessoa que constrói conhecimento, produz cultura, tem poder de decisão, que lê e participa do mundo.

Para Azevedo (2009), a documentação se apresenta como estratégia importante na promoção da participação das crianças e familiares, exerce também um importante papel na aprendizagem e na avaliação da aprendizagem e com potencialidade ao respeito da cultura das crianças e seus familiares. "Documentar é refletir em torno do quotidiano significa abertura para aprender sobre o seu próprio processo de aprendizagem, significa questionar-se, perguntar, inquietar-se perante o observado" (AZEDEVDO, 2009, p. 55).

A documentação pedagógica permite aos e às educadoras aprender com as crianças no cotidiano escolar, na quadra e em todos os espaços da escola. Elas estão sempre criando e inventando brincadeiras. Como afirma Freire (1991), as crianças aprendem com as brincadeiras e materiais que estão à sua volta, um tronco de árvore ou o banco sueco pode virar um avião, e nesse avião, a criança pode ser o piloto, o copiloto, comissário de bordo, o vendedor de passagem, assumir o controle da torre de comando, descarregar e carregar as bagagens. Desse modo, experimentam diversas situações de aprendizagens, aprendem com seus pares, experimentam diversas brincadeiras, pois o ambiente escolar tem uma diversidade de crianças, vindas de diversos lugares com culturas diferentes. Esses momentos de brincadeiras livres são oportunidades interessantes para observar, registrar e planejar novas ações pedagógicas (AZEVEDO, 2009; FOCHI, 2016).

Entendemos que a Educação Física com educação infantil deva ser tratada de modo integrado entre todos os profissionais que atuam com essa faixa etária. Sendo assim, acreditamos em uma educação colaborativa em todas as áreas da educação infantil, para alcançar esse objetivo, faz-se necessária uma pedagogia participativa, na qual a criança é protagonista, sujeito de direitos, produtor de cultura. Dessa maneira, ela precisa ser ouvida e atendida conforme seus interesses (OLIVEIRA-FORMOSINHO; PASCAL, 2019).

Tendo a perspectiva de uma aprendizagem solidária, que, de acordo com Oliveira-Formosinho (2019), traduz-se na harmonia em relação às vozes das crianças e às vozes de seus educadores, entre as intenções das crianças e as ações educativas, dialogando num processo contínuo e relacional que se constrói por diferentes estratégias didáticas. Dentre elas, destacamos a metodologia de projetos como possibilidade de organização da prática pedagógica nas aulas de Educação Física com a educação infantil, tendo a documentação pedagógica como alicerce na elaboração de processos de ensino aprendizagem pautados na participação ativa e efetiva das crianças, tendo em vista ações educativas que se distanciam de uma perspectiva fragmentada e isolada do cotidiano e interesse das crianças e possam fomentar a pesquisa, a descoberta e, sobretudo, a brincadeira como expressão máxima das ações infantis.

REFERÊNCIAS

ALONSO, Luísa. Para uma teoria compreensiva sobre integração curricular. O contributo do Projecto PROCUR. **Investigação e Práticas**, v. 5, p. 62-88, 2002.

ARIOSI, Cinthia Magda Fernandes. A Base Nacional Comum Curricular para Educação Infantil e os campos de experiência: reflexões conceituais entre Brasil e Itália. **Humanidades & Inovação**, v. 6, n. 15, p. 241-256, 2019. Disponível em: https://revista.unitins.br/index.php/humanidadeseinovacao/article/view/1486. Acesso em: 30 jan. 2023.

AYOUB, Eliana. Narrando experiências com a educação física na educação infantil. **Revista Brasileira de Ciências do Esporte**, [*S. l.*], v. 26, n. 3, 2005. Disponível em: http://www.revista.cbce.org.br/index.php/RBCE/article/view/165. Acesso em: 30 jan. 2023.

AZEVEDO, Ana Maria Lourenço Cerqueira. **Revelando as aprendizagens das crianças:** a documentação pedagógica. 2009. Tese (Doutorado em) – Universidade do Minho, 2009. Disponível em: https://repositorium.sdum.uminho.pt/handle/1822/10985. Acesso em: 30 jan. 2023.

BEANE, James. A essência de uma escola democrática. **Currículo sem fronteiras**, v. 3, n. 2, p. 91-110, 2003. Disponível em: https://biblat.unam.mx/hevila/CurriculosemFronteiras/2003/vol3/no2/5.pdf. Acesso em: 30 jan. 2023.

BRASIL.**BaseNacionalComumCurricular**.Ministérioda Educação. Brasília: MEC, 2017.Disponívelem: https://basenacional.mec.gov.br. Acesso em: 30 jan. 2023.

BRASIL. Lei 9.394, de dezembro de 1996. **Lei de Diretrizes e Base da Educação Nacional.** Brasília, 1996. Disponível em: https://www.planalto.gov.br/ccivil_03/leis/l9394.htm#:~:text=L9394&text=Estabelece%20as%20diretrizes%20e%20bases%20da%20educa %C3%A7%C3%A3o%20nacional.&text=Art.,civil%20e%20nas%20manifesta%C3%A7%C3%B5es%20culturais.. Acesso em: 30 jan. 2023.

BRASIL. Ministério da Educação e do Desporto. Secretaria de Educação Fundamental. **Referencial curricular nacional para a educação infantil**. Brasília: MEC/SEF, 1998. Disponível em: https://www.planalto.gov.br/ccivil_03/leis/l9394.htm. Acesso em: 30 jan. 2023.

BRASIL. Ministério da Educação. Secretaria de Educação Básica. **Diretrizes curriculares nacionais para a educação infantil**. Brasília, 2010.Disponívelem: http://portal.mec.gov.br/dmdocuments/diretrizescurriculares_2012.pdf. Acesso em: 30 jan. 2023.

DAHLBERG, Gúnilla. Documentação pedagógica: uma prática para a negociação e a democracia. *In:* EDWARDS, Carolyn; GANDINI, Lella; FORMAN, G. **As cem linguagens da criança**. v. 2. Penso Editora, 2015.

FOCHI, Paulo Sérgio. Criança, currículo e campos de experiência: notas reflexivas. **Conjectura:** filosofia e educação, [*S. l.*], n. 25, p. 8, 2020. Disponível em: https://philpapers.org/rec/FOCCCE. Acesso em: 30 jan. 2023.

FOCHI, Paulo Sérgio. Observatório da Cultura Infantil: a documentação pedagógica como mote de formação de professores. **Revista Sensos-INED**, Porto, v. I, n. 1, p. 83-108, 2016.

FREIRE, J. B. **Educação de Corpo Inteiro**: teoria e prática da educação física. São Paulo: Scipione, 1991.

GHIDINI, Natália de Almeida *et al.* **Campos de experiência na BNCC e suas implicações na construção de um currículo para a educação infantil**. 2020. Disponível em: http://tede.upf.br/jspui/handle/tede/2017. Acesso em: 30 jan. 2023.

GIGLIOLI, Carla. Instrumentos de documentação com função projectual e instrumentos de síntese. *In*: MATINI, Daniela *et al.* (org.). **Educar é a busca de sentido:** Aplicação de uma abordagem projectual na experiência educativa de 0-6 anos. Ateliê Centro de Pesquisa e Documentação Pedagógica, 2020.

KATZ, L.; CHARD, S. **A Abordagem de Projecto na Educação de Infância**. Fundação Calouste Gulbenkian, 1997.

LERNER, Delia. **Ler e escrever na escola:** o real, o possível e o necessário. Artmed Editora, 2018.

MARTINS, Rodrigo Lema Del Rio. **O lugar da Educação Física na Educação Infantil**. 2018. Tese (Doutorado em Educação Física) – Universidade Federal do Espírito Santo, Vitória/ES, 2018.

MARTINS, Rodrigo Lema Del Rio; TRINDADE, Luísa Helmer; DA SILVA MELLO, André. Diálogos entre as produções acadêmico-científicas da educação física e os documentos orientadores da educação infantil. **Revista Brasileira de Educação Física e Esporte**, v. 35, n. 1, p. 67-79, 2021. Disponível em: https://www.revistas.usp.br/rbefe/article/view/184420. Acesso em: 30 jan. 2023.

DE MELO, Luciene Farias; FERRAZ, Osvaldo Luis; NISTA-PICCOLO, Vilma Leni. O portfólio como possibilidade de avaliação na educação física escolar. **Journal of Physical Education,** v. 21, n. 1, p. 87-97, 2010. Disponível em: https://periodicos.uem.br/ojs/index.php/RevEducFis/article/view/7090. Acesso em: 30 jan. 2023.

MELLO, André *et al.* A educação infantil na Base Nacional Comum Curricular: pressupostos e interfaces com a Educação Física. **Motrivivência,**-v.28,n.48,p.130-149,2016.Disponívelem: https://periodicos.ufsc.br/index.php/motrivivencia/article/download/2175-8042.2016v28n48p130/32567/156476. Acesso em: 30 jan. 2023.

MELLO, André *et al.* Educação Física na Educação Infantil: Do isolamento pedagógico à articulação com outras áreas do conhecimento. **Kinesis,** v. 36, n. 3, 2018. Disponível em: https://periodicos.ufsm.br/kinesis/article/view/33846. Acesso em: 30 jan. 2023.

MELLO, André *et al.* Por uma perspectiva pedagógica para a Educação Física com a Educação Infantil. **Humanidades & Inovação**, v. 7, n. 10, p. 326-342, 2020. Disponível em: https://revista.unitins.br/index.php/humanidadeseinovacao/article/view/2868. Acesso em: 30 jan. 2023.

MELLO, Sueli Amaral; BARBOSA, Maria Carmen Silveira; FARIA, Ana Lúcia Goulart de (org.). **Documentação Pedagógica:** Teoria e Prática. São Carlos: Pedro & João Editores, 2017.

MÜLLER, Arthur; NEIRA, Marcos Garcia. Avaliação e registro no currículo cultural da Educação Física. **Estudos em Avaliação Educacional,** v.29,n.72,p.774-800,2018.Disponívelem: http://educa.fcc.org.br/scielo.php?pid=S0103-68312018000300774&script=sci_abstract&tlng=pt. Acesso em: 30 jan. 2023.

OLIVEIRA-FORMOSINHO, Júlia; FORMOSINHO, João. Pedagogia-em-Participação: a documentação pedagógica no âmago da instituição dos direitos da criança no cotidiano. **Em Aberto**, v. 30, n. 100, 2017. Disponível em: http://emaberto.inep.gov.br/ojs3/index.php/emaberto/article/view/3218. Acesso em: 30 jan. 2023.

OLIVEIRA-FORMOSINHO, Júlia; PASCAL, Christine. **Documentação pedagógica e avaliação na Educação Infantil:** um caminho para a transformação. Penso Editora, 2019.

PASQUALINI, Juliana Campregher; MARTINS, Lígia Márcia. Currículo por campos de experiência na educação infantil: ainda é possível preservar o ensino desenvolvente? **Revista on line de Política e Gestão Educacional**, [*S. l.*], p. 425-447, 2020. Disponível em: https://periodicos.fclar.unesp.br/rpge/article/view/13312. Acesso em: 30 jan. 2023.

PINAZZA, Mônica Appezzato; FOCHI, Paulo Sergio. Documentação Pedagógica: observar, registrar e (re) criar significados. **Revista Linhas**, v. 19, n. 40, p. 184-199, 2018. Disponível em: https://www.revistas.udesc.br/index.php/linhas/article/view/1984723819402018184. Acesso em: 30 jan. 2023.

ROCHA, Maria Celeste. Por uma educação física da educação infantil: um relato de experiência acerca da construção de um trabalho integrado no CMEI. **Cadernos de Formação CBCE**, v. 6, n. 1, 2015. Disponível em: http://rbce.cbce.org.br/index.php/cadernos/article/view/2083. Acesso em: 30 jan. 2023.

SAYÃO, D. T. Corpo e movimento: notas para problematizar algumas questões relacionadas à educação infantil e à educação física. **Revista Brasileira de Ciências do Esporte**, v. 23, n. 2, 2002. Disponível em:

SOARES, D. B.; PRODÓCIMO, E.; DE MARCO, A. O diálogo na Educação Infantil: o movimento, a interdisciplinaridade e a Educação Física. **Movimento**, Porto Alegre, v. 22, n. 4, p. 1195-1208, 2016. Disponível em: https://www.redalyc.org/pdf/1153/115349439013.pdf. Acesso em: 30 jan. 2023.

SURDI, Aguinaldo Cesar; DE MELO, Jose Pereira; KUNZ, Elenor. O brincar e o se-movimentar nas aulas de educação física infantil: realidades e possibilidades. **Movimento**, v. 22, n. 2, p. 459-470, 2016. Disponível em: https://www.redalyc.org/pdf/1153/115345745008.pdf. Acesso em: 30 jan. 2023.

CAPÍTULO 4

EDUCAÇÃO FÍSICA NA EDUCAÇÃO INFANTIL: DIÁLOGOS INSPIRADOS EM PAULO FREIRE

Arnaldo Sifuentes Leitão
Ednalva de Fátima Bento Bassete
Maitê Rezende Callegari
Tassiana Jans
Elaine Prodócimo

Lembro do primeiro dia, olhava para as crianças e pensava "meu Deus o que vou fazer!!!". Crianças correndo de um lado para o outro, uns choravam, outros nem falavam direito, alguns olhavam para mim assustados e eu querendo sair correndo dali, comecei a chorar também. Conclusão: minha primeira aula foi um desastre (professora Maitê).

Não é raro identificar nos relatos de professores e professoras iniciantes na educação infantil o resultado de um processo de formação que tematiza a infância, a partir de uma perspectiva hegemônica adultocêntrica (SILVIA; FASANO, 2020). Trata-se de uma visão de infância por uma lente que a fragmenta dos seus contextos de subjetivação e a descaracteriza em sua condição ontológica e existencial.

Uma paisagem idílica, com crianças sentadas, brincando de maneira harmônica e com pouco barulho em um mundo maravilhoso e encantado parece ser, muitas vezes, a história narrada sobre uma infância, fruto de um ideário pedagógico moderno. Por intermédio de dispositivos de escolarização, essa perspectiva carrega a pretensão de domesticar a *infantia*[3], de controlar o corpo e de normatizar, impondo uma ordem estabelecida pelos "adultos normais" (PAGNI, 2010).

Um ser na pequena infância, agitado, barulhento, curioso, que explora o mundo com seu corpo, tudo quer pegar, morder, apertar e tanto faz se for objeto ou um coleguinha, porque, aliás, a criança pequena não sabe muito

[3] A palavra *infantia* vem do latim, do verbo *fari* (falar), com prefixo *in*, que é uma negação, ou seja, etimologicamente, diz respeito aos sujeitos sem voz, sem fala, daqueles que são incapazes de expressão própria.

bem a diferença entre um e outro, é o sentido de infância que estamos problematizando neste texto. Essa noção se contrapõe à lógica racionalista e moralizadora de uma parcela do discurso pedagógico que tenta silenciar, conquistar e orientar as infâncias.

No entanto, é possível construir um espaço e um tempo da infância com uma epistemologia inquieta e esperançosa na Educação Física na educação infantil que anuncie o protagonismo do corpo, da fantasia, da alteridade, da (re)construção ativa do mundo social em comunhão, como veremos em Paulo Freire. Um tempo de descontinuidades, que habita lugares pouco visitados, que fazem estremecer utopicamente outras infâncias possíveis, uma aurora da infância que reconheça o cuidado ético com o outro e a assunção política na práxis pedagógica. É sobre essa possibilidade que trabalharemos neste texto.

Este ensaio resulta de uma escrita coletiva a partir das experiências narradas por três educadoras da infância: Ednalva, Maitê e Tassiana, coautoras do presente texto. Constitui-se em um convite para educadores e educadoras mobilizarem o cuidado ético-político com todas as crianças, inclusive (e principalmente) com aquelas que são invisibilizadas, que vivem às margens da sociedade. Propõe-se, também, romper com uma educação de crianças pautada em competências, na curricularização das experiências ou no adiantamento ou preparação para a alfabetização na busca de suprir futuros déficits de aprendizagem.

Paulo Freire e a educação infantil. Tem jogo aí!?

Nossa escolha pela inspiração do referencial freireano no presente texto e em nossas trajetórias de estudos e pesquisa acontece pelas contribuições fundamentais que o patrono da Educação brasileira deixou em sua vasta obra. Além disso, compreendemos que o olhar dele para educação de crianças pode contribuir para uma Educação Física na educação infantil mais sensível e cuidadosa, com o reconhecimento ético-político das crianças como sujeitos de direitos e a construção de uma práxis pedagógica engajada com a emancipação humana.

Paulo Freire (1997) afirma que somos seres inconclusos, que nossa vocação ontológica é *ser mais*, num processo contínuo de humanização. Interessante que, quando nos referimos a crianças, isso parece tão "natural", não duvidamos que elas são seres em formação, repletos de incompletudes. No entanto, quando nos referimos aos adultos, isso não parece assim tão "natural", pois acreditamos que estamos formados, já *somos*! Paulo Freire, contudo, pondera que *estamos sendo*... A criança é um ser que é, como presença no mundo, como sujeito de direitos, produtor de cultura e *está sendo* como ser inconcluso, em formação, como somos todos e todas nós.

Começamos nosso processo de humanização na pequena infância (PELOSO; PAULA, 2021), no encontro com o outro, como sujeitos ativos que se relacionam com o mundo de modo singular e que produzem cultura. Como afirma Sarmento (2003), há muitas maneiras de as crianças serem e estarem no mundo que não podem ser reduzidas e somente condicionadas pelos adultos. Nessa esteira, o pensamento freireano propõe que devemos considerar a realidade concreta dos educandos e das educandas, pois há uma diversidade de contextos e saberes de vida que devem fazer parte da prática educativa, como veremos mais adiante.

Como afirmam Silva e Silva (2021), também com base no referencial freireano, a alteridade, a curiosidade e o cuidado constituem-se como princípios básicos de uma educação humanista e progressista das infâncias. Dessa maneira, "por essa ética do humano e da alteridade se justificariam práticas de cuidado e educação, tendo em vista a preservação da vida, o compartilhamento e produção das culturas e a criação de possibilidades de desenvolvimento humano contra toda forma de determinismo e barbárie" (SILVA; SILVA, 2021, p. 24). E completam:

> [...] podemos dizer que pela ética do cuidado com a vida humana se justificaria também a instituição de espaços e tempos de coexistência, convivência e interações que se voltam para os sentidos da vida e da infância; espaços/tempos que possam fazer frente à radicalização das condições da infância e as desigualdades sociais que assolam a vida das crianças (SILVA; SILVA, 2021, p. 24).

Nesse contexto, a educação infantil se constitui em um espaço e tempo de encontros, de trocas, de diálogos, de produção de conhecimento e cultura. Paulo Freire, em *Pedagogia da Pergunta* (1985), em seus diálogos com Antônio Faundez, refere-se à criança como um ser curioso e indagador. Traz uma ideia de infância não como algo que deva ser superado ou apenas cultivado, mas como aquilo que deva ser também preservado com o amadurecimento de cada um. E, para tal, deve-se garantir às crianças o direito e o espaço para perguntas, para curiosidade. É importante que os próprios educadores, incluindo os de Educação Física, mantenham em si essa infância indagadora, questionadora, engajada, curiosa, alegre. E que, na busca pela autonomia, esforcem-se para garantir espaços decisórios para as crianças, para que aprendam a decidir, decidindo (FREIRE, 2021).

Paulo Freire defendia veementemente a escuta e o diálogo *com* as crianças e a infância. Mas, para fomentar o pensamento criativo, autônomo, protagonista das crianças, professoras e professores precisam se libertar dos planos prontos, herméticos, que muitas vezes são propostos para serem aplicados aos diferentes grupos, não respeitando as particularidades dos estudantes. Só assim é possível que as crianças sejam livres, críticas, criativas e criadoras (PELOSO; PAULA, 2021).

Paulo Freire propôs uma pedagogia da libertação, que valoriza a democracia, o pensamento crítico, aspectos que podem (e devem) ser trabalhados desde a pequena infância. Como afirma em seu livro *Cartas para Cristina: reflexões sobre minha vida e minha práxis* (2013):

> Como ensinar tolerância e democracia a nossos filhos e filhas, a nossos alunos e alunas, se lhes negamos o direito de ser diferentes de nós, se nos recusamos a discutir com eles suas posições, sua leitura de mundo, se não nos tornamos capazes de perceber que o mundo deles lhes faz desafios e exigências que o nosso não poderia ter feito? Como ensinar democracia e tolerância aos nossos filhos e filhas, a nossos alunos e alunas, se lhes dizemos ou lhes ensinamos que exigir o seu direito, que lutar contra uma afirmação falsa, que recorrer à lei é prova de autoritarismo, como se a democracia fosse silenciosa? (FREIRE, 2013, p. 195).

Quando intencionamos a construção dialógica de uma Educação Física crítica e libertadora na educação infantil, deparamo-nos com questionamentos, como: como trabalhar a criticidade nesse nível de ensino? As crianças pequenas têm senso crítico? É possível problematizar a realidade com seres tão pequenos? Não vamos "matar" a ingenuidade das crianças tratando dos problemas sociais? Em geral, essas questões mostram uma imagem da infância como seres da falta, como *infantes* sem voz. Como afirmam Peloso e Paula (2021, p. 4), Paulo Freire preocupava em fazer com que as crianças se constituíssem enquanto "protagonistas da história, pessoas curiosas, capazes de autoria, de autonomia, sujeitos da ação educativa dentre outros aspectos". Trata-se de educar as crianças para que aprendam a tomar decisões, a respeitar a sua própria voz e a do outro, a preocupar-se com o outro, a exercitar sua curiosidade ingênua, transformando-a em epistemológica, a olhar o objeto do conhecimento de forma aprofundada, com distanciamento e método.

Uma prática pedagógica que dialogue com os princípios da pedagogia freireana deve considerar, como apontam Silva e Silva (2021, p. 26), contextos que possam:

> i) superar as intenções da prática educativa fundada na pura adaptação; ii) viabilizar possibilidades de inserção criativa das crianças; iii) valorizar a imaginação por meio da constância de atos de experimentação; iv) superar a predominância da pura transmissão de conteúdo; v) gerar a necessidade de estar com o outro; vi) valorizar o estranhamento do mundo como ponto de partida; vii) partir do princípio de que as crianças são seres da inteireza que conhecem o mundo, os outros e a si mesmas com o corpo todo; viii) retroalimentar o exercício da curiosidade e da pergunta; ix) compartilhar com as crianças o espanto e a alegria; x) compreender a prática educativa com bebês e crianças como um fenômeno de inserção no mundo em permanente transformação.

Esses pontos levantados pelas autoras já nos instigam a refletir sobre a condição atual da educação infantil e da Educação Física nas escolas. Será que temos formado seres protagonistas, curiosos, autônomos no sentido abrangente do termo, ativos no processo educativo? Ou temos disciplinado as crianças às normatividades sociais que atendem ao controle hegemônico dos corpos adultos? Será que temos valorizado os saberes que as crianças trazem para a escola? Será que temos desafiado sua curiosidade para a ampliação de sua leitura de mundo? Será que temos permitido sua participação ativa nas aulas, seus questionamentos, suas sugestões? As vozes das crianças têm sido ouvidas?

A formação da consciência crítica é um dos principais objetivos da educação para Paulo Freire. Ele trata de leitura de mundo, de respeito e valorização do saber do educando e da educanda, de diálogo, de pergunta, de escuta, de curiosidade epistemológica, de problematização, de educação progressista em contraponto à educação bancária. Trata também da construção de uma pedagogia *com* em oposição a uma pedagogia *para* o educando e a educanda, de amorosidade, de querer bem entre outros aspectos que constituem sua pedagogia e que, em conjunto, levam à consciência crítica. Tudo isso é possível na Educação Física na educação infantil.

Nesse sentido, acreditamos que os compartilhamentos de percursos narrativos e constitutivos de professores e professoras na Educação Física infantil na escola podem ser momentos problematizadores, dialógicos, (auto) formativos, reflexivos, do compromisso ético-político de uma prática pedagógica engajada com a transformação social e esperançosa da construção de outras maneiras de ser, sentir e agir com a infância na escola.

Professor(a) dos(as) pequenos(as), e agora? A importância do conhecimento da comunidade

Em 2014, fui convidada para assumir a gestão de uma escola de educação infantil, da primeiríssima infância (de 0 a 3 anos). A princípio, sentimentos o medo e a insegurança vieram à tona.

Quando iniciou o ano letivo e as crianças chegaram e as famílias também, começou outro desafio. Percebi que trabalharia com dois públicos: crianças de 0 a 3 anos e suas famílias (adultos). De um lado, os "bebês" que são pequenos seres que dependem de outra pessoa. Não sabem ficar sentados, nem de pé, não falam, não se alimentam sozinhos... E nosso trabalho é este: ajudar no desenvolvimento da aprendizagem do falar, ouvir, olhar, dormir, se alimentar, andar, se movimentar, brincar...

Do outro lado, as famílias inseridas numa cultura social de que aquele espaço é somente para os cuidados (assistencialismo) das crianças e não compreendem a necessidade do trabalho pedagógico (que tem um dos seus pilares na Educação Física). Diante disso, oferecem resistência, principalmente com relação às crianças saírem dos espaços internos, pois poderiam se machucar ou não poderiam participar de algumas brincadeiras, pois ficariam doentes.

Fui buscar respostas na teoria de Paulo Freire, de que gestor é um professor no cargo de administração e precisa conhecer e entender a realidade de seu aluno. Comecei um trabalho que foi árduo e de formiguinha, com avanços e às vezes retrocessos, para depois poder continuar avançando. Pensando no diálogo e no respeito, fui chamando as famílias para conversar e as convidando para dentro do espaço escolar, na participação das atividades rotineiras. Assim, elas poderiam entender e tirar dúvidas sobre a necessidade do trabalho pedagógico de desenvolvimento com os pequenos. Com isso, começou a construção de uma ponte de confiança entre as famílias e o espaço escolar.

A equipe escolar, inclusive os educadores, estranhou muito esse processo e, no início, também ofereceu resistência. Porém, com o tempo, começou a perceber que as famílias se aproximavam mais e eram gentis e respeitosas (o que não acontecia antes). O trabalho durante o dia era mais tranquilo, as atividades começaram a ser planejadas, tinha um objetivo, todos os espaços externos começaram a ser utilizados para realizar atividades diversas, como dança, alongamentos, relaxamento, corrida, jogos... Então, percebemos que os choros e as mordidas diminuíram, a autonomia deles aumentou e aumentou também a imunidade com relação a doenças comuns nessa fase (professora Ednalva).

Às vezes, o que dá certo em uma escola é um fracasso em outra. Aprendi que temos que levar em conta a cultura, a comunidade em que essas crianças estão inseridas e que já trazem de bagagens, já sabem o que lhes desperta interesse. Aprendi a conhecer os alunos mais profundamente, e, quando temos o envolvimento das famílias, tudo vai ficando mais fácil! (professora Maitê).

As crianças não chegam vazias à escola. São seres que trazem saberes construídos com o *outro* nas suas relações. Esse primeiro contato com a escola, que se dá na educação infantil, é muito importante para a percepção desse contexto que acompanhará a criança durante todo seu período de escolarização. Ali, dá-se o início de uma jornada de muitos anos e é importante proporcionar boas experiências aos pequenos estudantes para que elas sejam um incentivo à continuidade dos estudos e à permanência na escola. A criança, nessa primeira experiência, precisa ser acolhida, sentir-se pertencente a esse novo contexto e suas famílias precisam estar seguras em deixarem seus filhos e filhas sob os cuidados dos educadores e das educadoras. Uma forma de oportunizar esse acolhimento é pelo conhecimento da realidade concreta dos seres concretos com quem interagimos no contexto educativo (FREIRE, 2016), garantindo ou, ao menos, possibilitando às crianças e aos seus familiares um ambiente em que se reconheçam e se sintam representados.

Diferentes saberes precisam adentrar a escola, serem valorizados, pois, caso isso não se dê, pode ocorrer, e provavelmente ocorrerá, o que Paulo Freire (1987) chamava de "invasão cultural". O autor usa essa expressão para falar de situações em que a cultura própria de um grupo é desvalorizada e suprimida em prol de outra considerada "melhor", "mais adequada" e que coincide, claramente, com a cultura hegemônica. Em termos freireanos, a cultura dos oprimidos é substituída pela cultura dos opressores, que é inculcada nos educandos e nas educandas. Conhecer e valorizar os diferentes saberes e trazê-los para o contexto pedagógico, embora pareça algo simples, é ato basilar e de resistência para a pedagogia freireana. Ações voltadas para essa perspectiva propiciam, além do já colocado, uma relação diferente com o saber tanto no contexto extra como intraescolar. Nas palavras de Paulo Freire, "[r]espeitar a leitura de mundo do educando significa tomá-la como ponto de partida para a compreensão do papel da *curiosidade*, de modo geral, e da humana, de modo especial, como um dos impulsos fundantes da produção do conhecimento" (FREIRE, 1997, p. 123, grifo do autor). Portanto, é importante que as crianças não se sintam estrangeiras, mas pertencentes à escola, e sintam-se à vontade para serem curiosas, criativas, indagadoras.

Brincar como o ato comunicativo: diálogo em escuta atenta

"Ensinar exige respeito aos saberes do educando", como respeitar algo que não conheço? Como tratar essas crianças como indivíduos únicos e ricos de saberes se mal consigo me comunicar com eles?

Voltei para casa, li, pensei, como professora de Educação Física: o que mais sei fazer é brincar. Sentei com aquelas crianças e comecei a brincar. Brincar com uma criança é a forma mais simples de criar vínculos, de eles me aceitarem como parte daquele grupo e confiarem em mim. A partir dessas brincadeiras e observações, percebi que essas crianças gostavam muito de brincar de "faz de conta", encenando e recriando situações do cotidiano.

Através das brincadeiras, as crianças expressam seus desejos, mostram a forma como veem o mundo e trazem também suas soluções para situações que exigem uma resposta. Como se expressar através de palavras nesse momento não seria uma opção, encontrei no brincar uma forma de eles se comunicarem comigo e de eu, como professora, poder utilizar tudo o que essas crianças tão pequenas sabem para as minhas aulas, para que nossas trocas de experiências sejam significativas. Explorar o brincar como forma de comunicação e não as palavras da forma como eu estava acostumada foi um desafio. Então, eles me ensinaram a brincar, de novo, mas agora um brincar atento não aos meus desejos e necessidades, mas às necessidades e desejos deles (professora Tassiana).

Para Paulo Freire, não é possível uma Pedagogia da Libertação sem o diálogo como troca, partilha, que envolve escuta atenta e amorosa, pois é uma fala *com* o outro e não *para* o outro. Mas como dialogar com crianças que mal conseguem falar ou se expressar verbalmente? O depoimento da professora Tassiana nos mostra uma possibilidade. Vemos nessa fala e nessa descoberta uma ampliação da leitura de mundo por parte da professora e um verdadeiro exemplo da práxis pedagógica. Diante de uma situação-limite — ou seja, daquilo que impedia o *ser mais*, de si mesma enquanto educadora e das crianças enquanto educandas —, a professora buscou inéditos viáveis, abrindo-se para o outro, no caso as crianças, buscando formas de escutá-lo em suas múltiplas possibilidades de comunicação, para dialogar com ele. E ela faz isso aproximando-se das crianças como forma de comunicação, o que pode ser notado no "Sentei com aquelas crianças e comecei a brincar". Muita boniteza nessa ação! O "brincar *com*" como forma de diálogo.

Para que um diálogo efetivamente aconteça, não pode haver o silenciamento do outro. É fato que no diálogo pode e deve haver silêncios para que a escuta atenta aconteça, mas nunca silenciamentos. Na *Pedagogia da Autonomia*, Paulo Freire (1996, p. 58) alerta que "ensinar exige saber escutar". Segundo o autor, nós só escutamos atentamente o outro quando confiamos que ele ou ela tem algo a dizer, caso contrário, nossa atenção não se volta à sua fala. Esse alerta é importante quando nos referimos ao diálogo com a criança, pois a idade ou o fato de ainda não saber usar adequadamente as palavras não significa que ela não tenha o que comunicar, que incapaz de formar sua própria expressão. A escuta de que falamos não é uma escuta "formal", educada para atender aos padrões sociais; trata-se de uma escuta atenta, cuidadosa, de valorização do outro, mesmo que não haja concordância com o que está sendo pronunciado. Como afirma Paulo Freire (1996, p. 119), "[e]scutar, no sentido aqui discutido, significa a disponibilidade permanente por parte do sujeito que escuta para a abertura à fala do outro, ao gesto do outro, às diferenças do outro".

Quando pensamos em uma educação para a criticidade, desde a primeira infância, propomos esse espaço de escuta, que faz ela sentir-se valorizada em suas ideias, opiniões, decisões, e não silenciada, oprimida. Sabendo que diálogo é importante tanto para o conhecimento dos saberes dos educandos e das educandas, como para o levantamento do universo temático a ser trabalhado nas aulas de Educação Física; quais práticas corporais fazem parte do universo do grupo? O que as crianças conhecem sobre essas práticas? Quais os sentidos e significados dessas práticas para o grupo? Que outras práticas dialogam com aquelas de conhecimento das crianças? Abrir esse espaço de trocas, como afirmam Farias *et al.* (2021), traz sempre surpresas pelas indagações, conhecimentos e constatações por parte das crianças e, inclusive, possibilidades de trabalhos interdisciplinares.

E vamos ao circo! Situações-limite, problematizações e inéditos viáveis

Com essa aproximação feita e uma forma de trocar experiências construídas, juntos percebemos que um tema se destacou, o circo. A partir desse tema gerador, foi possível criar novos diálogos e questionamentos em torno do circo e utilizar o movimento como linguagem, possibilitando novas vivências, além de colocá-las em confronto com o que já é conhecido pelas crianças. Minha escolha foi problematizar a proposta para poder superar o que já faz parte do conhecimento prévio da criança e tornar esse tema culturalmente já presente, trazendo novas perspectivas sobre o que está sendo apresentado pela sociedade.

A criança é protagonista dessa proposta, pois, a partir de seus conhecimentos prévios, ela cria novas experiências, tendo como ponto importante o pensamento crítico estimulado durante os diálogos que são construídos pelo brincar. Saber ouvir o outro, tentar problematizar e compreender o lugar de fala de cada aluno são fundamentais para superar as situações limites que irão se apresentar e valorizar a produção do conhecimento que será realizada pelas crianças (professora Tassiana).

Esta narrativa nos traz diversos elementos da pedagogia freireana ressignificada no contexto da Educação Física na educação infantil. O tema foi escolhido *junto com* as crianças, a partir da observação sensível e atenta da educadora e do diálogo. Foi problematizado a partir dos diferentes saberes trazidos pelo grupo ampliando a leitura de mundo sobre essa prática corporal. O pensamento crítico da criança foi desafiado por meio do diálogo em escuta atenta, buscando superar as situações-limite e produzir novos conhecimentos, inéditos viáveis. Por meio desta narrativa, é possível perceber que uma pedagogia freireana na Educação Física na educação infantil não pode trazer um "pacote" pronto de atividades, mas deve ser construída *com* as crianças, levando em conta seus saberes, seus sentimentos, seus desejos, suas necessidades, provocando a curiosidade.

Muitas vezes, os educadores e as educadoras, incluindo os e as de Educação Física, que iniciam o trabalho com a educação infantil trazem os "pacotes" com aulas fechadas, organizadas sobre tudo o que deverá ser realizado pelas crianças, inclusive com o tempo a ser usado em cada atividade, tal como aprendem durante a formação, sem respeitar os interesses e as necessidades do grupo. Esse tipo de metodologia pode facilmente levar os profissionais à frustração, porque, por exemplo, o professor ou a professora planejam uma atividade de jogar bolas em um cesto, conta toda uma narrativa para o grupo (tudo conforme planejado até aqui) e, de repente, uma criança joga as bolas do cesto no chão e todas as outras se divertem com isso. Pronto. A atividade que seria para arremessar bolas ao cesto tornou-se atividade de cesto no chão. É preciso entender que cada aula é uma experiência nova, com muitos aprendizados de todos os lados, pois quem ensina aprende ao ensinar e quem aprende ensina ao aprender, em uma relação recíproca de ensino e aprendizado. As crianças são pessoas carregadas de inúmeros saberes, com vontades, desejos, particularidades, curiosidades que devem ser respeitadas.

Nas palavras de Paulo Freire (1996, p. 118):

> Sou tão melhor professor, então, quanto mais eficazmente consiga provocar o educando no sentido de que prepare ou refine sua curiosidade, que deve trabalhar com minha ajuda, com vistas a que produza sua inteligência do objeto ou do conteúdo de que falo. [...] Meu papel fundamental, ao falar com clareza sobre o objeto, é incitar o aluno a fim de que ele, com os materiais que ofereço, produza a compreensão do objeto em lugar de recebê-la, na íntegra, de mim.

Para contextualizar o tema circo, iniciavam-se histórias e diálogos antes do início da brincadeira, intencionando remeter a criança ao mundo do circo, aos personagens e a toda fantasia que faz parte desse universo. Então, palhaços, malabaristas, equilibristas, mágicos, picadeiro se fizeram presentes nas atividades para que as crianças, além de terem contato com os personagens, pudessem fazer parte do circo à sua maneira, produzindo a sua própria compreensão do objeto a partir das brincadeiras.

O diálogo é essencial nesse processo para a combinação das ações, reflexão das atividades realizadas e apropriação dos personagens. Inicialmente, as crianças podem não conhecer todos os personagens do circo ou outros elementos de outros temas desenvolvidos nas aulas, mas, por meio de conversas, trocas de saberes e contação de histórias, elas foram conhecendo os diferentes personagens e seu papel dentro de uma apresentação do circo, assim como os aspectos que fazem parte do universo circense. A relação de afeto com os personagens do circo fez com que as crianças quisessem conhecer mais e reconstruir ativamente esses personagens, realizando seus movimentos durante a brincadeira. Isso demonstra a relação de afeto com o tema proposto nas aulas, aguça a curiosidade da criança e seu interesse em aprofundar os conhecimentos.

A brincadeira é um tema da cultura corporal que pode ser trabalhado nas aulas de Educação Física de forma integral, tendo como objetivo a fruição, a entrega, como momento de descontração e encontro consigo mesmo. É dinâmica e permite que a criança vivencie um momento lúdico dentro da escola, que está tão permeada por regras e limites nas práticas pedagógicas tradicionais.

No brincar, as crianças conseguem expressar seus desejos, suas frustrações, por isso, é momento de "escuta atenta" por parte dos educadores e das educadoras. Para as crianças, o brincar é uma das formas de compreender e explorar o mundo em que vivem e interagem. "A criança não brinca numa ilha deserta. Ela brinca com as substâncias materiais e imateriais que lhe são propostas, ela brinca com o que tem na mão e com o que tem na cabeça" (BROUGÈRE, 2001, p. 105).

Portanto, mais do que apenas se divertir, o brincar abre múltiplas possibilidades pedagógicas, as quais permitem construção e reconstrução de valores e significados, de diálogos com o universo infantil. Portanto, é possível, nesse momento, intervenções não apenas sobre o que se brinca, mas também o porquê se brinca, abrindo espaço para intervenções críticas, criativas e autônomas.

É importante que o brincar na educação infantil seja livre do excesso de ditames, que seja uma porta aberta para o mundo com o *outro* para que as crianças possam aprender a se organizar e legislar sobre as regras e combinados, possam aprender a decidir, a fazer escolhas. Para isso, o educador e a educadora devem assumir o papel de mediador e mediadora no processo, no exercício da docência em comunhão com os estudantes.

Considerações finais

Reafirmamos que as crianças são inquietas, agitadas, fazem barulho, mexem em tudo! Mas, como afirmam Silva e Silva (2021, p. 26), "[...]mexer no mundo e explorar os contextos de sua convivência significa interferir e transformar em lugares de si; significa agir e, por essa atividade, constituir a consciência de si e do mundo". É por meio do próprio corpo que as crianças interagem e conhecem o mundo. Controlar esse corpo e discipliná-lo dentro de padrões adultos significam o sufocamento da curiosidade, significa silenciamento das infâncias em sua pluralidade.

A alegria e o espanto da criança diante do mundo e das descobertas devem contagiar os educadores e as educadoras, desafiando-os(as) para, em comunhão, entenderem-se como seres de descobertas, abertos ao mundo.

É importante salientarmos que a pedagogia freireana não consiste em etapas ou passos a serem aplicados na prática pedagógica. Buscamos, aqui, refletir, a partir de narrativas das professoras, possibilidades de reinvenção das nossas práticas para os diferentes contextos pedagógicos e educativos, neste caso, na Educação Física infantil.

A Pedagogia da Libertação refere-se a uma forma de ler o mundo, de entendê-lo, por isso não se restringe a práticas para serem copiadas, reproduzidas. O estudo da obra freireana nos leva a acreditar que mudanças são possíveis e que um mundo mais justo pode ser um inédito viável e, para tal, nosso trabalho como educadores e educadoras deve começar com a ressignificação das infâncias, por intermédio da educação, não permitindo que seu potencial criativo e criador seja domesticado a favor da manutenção de uma sociedade opressora.

Como afirma Kohan (2018, p. 24), "[a] infância é política. A infância é, para Paulo Freire, uma força re-inventora de mundo". Dessa maneira, a educação infantil e a Educação Física, numa perspectiva freireana, devem garantir à criança o direito de ser criança, de viver o presente, de cultivar seu ser indagador, curioso, alegre. Não deve violentar a criança roubando-lhe o tempo presente, a completude de seu ser que se entrega, engaja-se em suas ações.

REFERÊNCIAS

BROUGÈRE, Gilles. **Brinquedo e cultura**. 4. ed. São Paulo: Cortez, 2001.

FARIAS, Uirá de Siqueira; MALDONADO, Daniel Teixeira; NOGUEIRA, Valdilene Aline; RODRIGUES, Graciele Massoli. A Educação Física Escolar "COM" a Educação Infantil: aproximações com Paulo Freire. **Revista Estudos Aplicados em Educação**, São Caetano do Sul, v. 6, n. 11, p. 51-66, 2021.

FREIRE, Paulo; FAUNDEZ, Antonio. Por uma **Pedagogia da Pergunta**. 3. ed. Rio de Janeiro: Paz e Terra, 1985.

FREIRE, Paulo. **Pedagogia do Oprimido**. 17. ed. Rio de Janeiro: Paz e Terra, 1987.

FREIRE, Paulo. **Pedagogia da Autonomia**: saberes necessários à prática educativa. 39. ed. São Paulo: Paz e Terra, 1996.

FREIRE, Paulo. **Cartas à Cristina**: reflexões sobre minha vida e minha práxis. 2. ed. São Paulo: Unesp, 2003.

FREIRE, Paulo. **Conscientização**. Tradução de Thiago José Risi Leme. São Paulo: Cortez, 2016.

FREIRE, Paulo. **Pedagogia da Indignação**: cartas pedagógicas e outros escritos. 6. ed. São Paulo: Paz e Terra, 2021.

KOHAN, Walter Omar. Paulo Freire: outras infâncias para a infância. **Educação em Revista**, Belo Horizonte, v. 34, e199059, p. 1-33, 2018.

PAGNI, Pedro Angelo. Infância, arte de governo pedagógica e cuidado de si. **Educação e Realidade**, v. 35, p. 99-123, 2010.

PELOSO, Franciele Clara; PAULA, Ercília Maria Angeli Teixeira. A constituição do ser humano a partir de diversos contextos e experiências nas infâncias: a complexidade das obras de Paulo Freire. **Práxis Educativa**, Ponta Grossa, v. 16, e2116609, p. 1-18, 2021.

SARMENTO, Manoel Jacinto. Gerações e alteridade: interrogações a partir da sociologia da infância. **Educação & Sociedade**, Campinas, v. 26, n. 91, p. 361-378, maio/ago. 2005.

SILVA, Marta Regina Paulo da; FASANO, Edson. Crianças e infâncias em Paulo Freire. *In*: SILVA, Marta Regina Paulo da; MAFRA, Jason Ferreira (org.). **Paulo Freire e a educação das crianças**. São Paulo: BT Acadêmica, 2020. p. 57-82.

SILVA, Elenice de Brito Teixeira; SILVA, Adelson Ferreira. As crianças, o quintal e o mundo: diálogos de Paulo Freire sobre a infância. **Revista Estudos Aplicados em Educação**, São Caetano do Sul, v. 6, n. 11, p. 21-35, 2021.

CAPÍTULO 5

OLIMPÍADAS NA EDUCAÇÃO INFANTIL: UM RELATO DE EXPERIÊNCIA NO DEPARTAMENTO DE EDUCAÇÃO INFANTIL DA UNIVERSIDADE FEDERAL DE GOIÁS

Leonardo Carlos de Andrade
Bárbara Isabela Soares de Souza
Priscilla de Andrade Silva Ximenes

A consolidação da presença da Educação Física na Educação Infantil tem se caracterizado, historicamente, como um desafio. Primeiro, porque existem especificidades que constituem esta etapa da Educação Básica, as quais a diferenciam consubstancialmente das demais, tornando-se necessário um amplo domínio delas. Segundo, porque existem obstáculos hegemônicos instaurados pelas legislações vigentes (RODRIGUES *et al.*, 2019) que não possibilitam uma garantia de que o(a) professor(a) de Educação Física atue com crianças de 0 a 06 anos de idade em creches e pré-escolas.

Ainda no viés dos desafios, também existe uma disputa histórica de atuação nesse lócus, de forma que, assim como a luta de Dom Quixote[4] contra os gigantes imaginários, existem grupos de pesquisadores(as) e professores(as) que insistem em travar batalhas fantasiosas nesse espaço, partindo do pressuposto de que a atuação na educação infantil deve ser realizada apenas por aqueles(as) que possuem uma formação inicial em Pedagogia. Todavia, inspirados no alento de Sancho Pança ao próprio Dom Quixote, alertamos nossos pares que os "gigantes", na verdade, são *moinhos de vento* e o corporativismo idealizado pelos grupos combatentes deve ser pormenorizados diante dos interesses reais de classe.

Assim, contrapondo-nos a essa lógica, ressaltamos o nosso compromisso em apresentar no presente texto as ricas contribuições que a Educação Física pode proporcionar à educação infantil, partindo da compreensão de que as

[4] Ver Cervantes (2002).

creches e pré-escolas são espaços formais de educação que possuem o papel social de promover a uma formação unilateral desde tenra idade. Alentamos a todos(as) que não se trata de uma batalha estapafúrdia por atuação nesse lócus, mas, sim, uma tentativa de união de forças contra a alienação entre indivíduo e gênero humano[5] e, portanto, entre criança e gênero humano, assentando nosso papel com promoção de uma formação humana que oportunize o acesso às máximas objetivações históricas acumuladas pela humanidade.

A defesa pela presença da Educação Física na educação infantil será realizada neste escrito por meio da socialização de uma proposta pedagógica desenvolvida em 2016, no Departamento de Educação Infantil (DEI) do Centro de Ensino e Pesquisa Aplicada à Educação (CEPAE) da Universidade Federal de Goiás (UFG), intitulada como "Olimpíadas do DEI". Essa ação teve sua gênese em rodas de conversas realizadas com crianças de 3 a 5 anos de idade, de forma que o professor, ao identificar que os conhecimentos sobre a temática eram questão essenciais para aquele agrupamento de crianças, elencou as Olimpíadas como conteúdo[6] central.

Salientamos que as Olimpíadas estavam acontecendo nessa mesma época no Rio de Janeiro (2016), tendo extrema evidência nas mídias, o que consequentemente influenciou a percepção imediata das crianças. Devido a isso, era comum que elas mencionassem assuntos relacionados a essa temática por terem acesso a ela em diversas instâncias sociais. Ao compreender que existia uma apreensão sincrética sobre as olimpíadas na apreensão das crianças, os professores buscaram desenvolver uma proposta pedagógica que possibilitasse uma.

Compreendemos ser relevante mencionar as bases teórico-metodológicas que sustentaram essa proposta pedagógica sobre as Olimpíadas, sendo a Pedagogia Histórico-Crítica (SAVIANI, 2012) e a Psicologia Histórico-Cultural (VIGOTSKI, 2001) amparadas pelos pilares do marxismo. Segundo Martins (2011), essas teorias têm uma unidade teórica no que concerne à visão sobre a organização da prática pedagógica, a qual não se restringe ao ato técnico de elencar ações e estratégias metodológicas, mas se constitui como processo de sistematizar um trabalho educativo que esteja em coerência com o projeto histórico de ser humano e de sociedade que queremos formar.

O objetivo central da Pedagogia Histórico-Crítica é garantir o acesso ao conhecimento erudito às classes menos abastadas, visando a emancipação

[5] Ver Marx (1988).

[6] Entendemos conteúdo como sinônimo de conhecimento (SAVIANI, 2012).

humana e a transformação social em caráter revolucionário, desde a mais tenra idade (ANDRADE, 2020). Diante disso, cabe à escola oportunizar à cada indivíduo singular a apropriação dos conhecimentos "mais desenvolvidos acerca das ciências, da filosofia e das artes, estes que se apresentam como riqueza imaterial saturada de humanização e que se tornaram essenciais para o desenvolvimento pleno dos indivíduos" (GALVÃO; LAVOURA; MARTINS, 2019, p. 57).

Nessa perspectiva, o professor possui um papel significativo, uma vez que lhe cabe identificar os conteúdos que devem ser socializados pelas instituições de ensino, bem como as formas mais adequadas de garantir a sua apropriação pelas crianças e estudantes. Segundo a Pedagogia Histórico-Crítica, o conhecimento clássico[7] deve ser tomado como referência para a organização dessa seleção de saberes escolares, o qual caracteriza-se como os conhecimentos que, historicamente, consolidaram-se como fundamentais, essenciais (SAVIANI, 2011).

Sendo assim, a Educação Física, enquanto uma Área de Conhecimento que deve estar presente nas três etapas da educação básica, também possui o papel social de garantir a apropriação de conhecimentos clássicos que, de acordo com Soares *et al.* (2012), configuram-se como os saberes da Cultura Corporal, representados pelos jogos, esportes, lutas, ginásticas, danças, entre outros (SOARES *et al.*, 2012). Esses foram produzidos como objetivação humana que dialeticamente subjetiva o homem, uma vez mais fazendo valer a categoria indivíduo e sociedade (MARX, 2010).

De antemão, evidenciamos que não advogamos aqui por aulas isoladas como nas demais etapas da educação básica, mas, sim, a defesa de uma organização do trabalho pedagógico na infância que incorpore a Cultura Corporal como saber indispensável (RODRIGUES *et al.*, 2019).

Destarte, salientamos que o aluno ao acessar as manifestações da Cultura Corporal, produz cultura e consome cultura concomitantemente, enriquecendo-se no metabolismo homem e sociedade, pela internalização do conhecimento acumulado (VIGOTSKI, 2001). Portanto, esse relato foi forjado na tríade da didática histórico-crítica, conteúdo-forma-destinatário, buscando pistas para a materialização desta estrutura no "chão da escola" (LAVOURA; MARSIGLIA, 2015).

---

[7] O clássico não se confunde com o antigo, nem mesmo com o tradicional. Segundo Saviani (2012), é aquilo que se firmou historicamente como essencial para a formação do ser social, portanto, que se faz com fundamental, independente da diacronicidade do trabalho educativo

No decorrer das atividades pedagógicas, buscamos qualificar a interação entre as crianças, pois a construção coletiva dessa proposta demonstra a preocupação que temos em vivenciar o trabalho coletivo no interior desse departamento. Nesse sentido, acreditamos que uma prática social coletiva nos humaniza, pois pensar nas relações sociais de real solidariedade é pensar no vir a ser da humanidade (MARX, 2010). Todavia, temos clareza que a ação intencional e objetiva do professor é garantir o acesso ao conhecimento mais desenvolvido pelas formas mais adequadas, de acordo com o momento do desenvolvimento do aluno (ANDRADE, 2021).

As categorias apreendidas pelo professor à luz da psicologia histórico-cultural e da pedagogia histórico-crítica para o processo de transmissão-assimilação foram a historicidade e a corporalidade[8], trazendo princípios sólidos sobre o desenvolvimento ontológico das Olimpíadas. Nesse sentido, consideramos o significado da cultura no processo de aprendizagem, desenvolvimento do conhecimento e como resultado do trabalho diacronicamente/sincronicamente constituído na relação homem e natureza.

Para Vigotski (2001), a criança é histórica e social, cuja formação é constituída pela apropriação do mundo exterior sensível, composto pelas objetivações humanas acumuladas historicamente. Ao mesmo tempo em que acessa e apropria-se desse legado sócio-histórico, a criança também contribui para a complexificação e constante produção. Entendemos, assim, que a cultura do mundo dos homens é fulcral para o desenvolvimento do ser social e, portanto, para o desenvolvimento da criança. Em outras palavras: não existe ser humano sem outros seres humanos.

Por considerar as Olimpíadas como criação humana presente nessa particularidade da vida das crianças, principalmente por terem acontecido no Brasil, planejamos nossas ações pedagógicas para que pudéssemos tematizar esse conteúdo pela historicidade[9], desbravar o espaço físico (DEI e FEFD[10]) e as possibilidades de vivenciar maximamente a corporalidade nesses locais. Essa ação é intencionalmente articulada com a instrumentalização do processo de desenvolvimento das crianças, pois o conhecimento é condição para liberdade (MARX, 2010).

Compreende-se que o trabalho educativo visa produzir a humanização, que é coletiva, em cada sujeito particular, pelo acesso às produções

---

[8] Essas categorias marxianas serão conceituadas nos tópicos subsequentes.

[9] Ver Marx (2010).

[10] Faculdade de Educação Física e Dança da UFG, localizada a 100 metros do Departamento de Educação Infantil (DEI).

historicamente constituídas. Nessa guisa, enfatizamos que, ao se pensar na tríade da pedagogia histórico-crítica, reiteramos a necessidade de entender a atividade dominante de cada momento da vida o sujeito, sendo que nesse relato a atividade-guia tomada como referência foi o jogo protagonizado[11].

EDUCAÇÃO FÍSICA NA EDUCAÇÃO INFANTIL: PRESSUPOSTOS TEÓRICOS E POSSIBILIDADES DIDÁTICAS

A Cultura Corporal é fruto ontológico do trabalho, sendo, portanto, um elemento particular da universalidade da cultura humana. As manifestações da Cultura Corporal estão presentes em vários fenômenos sociais, dentre eles, as Olimpíadas. Para Soares *et al.* (1992), os temas da Cultura Corporal acompanham o ser humano desde os tempos mais remotos e estes foram se complexificando, de acordo com a necessidade de o homem transformar a natureza e por ela ser transformado.

Nessecontexto,entendemosqueasmodalidadesesportivaspresentesnas

Olimpíadas também são oriundas da Cultura Corporal e, por conseguinte, devem ser assegurados na educação escolar

Embasados nos pressupostos teóricos citados anteriormente, apresentamos a proposta das Olimpíadas do DEI/CEPAE/UFG que tinham como eixo norteador apresentar o fenômeno das "Olimpíadas" e suas práticas corporais. Oportunizando, assim, o acesso às diferentes manifestações da Cultura Corporal e garantir uma reflexão sobre as possibilidades de apreciação cinestésica e estética pelo faz de conta.

As olimpíadas são objeto de estudo e investigação de vários autores e compreendida de distintas formas por várias vertentes. A proposta desenvolvida no DEI/CEPAE envolveu a referida temática, a partir da concepção de Hobsbawm (1997), Elias e Dunning (1992) e Crespo (1987), compreendendo que os jogos de origem grega tinham elementos e características bem singulares que os diferem dos jogos olímpicos da contemporaneidade.

Para Elias e Dunning (1992), os jogos da antiguidade tinham duas características determinantes: 1º) era um fenômeno popular e de cunho religioso, em que as divindades gregas eram exaltadas; 2) em segundo lugar, eram sempre realizados no santuário em Olímpia, sendo que os vencedores

[11] Diz respeito a uma das atividades-guia da periodização histórico-cultural do desenvolvimento humano (MARTINS, 2013).

eram vistos com os deuses. Nessa altura, podemos questionar a coincidência das "5 provas do pentatlho antigo" e o mito dos "12 trabalhos de Hércules", em palavras marxianas, é necessário duvidar de tudo (MARX, 2010).

Todavia, esses mitos e tradições presentes nos primórdios dos jogos originaram vários dos simbolismos e códigos das Olimpíadas modernas, sobretudo o rendimento. A dimensão do rendimento presente na modernidade é fruto de uma estrutura meritocrática, que tem como lema "vencer independente da forma", ou seja, o esporte de rendimento coaduna com os interesses do capital (SOARES *et al.*, 1992).

O processo metodológico contemplou uma sequência pedagógica que foi desenvolvida em três temas principais: a apresentação das Olimpíadas, evidenciando seus símbolos, surgimento e atual conjuntura; as práticas corporais, oportunizando a vivência, exploração e reflexão crítica sobre elas; e a culminância, em um dia de atividades no DEI/CEPAE/UFG com todas as práticas vivenciadas pelas crianças.

Todas as modalidades olímpicas tematizadas foram ensinadas de forma adaptada com brincadeiras ou envolvendo o universo imaginário. As propostas serviram como experiências contextualizadas com os conhecimentos identificados e elencados para o ensino, com o intuito que as crianças se apropriassem e obtivessem novas estruturas para alavancar o desenvolvimento do psiquismo (MARSIGLIA *et al.*, 2019). Temos veemência nessa forma de trabalho educativo, pois, ao brincar, a criança busca projetar-se em atividades sociais, em um processo de mimetização do universo dos adultos, imitando-os, que para nós é explicado pelo jogo protagonizado.

Na brincadeira, ocorrem as oportunidades para o desenvolvimento intelectual. Desse modo, também fica evidente que a brincadeira é uma categoria importante e constante para a criança e para os professores que as consideraram nos planejamentos, registros e avaliações das atividades relacionadas às Olimpíadas.

Nesse engodo, buscamos questionar a história das Olimpíadas junto com as crianças, desenvolvendo uma atividade simbólica. Utilizando o recurso da TV, exploramos a simbologia das Olimpíadas com as crianças, mostrando o significado dos anéis olímpicos, das mascotes e da tocha olímpica por figuras animadas, essa que seria o foco principal dessa atividade.

A abertura dos Jogos Olímpicos do DEI/CEPAE/UFG aconteceu no dia 30 de agosto, quando as crianças tiveram o primeiro contato sistematizado com a proposta. Fizemos uma roda de conversa na sala de Artes, mostrando imagens das Olimpíadas de Atenas (Grécia) que ocorreram em 1896 e de Londres (ING) que ocorreram em 2012. Combinamos com as crianças que ali iríamos iniciar o trabalho pedagógico com as olimpíadas do DEI, em que eles iriam aprender várias das práticas corporais desse megaevento esportivo.

Por conseguinte, o simbolismo que envolve a tocha olímpica foi o fio condutor da apresentação do seguimento pedagógico. Segundo Crespo (1987), o revezamento da tocha olímpica é um ritual antigo presente desde a gênese das Olímpiadas, em que os escolhidos faziam uma caminhada com a chama sagrada em todo o território da Grécia Antiga para anunciar que os jogos iam começar. Confeccionamos tochas com cartolinas e realizamos um quiz para captar quais esportes as crianças já conheciam, de forma que o professor mostrava imagens de provas olímpicas e perguntava aos alunos qual era o esporte. Os mais conhecidos foram: lutas, basquetebol, futebol, ginásticas e atletismo.

No dia 13/09, no momento da roda de conversa, evidenciamos para as crianças que era dia de Olimpíadas do DEI/CEPAE/UFG. Surgiram várias questões por parte das crianças, perguntando "o que das olimpíadas iríamos conhecer?", "onde seria?" etc. Nessa altura, observamos que o conceito "olimpíada" estava começando a ser utilizado como palavra para designar um conjunto de conhecimentos, isso é considerado por Martins (2013) uma formação inicial de signo, em outras palavras, imagem subjetiva da realidade objetiva.

Após esse diálogo inicial, convidamos as crianças para assistir a imagens na televisão do hall de entrada do DEI com as diferentes formas e manifestações de ginásticas nas Olimpíadas, com ênfase na ginástica artística, ginástica rítmica e ginástica de trampolim. Deslocamo-nos em direção à FEFD, para o ginásio de lutas e ginástica, nas quais os professores apresentaram alguns dos aparelhos da Ginástica Artística, sendo eles o cavalo com alças; as paralelas; trampolim; cavalo e as barras assimétricas. E, dessa forma, as crianças exploraram os objetos de várias maneiras e surgiram situações formidáveis como uma criança descrevendo o movimento visto inicialmente no cavalo com alças e posteriormente executando-o, realizando uma parada de dois (com a mediação do professor).

As crianças também vivenciaram a ginástica rítmica, explorando seus materiais (arcos, fitas, bolas, massas e cordas) das mais variadas formas explorando sua criatividade. É válido ressaltar que, à medida que o professor ensinava a forma de manuseio de uma massa e as diversas maneiras de se manipular uma fita, as crianças incorporaram em suas vivências, realizando novas ações. Após essa aproximação com os aparelhos, proporcionando apresentações individuais como as vistas inicialmente no hall do DEI. As crianças incorporaram os atletas pelo faz-de-conta, comportando-se de modo mais avançado e criativo que no cotidiano (VIGOTSKI, 2001).

Na pedagogia histórico-crítica, acredita-se que realizar ações corporais sistematizadas e intencionais exige teleologia e estruturas psíquicas complexas que foram apreendidas nas relações sociais (ANDRADE; SOUZA; ANDRADE, 2020). Saviani (2012), em uma leitura gramsciana do movimento humano, vai dizer que ninguém nasce sabendo andar, isso é apreendido e quando internalizado se torna segunda natureza. Portanto, uma vez mais ressaltamos que o movimento humano no marxismo nunca é somente *deslocamento do corpo no espaço*, por isso, a Cultura Corporal, antes de tudo, é atividade humana e produto do trabalho, criação e produção da cultura (ANDRADE; SOUZA; ANDRADE, 2020).

Em outra oportunidade de visita à FEFD, um dos professores demonstrou como os atletas olímpicos utilizam os aparelhos e os materiais das duas manifestações ginásticas, em contrapartida, foi evidenciado que essa é apenas umas das formas já conhecidas e que as crianças poderiam criar outras a partir da sua imaginação.

Algumas crianças ficaram encantadas com as fitas e os arcos e faziam giros e floreios com esses. Outras exploraram o cavalo com alça e as paralelas de forma significativa e diziam "Olha vou fazer uma apresentação na olimpíada", "Estou aqui em cima sozinho, sem ninguém, me segura", já outras corriam por todo o espaço realizando rolamentos e saltos pelo solo.

Ao final das vivências com a ginástica, convidamos as crianças para se sentarem e conversamos sobre a importância de momentos com as práticas corporais, nos quais todos têm o direito de participar e de se envolver o tempo todo, sem exclusões ou a competições seletivas. O enfoque era legitimar o potencial formador, estético e lúdico que eles vivenciaram com o primeiro esporte olímpico.

Seguindo a sequência didática, a próxima manifestação esportiva das Olimpíadas eram as lutas, que da mesma forma da ginástica não nos limitamos a apenas uma de suas modalidades, mas, sim, nos princípios e elementos essenciais desse tema. Desse modo, de acordo com Nascimento e Almeida (2007), as lutas no contexto escolar devem ser exploradas com ênfase em seu contexto histórico, filosófico e tátil, suprimindo a necessidade de ter um "vencedor" ou "perdedor", e sim mostrando suas possíveis estratégias, ampliando os conhecimentos sobre o objeto.

Assim sendo, entendemos que norteados pela proposta das lutas em um contexto mais amplo conseguimos direcionar as atividades para uma concepção mais crítica dessa manifestação da cultura. Pelo princípio do ataque e defesa, fizemos uma atividade imaginária, de forma que era desenhada uma formiga nos pés das crianças e uma tinha que pisar no pé da outra sem deixar que fosse pisada. Como princípio das lutas de agarre, uma criança devia tocar a palma das mãos nas mãos do colega e apenas pela pressão do corpo retirar seu oponente do perímetro da brincadeira. Ainda nas lutas de agarre, deitados no solo brincamos de abraço de urso, onde uma criança tinha que abraçar a outra que consequentemente tentava se soltar.

Na sequência, tentamos explorar outros elementos da Cultura Corporal como os esportes (handebol, basquetebol, futsal) com esse mesmo entendimento, a partir da concepção de ensino proposta por Marsiglia *et al.* (2019), buscamos oportunizar o acesso aos conhecimentos específicos do esporte e, da mesma forma, garantir uma reflexão crítica sobre os mesmos, negando a reprodução do que está posto em uma sociedade, na qual vigora a competição exacerbada e a meritocracia capitalista.

Em nossa primeira experiência na FEFD, levamos inúmeras bolas, mais especificamente de basquete, handebol, futsal e tênis de mesa. As crianças puderam explorar as texturas, pesos, formatos e possibilidades de manuseio. Depois disso, pelo jogo protagonizado, realizamos uma atividade em que o professor era a raposa e tentava tomar os "ovos" (bolas) das crianças que eram as galinhas. Durante a atividade alternavam regras de manuseio, de forma que as "galinhas" só podiam levar os "ovos" no colo, depois rolando só com uma mão, só com os pés e, por fim, uma tentativa de drible.

Ao término, os professores explicaram que cada bola é própria de um determinado esporte, por isso, eram tão diferentes. Assim, retomamos os nomes dos esportes que já tinham sido apresentados na primeira intervenção. Devido à paralisação das atividades acadêmicas na UFG, em decorrência dos cortes de verbas, a proposta pedagógica sobre as Olimpíadas foi temporariamente interrompida.

Após o término da greve, em nosso retorno fizemos a culminância de modo mais singelo daquele idealizado inicialmente, sabendo que o trabalho educativo carece dessa flexibilidade, uma vez que "os homens fazem história, mas não fazem como querem, fazem como é possível" (MARX, 2010, p. 7).

A cerimônia de encerramento das olimpíadas do DEI tinha como objetivo desenvolver um dia que envolvesse todos os agrupamentos de crianças da instituição, de forma a possibilitar que as crianças que integravam os grupos em que a proposta pedagógica foi desenvolvida assumissem um papel de protagonismo, compartilhando com as demais momentos de diálogo sobre aquilo que vivenciaram, bem como contribuir com elas no processo de exploração destas práticas corporais.

Por fim, retomamos nessa cerimônia um dos simbolismos que acompanham as Olimpíadas desde os seus primórdios: a homenagem por uma cerimônia. Destacamos que nessa instância os vitoriosos não seriam aqueles que só venceram determinado jogo ou brincadeira, e sim aqueles que se mostraram mais honrosos (conforme sua origem). Nessa dinâmica, foi possível observar que as crianças vivenciaram esses processos de apropriação de conhecimentos, a partir da educação escolar, estabeleceram relações, comunicaram-se, desenvolveram culturalmente e socialmente e se constituíram sujeitos ativos em cada atividade proposta pelas Olimpíadas do DEI.

CONSIDERAÇÕES FINAIS

Do início ao término do trabalho pedagógico, a proposta foi desenvolvida à luz dos referenciais crítico-dialéticos anteriormente mencionados. Os registros foram feitos pelos fichamentos e registros dos professores regentes. Consideramos que as aulas possibilitaram um salto qualitativo, oportunizando às crianças ampliar seu acervo de conhecimento sobre as Olimpíadas. Avaliamos que, de modo geral, suas estruturas psíquicas foram complexificadas em direção a apreensão do real.

O pensamento complexo simboliza aqui a elaboração subjetiva da realidade objetiva, em que as crianças puderam estabelecer aproximações sistematizadas com as práticas corporais das Olimpíadas. Ademais, reiteradamente apontamos possibilidades de uma prática pedagógica histórico-crítica da Educação Física na educação infantil, para além das pedagogias hegemônicas que têm sido presentes nessa etapa da educação básica, cujo cerne está na defesa do espontaneísmo.

No ato de evidenciar a necessidade do salto qualitativo dos alunos acerca de sua visão de mundo, saindo de uma leitura sincrética da cultura corporal (manifestações práticas da realidade objetiva) para uma sintética (para além do senso comum), pelos conceitos, emana o método históricodialético como aquele que mais contempla o papel social da escola. Portanto, concluímos que a pedagogia histórico-crítica e a psicologia histórico-cultural foram o cerne para efetivar essa experiência pedagógica.

Portanto, retomamos uma vez mais àquilo que de fato nos interessa, a formação humana maximamente ampliada pela socialização dos clássicos. Afirmamos que não é qualquer mediação que produz a humanidade coletiva para além do cotidiano, mas, sim, a mediação dos conceitos verdadeiros (VIGOTSKI, 2001), saturando de aproximações o aluno da materialidade, sendo que a Cultura Corporal é elemento essencial para o real enriquecimento teórico.

Nessas veredas, percebemos que as crianças realizaram uma nova síntese, ainda que bastante precária da realidade, adquirindo novos signos para apropriação de conceitos futuros. Consideramos que a experiência descrita nesse relato possibilitou explorar as bases teóricas e fundamentos suficientes para nortear futuras experiências de pares que, assim como nós, lutam pela emancipação humana desde a mais tenra idade.

REFERÊNCIAS

ANDRADE, Jéssica da Silva Durte de; SOUZA, Bárbara Isabela de; ANDRADE, Leonardo Carlos de. Cultura corporal e formação humana: O papel social da Educação Física na educação escolar. **Obutchénie.** Revista de Didática e Psicologia Pedagógica, [*S. l.*], v. 4, n. 2, p. 583-601, 2020.

ANDRADE, Leonardo Carlos de. **Educação Física e pedagogia histórico-crítica:** aproximações históricas e apropriações teóricas. 2022. 188f. Dissertação (Mestrado em Educação Física) – Universidade Federal de Goiás, Goiânia, 2021.

CERVANTES, Miguel de. **Dom Quixote de La Mancha**. 1605. Capítulo VII. Tradução de Viscondes de Castilho e Azevedo. São Paulo: Edição da Nova Cultural, 2002.

CRESPO, J. **As actividades corporais.** Síntese histórica. Lisboa, Portugal: Ministério de Educação e Cultura - Direção Geral dos Desportos, 1987.

ELIAS, Norbert; DUNNING, Elias. **A Busca da excitação**. Lisboa: Difel, 1992.

GALVÃO, Ana Carolina; LAVOURA, Tiago Nicola; MARTINS, Lígia Márcia. **Fundamentos da didática histórico-crítica**. Campinas: Autores Associados, 2019.

HOBSBAWM, E.; RANGER, T. **A Invenção das tradições**. 2. ed. São Paulo: Paz e Terra, 1997.

LAVOURA, Tiago Nicola; MARSIGLIA, Ana Carolina Galvão. A pedagogia histórico-crítica e a defesa da transmissão do saber elaborado: apontamentos acerca do método pedagógico. **Perspectiva**, Florianópolis, v. 33, n. 1, p. 345-376, jan./abr. 2015.

MARSIGLIA, Ana Carolina Galvão; MARTINS, Lígia Márcia; LAVOURA, Tiago Nicola. Rumo outra didática histórico-crítica: superando imediatismos, logicismos formais e outros reducionismos do método dialético. **Revista HISTEDBR On-line**, [*S. l.*], v. 19, p. 1-28, 2019.

MARTINS, Lígia Márcia. **O desenvolvimento do psiquismo e a educação escolar:** contribuições à luz da psicologia histórico-cultural e da pedagogia histórico-crítica. Campinas - SP: Editora Autores Associados, 2013.

MARTINS, Lígia Márcia. Pedagogia histórico-crítica e psicologia histórico-cultural. *In*: MARSIGLIA, Ana Carolina Galvão (org.). **Pedagogia histórico-crítica:** 30 anos. Campinas: Autores Associados, 2011. p. 19-29.

MARX, Karl. **Manuscritos econômico-filosóficos**. São Paulo: Boitempo, 2010.

NASCIMENTO, P. R. B. do; ALMEIDA, L. A tematização das lutas na Educação Física escolar: restrições e possibilidades. **Revista Movimento**, Porto Alegre, v. 13, n. 3, p. 91-110, set./dez. 2007.

RODRIGUES, Anegleyce Teodoro *et al.* (org.). **O ensino da Educação Física na Educação Infantil:** reflexões teóricas e relatos de experiência com a cultura corporal na primeira etapa da educação básica. 1. ed. Curitiba: CRV, 2019.

SAVIANI, Dermeval. **Pedagogia histórico-crítica:** primeiras aproximações. Campinas: Autores Associados, 2012.

SOARES *et al.* **Metodologia do Ensino de Educação Física**. São Paulo: Cortez, 1992. Terra S.A, 1997.

VIGOTSKI, Lev Semenovich. **Obras escogidas**. Madrid: Visor, 2001.

CAPÍTULO 6

"EU NA PEQUENA ÁFRICA": O ENSINO HÍBRIDO, DAS TELAS AO CHÃO DA QUADRA – MICROAÇÕES AFIRMATIVAS NOS COTIDIANOS DA EDUCAÇÃO INFANTIL

André dos Santos Souza Cavalcanti
Luciana Santiago da Silva
Monique Farias da Silva
Maria Aparecida Alves Neves
Giselle Costa Cavalcanti

NOSSO LUGAR...

> *A tradição oral é a grande escalada da vida, e dela recupera e relaciona todos os aspectos. Pode parecer caótica àquele que não lhe descortina o segredo e desconsertar a mentalidade cartesiana acostumada a separar tudo em categorias bem definidas. Dentro da tradição oral, na verdade, o espiritual e o material não estão dissociados.*
> *(BÂ, 1982, p. 169)*

As tradições orais são verdadeiros pergaminhos, nos quais trazemos vivas as histórias de lutas do povo negro no Brasil. As inscrições que trazemos em nossos corpos são as fontes de onde hoje bebemos, no movimento coletivo de somarmos esforços nas lutas pela real igualdade entre negros e sujeitos de outros pertencimentos étnico-raciais. Assim, inspiremo-nos nas palavras de Amadou Hampâté Bâ para contarmos a história e as aproximações que gestaram esta pesquisa, na qual as ações não se iniciaram agora e, temos certeza, não se encerrará tão cedo.

Atuamos em um Espaço de Desenvolvimento Infantil (EDI), denominação das escolas de educação infantil da rede municipal de educação da cidade do Rio de Janeiro, que atende crianças de 0 a 5 anos. Nosso EDI trabalha com crianças de 3 anos (maternal II), 4 anos (pré-escola I) e 5 anos (pré-escola II), mas somente as turmas de pré-escola são atendidas com aulas de Educação Física.

Nossa escola se localiza na zona portuária da região central da cidade do Rio de Janeiro, conhecida como Pequena África, praticamente na rua da *Cidade do samba*[12] e muito próximo ao local de encontro e desfile de muitos blocos carnavalescos e de muitas rodas de samba conhecidas, como o samba da *Pedra do Sal*[13]. O local, hoje famoso pelo samba, tombado como patrimônio histórico e religioso, está situado no *Morro da Conceição*[14] e faz parte do circuito histórico *Herança Africana*[15]. No século XIX, era um local sagrado para os africanos e afro-brasileiros.

Há também na região o *Cais do Valongo*[16], local do desembarque de milhares de africanos para serem comercializados como pessoas escravizadas, compondo o *Circuito Histórico Herança Africana*, tombado pela Unesco (Organização das Nações Unidas para a Educação, a Ciência e a Cultura) como patrimônio da humanidade. Outro ponto turístico (e da marca diaspórica) importante e que merece ser destacado é a *casa da Tia Ciata*[17], personagem de grande relevância para o samba e para a representatividade negra que foi moradora da região.

Esse ambiente fértil em saberes com potencialidades emancipatórias, onde nossas crianças vivem e transitam todos os dias, tem sido o fio condutor das práticas pedagógicas de caráter antirracista que buscamos, por meio de alianças, cooperação e até transgressões, construir em nossa escola.

A escola sempre teve um olhar voltado para a necessidade de fornecer referenciais negros positivos para as crianças e principalmente, a partir de 2012, com a chegada de uma professora e de um professor, ambos pesquisadores das relações etnicorraciais, as práticas pedagógicas ganharam uma força extra. A professora Luciana nos fala sobre aquele período:

> *No mestrado e especialização eu falei sobre o tema com base nas microações afirmativas, foi uma pesquisa que ficou muito forte e é o que eu tento trazer para nosso EDI. Tentando agregar mais pessoas. Foi através daí que o André (Prof de Educação Física) se*

---

[12] Disponível em: https://diariodoporto.com.br/guiamaravilha/cidade-do-samba/. Acesso em: 20 mar. 2022.

[13] Disponível em: http://visit.rio/que_fazer/pedra-do-sal/. Acesso em: 10 abr. 2022.

[14] Disponível em: http://www.multirio.rj.gov.br/index.php/leia/reportagens-artigos/reportagens/1117-o-pitoresco-e-historico-morro-da-conceicao. Acesso em: 11 abr. 2022.

[15] Disponível em: https://pretosnovos.com.br/educativo/circuito-de-heranca-africana/. Acesso em: 18 abr. 2022

[16] Disponível em: http://portal.iphan.gov.br/pagina/detalhes/1605/. Acesso em: 14 abr. 2022.

[17] Disponível em: https://www.tiaciata.org.br/. Acesso em: 14 abr. 2022.

> *interessou mais quando falei das microações afirmativas. Não é uma coisa fácil, mas a gente vê que mesmo antes de eu ser professora da escola, já tinha esse movimento de trazer a cultura, de trazer esta coisa muito presente, mas a gente estava muito desarticulado. Então, com a Cida como Professora Articuladora, o André [...] tentando fazer uma parceria com a Monique [..] tentando fazer com que esse conhecimento [...]* não ficasse só na sala onde eu estava atuando, mas saísse destas paredes e tomasse ali a escola. (roda de conversas).

Desse modo, da aliança entre os sujeitos, professor de Educação Física e pedagogas, sujeitos negros e não negros, optamos por socializar com as crianças, jogos e brincadeiras africanas e afro-brasileiras e histórias infantis com desdobramentos na forma de brincadeiras, trabalhos manuais, danças e brinquedos nas aulas de Educação Física. Acreditamos que a socialização desses saberes pode dar outro significado, diferente dos estigmas que vêm sendo imputados aos negros no Brasil, sobre o pertencimento étnico-racial das crianças de nossa escola e suas corporeidades.

Entendemos as corporeidades como a concepção de corpo que transcende o biológico, tendo a cultura como atributo chave (CAVALCANTI, 2020), optamos por aproximar o diálogo com os saberes negros que entendemos como saberes emancipatórios, pois visam desconstruir o racismo e os estigmas imputados à população negra, na perspectiva das microações afirmativas. Conforme destaca Regina de Jesus (2017, p. 4):

> Ao colocarmos em diálogo a noção de microação afirmativa com o conceito de ação afirmativa, percebemos que estas para serem consideradas afirmativas, devem ser ações que têm sua continuidade e sistematicidade, pois visam superar a realidade de racismo e transformar relações étnico-raciais no cotidiano escolar. São práticas pedagógicas que fazem parte de uma *práxis* do (a) professor (a) de interferência cotidiana contínua, ou seja, as ações, decorrem da escuta e observação do (a) professor (a) ao que este microespaço tem a dizer por meio de seus sujeitos cotidianos e de comprometimento com a superação do racismo.

Assim, nas aulas de Educação Física e nas demais atividades pedagógicas desenvolvidas (contações de história, nos jogos e brincadeiras, nas danças, na construção de um quadro mural etc.), a temática étnico-racial está presente e, na centralidade a todo momento, em um movimento de levar ao diálogo com as crianças outras epistemologias.

Os saberes estão colocados, produzidos e, de certa forma, disseminados. O desafio traduzir esses saberes na forma de práticas pedagógicas de caráter antirracista para as crianças pequenas. É justamente nesse ponto que entra o caráter lúdico das práticas pedagógicas, na ligação entre esses saberes emancipatórios e as crianças, pois, para serem emancipatórios, devem ser problematizados por via trato pedagógico, porque, fora isso, seriam só saberes. E como os saberes hegemônicos hierarquizaram outros saberes (GOMES 2017), esses seriam apenas mais um com o rótulo de ser "coisa de preto", no qual os outros não se envolveriam.

Fizemos a opção de trazer as narrativas com o propósito de rememorarmos coletivamente os movimentos das práticas pedagógicas realizadas no ano de 2021. Para tal, realizamos uma roda de conversas de forma remota. A realização dessa conversa, mesmo no formato remoto, permitiu-nos ampliar a percepção das ações, pois desvelou o olhar que o outro teve sobre a mesma experiência. A respeito das pesquisas narrativas em educação, Lima, Geraldi e Geraldi (2015, p. 26) destacam que:

> Essas pesquisas decorrem de uma situação não experimental, mas vivencial. Podem ser chamadas de narrativas de experiências educativas. A especificidade delas reside no fato de que o sujeito da experiência a narra para, debruçando-se sobre o próprio vivido e narrado, extrair lições que valham como conhecimentos produzidos *a posteriori*, resultante do embate entre a experiência e os estudos teóricos realizados após a experiência narrada.

Nessa concepção de pesquisa com a escola, não temos uma amostra na qual avaliamos quantitativamente, medimos ou aplicamos algum tratamento estatístico para ser comparado depois, dispomos de sujeitos. Não temos a configuração clássica das pesquisas tradicionais com um grupo que recebe um tratamento e outro grupo controle para verificar se a hipótese é verdadeira ou não. O pesquisador também é o sujeito da própria pesquisa, olha sua investigação de dentro e suas vivências ainda podem ser pontos a serem problematizados e discutidos.

Dessa maneira, pesquisa, pesquisadores, práticas pedagógicas, vivências e relações se encharcam um do outro construindo uma relação visceral, já que as/os docentes investigam a própria prática, no mesmo contexto em que residem. As/os autoras/res sentem em suas próprias interações sociais as questões que buscam investigar e combater por entenderem que o racismo é um real obstáculo à superação das desigualdades sociais. Entendemos que oferecer referenciais etnicorraciais negros positivos é uma forma de fortalecer as lutas antirracistas e celebrar esse corpo de múltiplos diálogos e possibilidades.

"EU NA PEQUENA ÁFRICA": no *Chão da quadra* o corpo que fala, sente, ensina, aprende e dialoga

Trazendo consigo a experiência de um processo escravista intenso, o Brasil (principalmente a partir de meados do século XIX) vive um momento muito peculiar, no qual percebemos suas reverberações até os dias de hoje. Nosso país se destacava como cenário ímpar em termos de miscigenação racial, algo que desagradava às elites dirigentes, pois pretendiam fazer do Brasil uma nação aos moldes europeus.

Nesse contexto, principalmente a partir de 1870, muitos africanos e afro-brasileiros gozavam de uma condição de libertos (mesmo que limitada) e a necessidade e busca por trabalho contribuíram para que essas pessoas se estabelecessem na zona portuário do Rio de Janeiro, conhecida como Pequena África, tornando-se um símbolo de lutas e resistência pelo direito de ser e de existir do povo negro.

As teorias racialistas que preconizavam a inferioridade dos povos não europeus e as políticas de imigração promovidas pelo governo brasileiro, conhecidas como ideal de branqueamento, relegaram as populações negras a uma condição de marginalidade, o que afetou a construção das corporeidades negras ao lhes impor uma condição de não existência (CAVALCANTI, 2021). Tudo isso em uma conjuntura (meados do século XIX) em que a arquitetura de corpo negro, tal como conhecemos, ganha forma e perdura até os dias atuais. Assim, como Gomes (2017, p. 77), acreditamos que:

> O olhar sobre as corporeidades negras poderá nos ajudar a encontrar outros elementos para a compreensão da identidade negra e de novas dimensões políticas e epistemológicas referentes à questão racial. É também um potencial de sabedoria, ensinamentos e aprendizados.

nesse movimento, com o intuito de levar ao diálogo com as crianças outras epistemologias, que nos empenhamos em construir práticas pedagógicas de caráter antirracista sob a forma de microações afirmativas. E as ações construídas no ano de 2021 só foram possíveis, devido às alianças que vimos formando e às experiências acumuladas ao longo dos anos que são resultados dos nossos olhares, da nossa militância e do nosso vínculo com a pesquisa, a autoformação e a formação continuada.

O ano de 2021 começa de forma totalmente atípica, devido à pandemia da Covid-19. Com a pandemia em curso, já em seu segundo ano assolando a população mundial, fomos levados/as a criar novas formas de ser, (com) viver, agir e pensar, adaptando-nos as medidas protetivas a vida por meio dos protocolos sanitários.

Dessa maneira, iniciamos esse ano letivo ainda de forma remota com aulas gravadas. As mesmas foram elaboradas com base no Projeto Pedagógico Anual (PPA) da unidade escolar, denominado "Conectados pela emoção: nossa rede emocional – família, escola, saúde e tecnologia". Nas aulas de Educação Física, algumas brincadeiras eram gravadas em vídeos curtos e, muitas vezes, a brincadeira era realizada com a filha do professor e depois enviada para o grupo do aplicativo WhatsApp, no qual as famílias que tinham acesso a essa tecnologia, podiam reproduzir as atividades com as crianças, como na brincadeira Terra-Mar, de Moçambique (CUNHA, 2016). Algumas famílias faziam brincadeiras com as crianças, filmavam e postavam no grupo os momentos de alegria em meio ao caos causado pela pandemia.

A prefeitura do Rio de Janeiro buscou criar algumas soluções para que os impactos causados pela pandemia na aprendizagem fossem diminuídos. Todavia, entendemos que essas ações, embora bem intencionadas não foram suficientes e a pandemia escancarou o que nós, pesquisadoras/res das classes populares já vimos denunciando: as enormes desigualdades sociais e a marginalização do negro nesse contexto.

Comungávamos da ideia de que era extremamente necessário abordar questões que trouxessem e refletissem os momentos que estávamos passando, na tentativa de possibilitar às crianças e à comunidade escolar maneiras de tentar lidar de forma individual e coletiva com as emoções, os cuidados com a saúde principalmente nesse momento em que várias famílias eram afetadas física, psicológica, emocional e economicamente.

Assim, foi por meio da ludicidade e do próprio movimento das formas de ensino-aprendizagem promovidas com as tecnologias que fomos nos reinventando e recriando nosso cotidiano escolar na educação infantil, pensando em práticas pedagógicas que abordassem as identidades, as emoções, o corpo e o movimento, que nesse período estavam sendo cerceadas, por questões sanitárias e que visavam a proteção da saúde.

Durante as atividades remotas, fomos aprendendo a lidar com a nova realidade no uso de artefatos pedagógicos tecnológicos, como o manuseio de aplicativos e programas para produção/edição de vídeos, fotos e textos. Prosseguimos com as práticas das microações afirmativas. Nas aulas de Educação Física, gravamos outras brincadeiras africanas com nossas filhas/os, fazíamos uma problematização sobre a origem da brincadeira e socializávamos com as crianças, por meio dos grupos de WhatsApp e pelas páginas da escola no Instagram e Facebook[18].

As contações de histórias infantis, bem como as demais atividades pedagógicas seguiam o mesmo caminho, e nós, docentes, íamos aprendendo com os nossos próprios erros/acertos e uns com os outros em nosso contínuo deslocamento rumo a colaboração e aprendizagens. Sobre isso, a Prof.ª Maria Aparecida (Cida) destaca que: "*Ano passado (2021) foi um ano muito desafiador, foi um ano que tudo foi novo, mas foi um ano que eu observo que o nosso grupo, enquanto professores cresceu muito*" (roda de conversa).

Aos poucos, fomos voltando às aulas no espaço escolar (meados do primeiro semestre) na modalidade do ensino híbrido e com um esquema de rodízio nas turmas. Seguindo os protocolos estabelecidos pela rede, as crianças e os docentes deveriam manter o distanciamento social e não poderiam compartilhar materiais. Diante de mais esse desafio, as aulas de Educação Física tiveram que ser reinventadas. Nesse período, demos continuidade às nossas práticas e as microações afirmativas continuaram dando o tom das aulas. Dentre as atividades propostas, construímos a brincadeira, de forma adaptada e com material higienizado e individualizado, "cachorro que pega o osso" que Barbosa (2011) registra como sendo do Botswana.

Sabemos que trabalhar com as relações étnico-raciais nas aulas de Educação Física com as crianças pequenas no cotidiano escolar não é algo fácil, demanda estudo, formação, engajamento e políticas públicas, pois ainda há muitas dúvidas sobre como fazer um trabalho pedagógico antirracista que valorize a história e cultura afro-brasileira. Mas pudemos perceber que, a partir do conhecimento das microações afirmativas por meio do trabalho que vem sendo construído, nosso EDI começa a tecer os primeiros fios *no itinerário para enfrentar positivamente o desafio de introduzir em seu currículo*

[18] Considerando as limitações que este trabalho nos impõe, optamos por compartilhar as páginas da escola no Instagram e no Facebook, nas quais as/os leitoras/es poderão encontrar as fotos das práticas que citamos no texto. Facebook: https://www.facebook.com/ediatavares. Instagram: https://instagram.com/edi_antonioraposotavares?igshid=YmMyMTA2M2Y=.

a questão racial pedagogicamente (ROCHA, 2009, p. 13), buscando dialogar com outras abordagens pedagógicas.

De tal modo, compartilhamos da preocupação de Nilma Lino Gomes (2001, p. 83) acerca de *qual tratamento a escola tem dado à história e à cultura de tradição africana*. Pesquisas (CAVALLEIRO, 2001; SILVA, 2013; CAVALCANTI, 2020) apontam que a temática étnico-racial está longe de ser centralidade no currículo escolar. Sendo, por vezes, omitida, relegada, tratada como folclore e abordada apenas em datas comemorativas.

NO CHÃO DA ESCOLA – COLOCANDO UM *PONTO E VÍRGULA...*

O subprojeto "Eu na Pequena África" foi um movimento que se originou das práticas pedagógicas e das pesquisas com os cotidianos que vêm sendo construídas há algum tempo em nosso EDI, agregando cada vez mais professores/as negros/as e não negros/as, chamando à responsabilidade o comprometimento com a superação do racismo em nossa sociedade.

> *Então o "Eu na Pequena África" surge também da nossa movimentação, né, minha e de Monique, de criar esse projeto (A arte que representa a nossa história). Aí as creches já começaram a trabalhar na perspectiva étnico-racial, visando as imagens e os grafites que a gente viu... (grafite com as imagens de Tia Ciata, Heitor dos Prazeres, Pixinguinha e João da Baiana)* (Prof.ª Luciana. Roda de Conversa).

Portanto, começamos a refletir sobre nossas práticas pedagógicas e a buscar outros caminhos para a superação de práticas racistas veladas e explícitas, forjadas historicamente com base no eurocentrismo e em teorias racialistas, que excluem, silenciam e apagam as Histórias Africanas e Afro-brasileiras da construção da nossa sociedade. De tal modo, as *microações afirmativas* vêm se tornando em nossos cotidianos uma perspectiva possível e viável a contribuir com a mudança de mentalidade de se abordar as Histórias e Culturas Africanas e Afro-brasileiras somente em datas comemorativas, de forma estanque e folclorizada. *O trabalho da gente é desenvolver com nossas crianças esse protagonismo negro no ambiente em que elas vivem, a importância delas se sentirem pertencentes...*

Assim, compreende e compartilha esse processo a professora Maria Aparecida (roda de conversa).

> A questão racial pode e deve ser assunto para todas as propostas de trabalho, projetos e unidades de estudo durante todo o ano letivo. Deverá estar contextualizada nos conteúdos escolares... Ou seja, a questão racial não pode ser assunto esporádico, mas, sim conteúdo multidisciplinar! (ROCHA, 2009, p. 20).

O trabalho com as *microações afirmativas* na Educação Física com/na educação infantil visa trazer outras lógicas e cosmovisões sobre a maneira de ser, existir e se colocar na vida. Buscando proporcionar práticas pedagógicas que possam, de alguma forma, contribuir para que as crianças negras não introduzam um sentimento de inferioridade e que crianças não negras não venham se apropriar de um sentimento de superioridade, o que torna as relações sociais ainda mais desiguais, segregadoras e excludentes.

> *Monique e eu trabalhamos muito juntas e a gente fez uma proposta que as crianças tinham que postar (no grupo de WhatsApp) fotos delas em pontos turísticos e históricos da Pequena África. [...] A gente tirou foto, Monique na Pedra do Sal e eu no MUHCAB (Museu de História e Cultura Africana e Afro-brasileira). E foi aí que eu acho que a Cida pensou no Eu na Pequena África, porque as outras turmas foram nesse movimento das crianças mandarem fotos delas nesses espaços da Pequena África.* (Prof.ª Luciana. Roda de conversa).

> *Eu lembro que outra professora da pré-escola fez uma maquete da roda gigante e do morro da Providência. Outra professora da pré-escola também focou bastante. Depois [...] eu percebi que ela precisava estender a questão da identidade até o final do ano com as turmas dela porque* tínhamos algumas crianças que não se reconheciam como negras *[...] outras que não aceitavam bem o outro. Assim, foi bem legal! As crianças já estavam tendo essa noção... de como eu sou, de se identificar como uma criança negra, de valorizar.* (Prof.ª Maria Aparecida. Roda de conversa).

Todas/os as/os docentes se empenharam nesse processo de (re)pensar e (re)criar as práticas pedagógicas na tentativa de proporcionar às crianças outra ótica sobre as relações étnico-raciais e a História Afro-brasileira, que por vezes nos é negada, omitida pela história tida como oficial. Realizamos contação de histórias com livros de literatura afro-brasileira, conhecemos jogos e fizemos brincadeiras de origem Africana, trabalhamos com a história de vida e a importância de personalidades negras na construção da sociedade brasileira, localizamo-nos em mapas e vimos a História Afro-brasileira de maneira potente e afirmada por meio de imagens de lugares importantes na Pequena África, trabalhamos a importância da mulher negra nas ciências e tecnologias, convidamos a primeira mulher negra a conduzir o Veículo Leve sobre Trilhos (VLT) Carioca para conversar com as crianças agregando ainda mais a comunidade escolar, pois ela é mãe de um aluno do EDI.

Além disso, nas práticas corporais, apresentamos às crianças vizinhos ilustres, como o mestre Graúna Do Porto[19], mestre de capoeira com uma ligação particular com o bairro e que conta histórias riquíssimas sobre a cidade e sua relação com a capoeira. A capoeira tem sido uma forma muito potente na construção de práticas pedagógicas de caráter antirracista nas aulas de Educação Física em nosso EDI, onde todos os anos um mestre de capoeira, pai de ex-aluno, realiza uma grande roda de capoeira com crianças, famílias e professores.

Nosso EDI se encontra em local fértil que pulsa e salta aos olhos as histórias africanas e afro-brasileiras. Histórias de dor, luta e resistência. O que torna ainda mais necessária uma abordagem pedagógica que dê centralidade às questões etnicorraciais. E pensamos ser as "microações afirmativas" um caminho possível para repensarmos nossas práticas pedagógicas, buscando outras maneiras de ser, pensar, agir, ensinar e aprender.

Ao construirmos essas práticas, percebemos que as famílias e as crianças passaram a valorizar mais o bairro, o pertencimento étnico-racial e as lutas negras. Acreditamos que isso se deu, principalmente, porque os sujeitos se apropriaram um pouco mais da história do lugar em que vivem. Embora a região seja bastante rica em termos culturais, as intervenções pedagógicas precisas e comprometidas foram indispensáveis no estreitamento dos diálogos entre os saberes social e historicamente produzidos e a escola.

REFERÊNCIAS

BARBOSA, Rogério Andrade. **Ndule, Ndule. Assim brincam as crianças africanas.** São Paulo: Editora Melhoramentos, 2011.

BÂ, Amadou Hampâté. A tradição viva. *In:* KI-ZERBO, J. (org.). **História Geral da África.** São Paulo: Ática, 1982.

CAVALCANTI, André dos Santos Souza. **Corporeidades negras e Educação Física Escolar** – construindo práticas antirracistas nos cotidianos da educação infantil. 2020. Dissertação (Mestrado em Educação – Processos Formativos e

[19] Disponível em: https://museudeartedorio.org.br/wp-content/uploads/2020/12/O-Olhar-dos-Vizinhos-no-Jornal-da-Zona_3a-edi% C3%A7%C3%A3o-2.pdf. Acesso em: 10 maio 2022.

Desigualdades Sociais) – Faculdade de Formação de Professores, Universidade do Estado do Rio de Janeiro, São Gonçalo-RJ, 2020.

CAVALCANTI, André dos Santos Souza. O ideal de Branqueamento e a Fertilidade da Cultura Corporal na Construção de Práticas Antirracistas, p. 241-269. *In*: CARVALHO, Rosa Malena de A. (org.). **Corporeidades e Processos Formativos:** contundências e resistências em defesa da vida e da escola. 1 ed. Rio de Janeiro: NAU Editora, 2021. Disponível em: https://naueditora.com.br/ebook_gratuito/corporeidades-e-processosformativoscontundencia s-e-resistencias-em-defesa-da-vida-e-da-escola/. Acesso em: 19 abr. 2022.

CAVALLEIRO, Eliane (org.). **Racismo e anti-racismo na educação:** repensando nossa escola. São Paulo: Selo Negro, 2001.

CUNHA, Débora Alfaia. **Brincadeiras Africanas para a Educação Cultural.** Castanhal, PA: Edição do autor, 2016.

GOMES, Nilma Lino. **O Movimento Negro educador, Saberes construídos nas lutas por emancipação.** Petrópolis, RJ: Vozes, 2017.

GOMES, Nilma Lino. Educação Cidadã, Etnia e Raça: o trato pedagógico da diversiadade. *In*: CAVALLEIRO, Eliane (org.). **Racismo e anti-racismo na educação:** repensando nossa escola. São Paulo: Selo Negro, 2001.

JESUS, Regina de Fátima de. Investigação- Intervenção- Microações afirmativas no cotidiano escolar da educação infantil. *In*: RIBEIRO, William G. **Práticas Pedagógicas, Currículo e Formação Docente.** Curitiba: Editora CRV, 2017. p. 115-128.

JESUS, Regina de Fatima de. Micro-ações afirmativas – possibilidades de superação da desigualdade étnico-racial nos cotidianos escolares *In*: CONGRESSO BRASILEIRO DE HISTÓRIA DA EDUCAÇÃO, 6., INVENÇÃO, TRADIÇÃO E ESCRITAS DA HISTÓRIA DA EDUCAÇÃO NO BRASIL, Vitória. **Anais [...].** Vitória - ES: SBHE, 2011. v. 001, p. 001-014.

LIMA, Maria Emília C. de Castro; GERALDI, Corinta Maria Grisolia; GERALDI, João Wanderley. O trabalho com narrativas na investigação em educação. **Educação em Revista**, Belo Horizonte, v. 31, n. 1, p. 17-44, jan./mar. 2015. Disponível em: http://dx.doi.org/10.1590/0102-4698130280. Acesso em: 21 abr. 2020.

ROCHA, Rosa Margarida de Carvalho. **Pedagogia da Diferença.** A tradição oral africana como subsídio para a prática pedagógica brasileira. Belo Horizonte: Nandyala, 2009.

SILVA, Luciana Santiago da. **A construção identitária de uma professora negra:** buscando pistas para construir práticas pedagógicas antirracistas no cotidiano escolar. 2013. Dissertação (Mestrado em Processos Formativos e Desigualdades Sociais) – Faculdade de Formação de Professores, Universidade do Estado do Rio de Janeiro, São Gonçalo, 2013.

CAPÍTULO 7

MEDIAÇÕES PEDAGÓGICAS DA CIRANDA DE PARATY NA EDUCAÇÃO INFANTIL: UMA EXPERIÊNCIA DA EDUCAÇÃO FÍSICA

Victor José Machado de Oliveira
Milainy Ludmila Santos Goulart

Maria põe o barco na água, põe o barco na água, para navegar[20]

A vida caiçara tem em suas vicissitudes o encontro do ser humano com o mar. O início da jornada, do labor, dá-se nas ondas do mar nas comunidades costeiras. Para início de prosa, vamos "por esse barco na água para navegar" nestas próximas páginas buscando alguns elementos da cultura caiçara na manifestação da ciranda de Paraty.

A cidade que dá o nome da ciranda está localizada no extremo oeste do litoral do estado do Rio de Janeiro, já na divisa com o estado de São Paulo. Paraty apresenta um rico patrimônio cultural material e imaterial. Geograficamente, está situada entre a serra e o mar com a riqueza de fauna e flora da Mata Atlântica. Arquitetonicamente, o Centro Histórico preserva as características do período colonial da segunda metade do século XVIII e início do século XIX, assim como suas construções apresentando uma influência maçônica. Historicamente, foi um importante ponto estratégico no Brasil colônia como porto de chegada de mercadorias e escoamento do ouro vindo das Minas Gerais[21].

Com a abertura de novas rotas, a cidade caiu no esquecimento, vindo a ser posteriormente lembrada com a chegada da BR-101 (Rio-Santos). Atualmente, o município tem como atividades econômicas principais o turismo e a pesca. Culturalmente, a cidade possui muitas tradições e festas como a Festa do Divino e a Ciranda de Paraty. Logo, Paraty foi reconhecida como "um importante sítio histórico tombado desde a década de 1950" (IPHAN, 2010, p. 6).

---

[20] Trecho da música: Maria põe o barco na água (Os Caiçaras). Disponível em: https://cirandacaicaradeparaty.wordpress.com/instrumentos/. Acesso em: 25 mar. 2022.

[21] Disponível em: https://www.paraty.rj.gov.br/a-cidade/patrimonio. Acesso em: 25 mar. 2022.

Na riqueza cultural paratiense, encontramos a Ciranda. Porém, antes de adentrarmos em sua apresentação, vamos nos concentrar na ciranda em geral, cujo termo tem uma diversidade etimológica: *Zaranda* – palavras espanhola que significa instrumento de peneirar farinha; Çarandeio – que se refere ao movimento das saias nas danças circulares; *Sarandi* – de origem indígena que significa dança de roda acompanhada de sanfona e canto; *Ciranda* – de origem portuguesa que significa peneira de junco utilizada nos olivais (CAMPANA, 2011).

A ciranda é uma dança de roda ao som de canto coletivo e, geralmente, com o uso de instrumentos musicais. No Brasil, ela foi influenciada fortemente pela colonização portuguesa. Também é considerada uma marca do povo brasileiro e apresenta expressões locais diferenciadas (CAMPANA, 2011). Oliveira (2004) comenta que existe uma tradição nordestina conhecida por ciranda, mas a que é praticada em Paraty tem suas particularidades, principalmente em relação às danças e aos instrumentos musicais. A tradição cirandeira em Paraty tem sido mantida na comunidade de Tarituba (distrito do município), que, além da música, também mantém viva a dança, sendo que a execução dessas duas é denominada de Xiba-cateretê (OLIVEIRA, 2004).

Apesar de imprecisões históricas sobre uma data de origem[22], a Ciranda de Paraty é mais do que uma dança. Trata-se de uma expressão cultural do encontro festivo, do baile popular, para comemorar a boa pesca ou colheita. Na comunidade de Tarituba, a Ciranda é tida como o encontro em que várias danças são executadas, sobretudo, na disposição de pares. A Ciranda de Paraty teria se originado no encontro das danças portuguesas, das quadrilhas francesas, das tradições indígenas e danças circulares existentes antes da chegada dos portugueses ao Brasil (OLIVEIRA, 2004).

Das danças executadas durante o baile, Oliveira (2004, p. 22) cita: "Xiba-Cateretê, Cana-verde, Namorador, Zombador, Caranguejo, Canoa, Chapéu, Caboco Véio, Arara, Flor-do-mar, Limão, Marrafa, Choradinha, Mariquita, Tontinha". Cada uma dessas danças possui uma coreografia particular e uma ordem de sequência durante o encontro festivo. "Tal ordem estipula que o baile deve começar pelo Xiba e ser encerrado com a Tontinha ou Barra-do-dia" (OLIVEIRA, 2004, p. 22).

As melodias do baile são comandadas pelos músicos (cantores e violeiros). Os principais instrumentos utilizados são: "o cavaquinho, a viola de

[22] Essa imprecisão se dá por conta de não haver registros, mas apenas relatos orais transmitidos de geração em geração.

dez cordas, o violão de seis cordas, dois pandeiros artesanais denominados 'adufe', e o mancado" (OLIVEIRA, 2004, p. 23). Já a indumentária tradicional é composta por: homens (camisa branca de botão e manga comprida, lenço no pescoço, calça de cor escura, tamancos portugueses de salto de laranjeira e chapéu de palha); mulheres (saia de chita com estampa de flores coloridas, blusa branca de manga comprida ou curta, sandálias, cabelos penteados e ornados com fitas e uma única flor na orelha) (OLIVEIRA, 2004).

É interessante ainda ressaltar uma mudança que ocorreu com o passar do tempo na prática da Ciranda de Paraty. Antigamente, o baile terminava com a Tontinha, mas, atualmente, tem sido terminado com a Ciranda. Oliveira (2004, p. 26) comenta:

> A ciranda tem uma dinâmica particular de brincadeira entre os dançadores, pois traz a possibilidade da troca de pares, de acordo com a ordem dada pelo mestre-músico, que pode determinar também pela permanência destes. Justamente por esse caráter de diversão é que passou-se (sic.), no presente, a concluir o baile com a ciranda, pois garante a finalização da festa com a integração e com um clima de maior extroversão entre os participantes.

Cabe ressaltar que a prática da Ciranda representa um momento de lazer e diversão, no qual há o encontro das pessoas da comunidade para celebrarem a vida. Nesses momentos, eram estreitados os laços pessoais e comunitários (OLIVEIRA, 2004). Observa-se, também, que a ciranda é uma dança que permite a inclusão independente de etnia, classe social, gênero e idade (CAMPANA, 2011). Compreendemos que essa perspectiva é corroborada pelo fato de que para se dançar ciranda é necessário tocar e ser tocado pelo outro. E ao dançar, cada brincante constrói uma nova forma de expressividade (SANTOS, 2017).

Apesar de toda a história e riqueza cultural que a Ciranda de Paraty expressa, Herschmann e Fernandes (2019, p. 32-33) apontam que ela "vem atravessando há vários anos uma profunda crise, especialmente em função da falta de renovação de músicos (de quadros entre os mestres cirandeiros) e das dificuldades em formar públicos interessados em consumir esse gênero musical". Essa crise não parece afetar apenas a Ciranda de Paraty, mas todas as modalidades de cirandas brasileiras, uma vez que seus saberes e raízes têm sido pouco disseminados, em decorrência de escassos estudos acadêmicos e a precária abordagem nas escolas (LOUREIRO; LIMA, 2012).

Em Paraty, buscando superar tal crise, foi criada a "Ciranda Elétrica", em 2005. É feita uma releitura contemporânea da tradição cirandeira, adicionando instrumentos como o baixo e a guitarra, assim, "modernizando" essa prática cultural. Também, estão sendo criadas ações de disseminação da Ciranda nas escolas (HERSCHMANN; FERNANDES, 2019; IPHAN, 2010). No que pese a crise mencionada, a Ciranda deve ser encarada como um patrimônio cultural imaterial profícuo para o desenvolvimento regional e nacional. Logo, em uma perspectiva crítica, concordamos com Loureiro e Lima (2012) de que "o seu resgate como raiz da cultura brasileira, que movimenta os corpos, mentes e corações dos que dela participam, é fundamental em uma sociedade de consumo, como resistência a um possível anestesiamento dos sentidos e da crítica dos sujeitos".

Compreendemos que o movimento educacional deve ser iniciado desde a educação infantil. Logo, a tematização da Ciranda de Paraty como um saber cultural deve ser trabalhada ainda com as crianças muito pequenas. Uma experiência pedagógica foi conduzida por Marques (2018) na educação infantil, ao tematizar as danças e, dentre elas, a Ciranda de Paraty. Vale salientar que o caráter da experiência colocou as crianças como protagonistas do processo na composição das possibilidades de se dançar a Ciranda (MARQUES, 2018).

Sob um enfoque do desenvolvimento na esteira histórico-cultural (LAZARETTI, 2016), consideramos que o acesso à Ciranda de Paraty como saber cultural oportuniza às crianças o apropriar-se do mundo humano, das relações humanas, uma vez que elas fazem parte dele e se movem no intuito de conhecê-lo e integrá-lo. A dança da Ciranda, protagonizada a partir da brincadeira, do lúdico, corrobora no desenvolvimento de "atitudes, de procedimentos, valores, regras de comportamento e conhecimentos que medeiam a relação da criança com as demais pessoas em determinadas circunstâncias sociais" (LAZARETTI, 2016, p. 134).

O sentido de uma educação humanizadora se estende ao fato de que a educação de crianças muito pequenas não pode se dar por "pura espontaneidade". O desenvolvimento de uma educação humanizadora requer ações educativas com intenções pedagógicas. Logo, compreendemos que a Ciranda de Paraty se constitui como uma prática corporal que integra o campo de experiência "corpo, gestos e movimentos", segundo a Base Nacional Comum Curricular (BRASIL, 2017). A intencionalidade pedagógica de incluir esse saber nas mediações pedagógicas da educação infantil se dá na esteira de "enriquecer, ampliar e diversificar o conteúdo do enredo e dos argumentos" que contribuirão para o desenvolvimento das crianças (LAZARETTI, 2016, p. 134).

O conteúdo do enredo se refere aos temas que as crianças apresentam nas brincadeiras. Tais temas têm origem na vida cotidiana e refletem modelos de ação para as crianças brincarem. Aliado ao enredo, a criança escolhe o argumento, que é o fato de colocar em movimento o tema da brincadeira (ação de reprodução do que a criança observa no seu entorno). No entanto, o enredo e o argumento podem ser ampliados e enriquecidos com saberes literários, musicais ou acontecimentos político-sociais (LAZARETTI, 2016). Entendemos que é aí que a tematização da Ciranda de Paraty pode contribuir no enriquecimento do enredo e do argumento das crianças.

Diante do exposto, visando corroborar com a produção acadêmica e pedagógica, apresentamos o relato de experiência de dois docentes, autores do texto, com a dança da Ciranda de Paraty na educação infantil. Suas inserções com esse saber se dão de distintas formas. A primeira (Milainy Ludmila), por pesquisar o tema de forma aprofundada na Cia de Dança Andora da Universidade Federal do Espírito Santo. O segundo (Victor José), por ser natural de Paraty e ter crescido dançando Ciranda.

Oi balanceia como é bom balancear, oi balanceia como é bom balancear...[23]

A experiência pedagógica narrada foi desenvolvida no ano letivo de 2016, no Centro Municipal de Educação Infantil (CMEI) "São Patrício", situado no bairro Jacaraípe, no município de Serra/ES. Nesse espaço escolar, tive a oportunidade de empregar nas mediações pedagógicas de Educação Física diferentes práticas corporais como objeto de ensino-aprendizagem, como brincadeiras, jogos, esportes, lutas, ginásticas e danças.

A estrutura da unidade de educação infantil em destaque apresentava na época salas, parque infantil, área verde, pátio descoberto, cozinha, salas administrativas e uma ampla sala de recursos audiovisuais. Para além desses espaços, um local muito específico se destacava: um amplo refeitório que em sua parte anterior apresentava um palco. Foi nesse espaço onde realizamos o "I Festival de Danças Populares" do CMEI São Patrício.

---

[23] Trecho da música "Ciranda de Tarituba", do Grupo de Dança Folclórica de Tarituba.

Um dos objetivos para a organização e realização do festival foi possibilitar às crianças a apresentação coreográfica de danças, dando visibilidade às produções referentes ao conteúdo trabalhado nas mediações pedagógicas de Educação Física daquele ano. Para além disso, a realização do festival visou oportunizar o diálogo com a comunidade escolar, proporcionando aos alunos, pais e responsáveis tempos e espaços de interação social e o acesso a bens culturais da cultura brasileira.

As turmas, que eram divididas em grupos por idade, totalizavam 10 no período vespertino, sendo 4 turmas de crianças de 5 anos, 4 turmas de crianças de 4 anos e 2 turmas de crianças de três anos. Nesse sentido, entendendo que "[...] a diversidade de experiências culturais favorece brincadeiras coletivas e dão oportunidades para as crianças se relacionarem" (BRASIL, 2012, p. 49) optamos em desenvolver uma proposta dialogando com as cinco regiões do Brasil, dividindo as turmas duas a duas.

A mediação pedagógica das danças desenvolvida na oportunidade teve como base as propostas metodológicas da pesquisadora Isabel Marques (2010a) que trata a dança no contexto e da pesquisadora Luciana Ostetto (2009), que se debruça sobre as danças circulares.

Segundo Ostetto (2009), as danças circulares que praticamos hoje acolhem diferentes povos e tradições e marcam a participação, o encontro e a reafirmação dos ciclos de grupos sociais distintos.

> Como ritual, os homens dançavam e marcavam seu pertencimento ao grupo, vivendo e partilhando valores e crenças no encontro além da palavra. [...] Na roda, compartilhando música, gestos e significados de culturas diversas, tal como no passado, vivificamos ritos e símbolos (OSTETTO, 2009, p. 179).

Nesse sentido que as danças trabalhadas nas mediações pedagógicas de Educação Física contemplavam as diversas regiões do Brasil, marcando algumas das tradições da nossa cultura. Enfatizamos a região sudeste, na qual elencamos também uma dança do próprio estado do Espírito Santo. As danças selecionadas foram a dança do carimbó (região norte), a dança das peneiras (região nordeste), a dança do siriri (região centro-oeste), a dança do pezinho (região sul) e as danças do Boi de Goiabeiras (Espírito Santo/região sudeste) e da Ciranda de Paraty (Rio de Janeiro/região sudeste).

Por características próprias, todas as danças anteriores que foram trabalhadas nas mediações pedagógicas de Educação Física têm em suas bases coreográficas o desenho do círculo. Nesse sentido, no balancear de Ostetto (2009), podemos entender o potencial das danças circulares na educação infantil, pela formação das rodas que podem ser de mãos dadas, com o grupo voltado para o centro comum, ou ainda ocupando formas variadas no espaço.

> A principal e mais comum é a formação do círculo, que pode abrir-se ou fechar-se, desenhando linhas, espirais, meandros na sua movimentação. As danças de pares são também bastante comuns e lembram diretamente as tradicionais danças de roda festivas (OSTETTO, 2009, p. 179).

Para além das possibilidades de desenhos espaciais nas danças de roda, de círculo ou danças circulares como denomina a autora, para entrar na brincadeira da roda não é necessário ter conhecimentos, nem habilidades muito específicas sobre a dança, basta ter o desejo e a vontade pela circularidade. Em roda, as crianças dançam para si mesmas, pois, a princípio, a primeira plateia é o próprio grupo, uma plateia interna que revela a cada dançarino em particular.

Dando ênfase à Ciranda de Paraty, elencamos a dança da região sudeste para duas turmas com crianças de cinco anos de idade. Depois disso, o primeiro passo para entrar na dança foi a escolha da música. Escolhemos a música conhecida popularmente como Ciranda de Tarituba, que evidencia "o sabor de cirandar" da pequena comunidade de Paraty.

As mediações pedagógicas de Educação Física com ênfase na ciranda foram desenvolvidas na sala de recursos audiovisuais da escola. Entendendo a dança como linguagem, as contribuições de Marques (2010a, 2010b) nos permitiram construir diálogos com os textos, subtextos e contextos da Ciranda de Tarituba.

Iniciamos as nossas mediações pedagógicas apresentando às crianças os "contextos" da ciranda. Esse saber abrange os elementos históricos, culturais e sociais da dança. Para isso, por meio da contação de histórias, realizamos a exibição de fotografias da comunidade de Tarituba. De maneira lúdica e dinâmica, apresentamos aspectos relevantes do contexto da comunidade, entendendo, como preconiza Marques (2010a), que o ensino da dança é capaz de fazer com que o sujeito possa se enxergar nos contextos e estabelecer diálogos corporalmente.

Foi nesse momento que apresentamos dois adereços da indumentária tradicional, que, para além das mediações pedagógicas, foram utilizados na apresentação coreográfica: o chapéu de palha e a saia de chita com estampa de flores coloridas, como preconiza Oliveira (2004). Na oportunidade, criamos algumas brincadeiras com esses elementos, dando também espaço para a criatividade das crianças que fizeram de um chapéu e uma saia um mundo de possibilidades.

Já dialogando com os "subtextos" da dança da ciranda, a música escolhida foi apresentada às crianças para que pudessem dançar espontaneamente. Segundo Marques (2010b, p. 149):

> [...] os subtextos da dança são (1) o conhecimento internalizado, a percepção do corpo dançante pelo próprio dançante e (2) os signos e componentes da linguagem da dança. Os subtextos da dança são os saberes sem os quais o dançar crítico, múltiplo e sensível não se realiza.

Nesse sentido, o subtexto da dança relaciona-se com as percepções e significações construídas pelas crianças na dança da ciranda. Em um primeiro momento, algumas delas apenas observavam as outras se movimentarem, enquanto isso, o processo criativo dos movimentos de outras crianças passava por tímidos balanceios de corpo, rodopios, pequenos saltitos e corridas em círculos aleatórios.

De maneira processual e gradativamente sistematizada, introduzimos os "textos" da ciranda nas mediações pedagógicas de Educação Física. Os textos relacionam-se efetivamente à dança em si e podem ser compreendidos como a improvisação, composição e repertórios já pré-estabelecidos. Com inspiração na literatura acadêmica e nos estudos e produções da Cia de Dança Andora, elaboramos a nossa ciranda. Destacamos neste texto os principais gestos, movimentos e desenhos espaciais realizados.

A ciranda foi elaborada e apresentada em pares. Em sua maioria, os pares eram formados por meninas e meninos. A dança em par possibilitou que uma criança ajudasse a outra, além de proporcionar uma dança mais lúdica. Os pares entraram lentamente, enfileirados um atrás do outro, exibindo suas saias de chitas e seus chapéus de palha, formando, então, um grande círculo.

Os gestos, movimentos e desenhos espaciais foram sistematizados pelas estrofes e refrão da música. Nas estrofes, os pares de crianças, de braços dados, caminhavam em círculo dançando com pequenos saltitos em sentido horário. No cantarolar dos versos, para além dos movimentos já citados, atribuímos os significados das palavras em forma de gestos relacionados, por exemplo: "*olha a chuva, gente*" e "*dá um beijo no seu par*".

Já no refrão da música, enfatizamos os movimentos de sarandeio com as saias de chitas e o aceno de chapéus de palha. Nas primeiras frases do refrão, "*Oi balanceia, como é bom balancear/ Oi balanceia, como é bom balancear*", construímos com as crianças a ideia de balancear o corpo juntamente com os movimentos de saia e de chapéu. Para isso, um novo desenho espacial era realizado: as meninas balanceavam até ao centro da roda, enquanto os meninos permaneciam nas extremidades da roda. Na parte final do refrão, "*Vamos dar a meia volta, volta e meia vamos dar/ A outra meia, quem tá bem deixa ficar*", as crianças davam as mãos e giravam juntas no mesmo local da roda.

Por fim, para finalizar a apresentação coreográfica da nossa ciranda, as crianças na estrofe "*Eu vou dar a despedida, a despedida eu vou dar/ Eu vou dar a despedida, a despedida eu vou dar*", acenavam dando tchau para a plateia presente. Depois, os meninos giravam as meninas com as mãos dadas por cima da cabeça delas, e os meninos se ajoelhavam tirando o seu chapéu.

O "texto" da ciranda aqui apresentado, é resultado de uma mediação pedagógica construída por alguns meses na Educação Física. No percurso, muitos gestos, movimentos e desenhos espaciais foram construídos e reconstruídos. Buscamos valorizar a corporalidade das crianças, visando uma composição coreográfica que de fato se apresentasse "*como se fora brincadeira de roda*", como nos ensina o mestre Gonzaguinha.

Quando alguém perguntar quem foi que cantou aqui, diga que foi caiçara morador de Paraty[24]

Aqui, outra narrativa vai se conformando sobre uma experiência pedagógica desenvolvida no ano de 2018 nos CMEIs "Curumim" e "José Luís de Deus Amado", situados, respectivamente, nos bairros Jardim Carapina e Boa Vista I do município de Serra/ES. A mediação pedagógica desenvolvida tem um afeto visceral por parte do docente que é um caiçara paratiense. Logo, grande parte da construção pedagógica é mediada pela experiência pessoal construída na infância e juventude do professor ao dançar a Ciranda de Paraty.

Antes de falar sobre a mediação pedagógica em si, cabe falar um pouco do contexto dos CMEIs em que ela aconteceu. Os dois CMEIs estão relativamente próximos, em bairros nos quais a violência e a vulnerabilidade social são constantes. Estruturalmente, os espaços geralmente utilizados para

[24] Trecho da música: Ciranda de Paraty (Grupo Os Caiçaras, 2009).

a Educação Física são pátios de paralelepípedos. Também, foi utilizado o pátio interno do CMEI "Curumim" para um dia de apresentações de danças da Ciranda de Paraty. Já no CMEI "Deus Amado" o pátio externo era amplo com uma grande árvore que provia sombra para as tardes ensolaradas com um círculo desenhado, no qual utilizamos para o desenvolvimento das mediações pedagógicas.

Nos dois CMEIs, trabalhei com grupos de 2 a 5 anos em turmas que iam de 20 a 30 crianças. Minhas opções pedagógicas sempre estiveram mediadas pelas brincadeiras e jogos na esteira da Sociologia da Infância (LIMA; MARTINS; OLIVEIRA, 2021) e de uma perspectiva histórico-cultural do desenvolvimento das crianças (MARTINS; ABRANTES; FACCI, 2016). Sempre busquei incluir nas mediações pedagógicas os saberes da cultura corporal de movimento materializadas nas ginásticas, danças, lutas, jogos, brinquedos e brincadeiras.

Especificamente, nos saberes das danças, fiz a opção de trazer a Ciranda de Paraty, expressão da cultura caiçara. Para a construção da mediação pedagógica, inicialmente, foi realizada uma contextualização da geografia e cultura paratiense por meio de fotografias que traziam o encontro da serra e do mar, das construções do centro histórico, da festa do Divino, de animais presentes no cotidiano como o caranguejo, da canoa e a rede de pesca, dos grupos de cirandeiros e das pessoas que dançam ciranda (essas, inclusive, para mostrar a indumentária).

Na sequência, as crianças passaram a vivenciar três das danças que compõem o acervo da Ciranda de Paraty: "Caranguejo", "Arara" e "Ciranda de Paraty". Primeiro, elas ouviram as músicas de diferentes grupos de cirandeiros. Foi nesse momento que pudemos ver as diferenças entre as músicas de grupos tradicionais e do contemporâneo grupo chamado de "Ciranda Elétrica". As crianças eram motivadas a perceberem e relatarem as diferenças entre as músicas, inclusive, identificando seus instrumentos pelo som.

Depois, foi o momento de vivenciar as possibilidades das danças dessas três músicas. Antes de entrar nas coreografias próprias de cada dança, pusemos-nos a brincar incluindo um elemento que é o chapéu de palha. Fizemos releituras de brincadeiras como a "batata quente"[25]. Em círculo, sentados no chão, as crianças iam passando o chapéu uma para

[25] Em círculo, sentados no chão, os participantes repassam para outro um objeto que é a "batata quente", enquanto uma música é tocada. Quando a música parar, quem está com a "batata quente" é eliminado ou paga alguma prenda pré-estabelecida.

a outra enquanto a música da ciranda tocava. Quando ela parava, aquele que estava com o chapéu deveria levantar e dançar ao som da música da ciranda. Também, fizemos brincadeiras de estafeta. Em filas, sentados no chão, as crianças deveriam repassar o chapéu para a da frente. Quando o chapéu chegava no primeiro da frente, ele deveria correr para trás e começar a passar o chapéu novamente. Quando esse primeiro chegasse novamente na frente da fila a brincadeira se encerrava.

Essas brincadeiras contribuíram para as crianças compreenderem um movimento da música do Arara. Nesse momento, passamos à coreografia da dança. O Arara é uma dança de baile, no qual duplas são formadas para dançar. No meio do "salão", fica um ou dois com o chapéu na cabeça dançando sozinhos. Eles representam o Arara. No refrão da música: "*Quero ver o Arara, Quero ver o Arara, Chapéu pra outro que o Arara vai fica*[26]", quem está com o chapéu deve colocar o chapéu na cabeça de alguém que está dançando com sua dupla e pegar essa pessoa para dançar. Logo, novos Araras ficam no salão dançando sozinhos. Ao final da música, quem termina com o chapéu é o Arara.

Na sequência, fomos para a dança do Caranguejo. Essa música é bem conhecida em outras cirandas. No entanto, na Ciranda de Paraty, ela tem algumas idiossincrasias em sua coreografia. A dança se dá no formato de círculo, formando duplas que dão as mãos fazendo uma grande roda. Se a roda ficar muito grande para o espaço disponível, é possível fazer uma roda menor dentro da maior que irá girar sempre em sentido oposto. Ao som da música, todos começam a rodar de mãos dadas no círculo. No refrão da música:

Entrada	As duplas param e cada componente fica de frente para o outro
Pé, pé, pé	Batem os pés no chão
Outra vez a mão a mão	Batem palmas
Roda roda minha gente, Caranguejo no	Fazem um balanceio juntos e retornam
salão tá tão bão[27]	para a grande roda

[26] Trecho da música: Arara (Os Caiçaras). Disponível em: https://cirandacaicaradeparaty.wordpress.com/instrumentos/. Acesso em: 11 abr. 2022.

[27] Trecho da música: Caranguejo (Sete Unidos). Disponível em: https://cirandacaicaradeparaty.wordpress.com/instrumentos/. Acesso em: 11 abr. 2022.

Ainda temos um elemento que pode ser comandado pelo "mestre cirandeiro" que é o "olha a onda". Nesse momento, as pessoas fazem um movimento de ir à frente e voltar encenando na dança a figura de uma onda.

Por fim, a terceira música foi a Ciranda de Paraty[28]. Nessa música, a dança é realizada em círculo, com duplas formadas de braços dados que vão caminhando e fazendo pequenos saltitos na forma circular.

No refrão da música:

Entrada	Os componentes das duplas param e ficam um de frente para o outro
Balanceia na ciranda eu quero	Homens balançam o chapéu e mulheres
balancear, Oh balanceia eu quero	balançam a saia
balancear	
Vamos dar a meia volta e a meia volta	Fazem um balanceio juntos
eu vou dar	
A outra e meia diante trocando o par[29]	Retornam para a formação de braços dados, permanecendo ou trocando o par conforme cantar o mestre cirandeiro

Durante a dança, ainda outros comandos podem ser chamados pelo mestre cirandeiro como: "olha a chuva, já passou".

A dança, conforme a mediação pedagógica desenvolvida, fez-se uma atividade de ampliação do acervo de movimento corporal/cultural das crianças, ao mesmo tempo em que promoveu o desenvolvimento da expressão lúdica, motriz e rítmica. A dança possibilitou trabalhar a experiência do encontro e do festejo, algo presente na Ciranda de Paraty.

No CMEI Curumim, a construção da Ciranda de Paraty foi algo tão potente, que a gestora e pedagoga se mobilizaram para confeccionar saias de chita e conseguir chapéus de palha para que as crianças ensaiassem coreografias das músicas para uma apresentação para as demais

[28] Aqui, temos algumas diferenças entre a Ciranda de Paraty cantada por grupos cirandeiros que ficam no centro de Paraty e a do grupo que fica em Tarituba. As músicas possuem letras diferentes, conforme o grupo e as danças vão apresentando diferenças por conta dos sujeitos que vão tomando sua prática.

[29] Trecho da música: Ciranda de Paraty (Ciranda Elétrica) – CD do acervo do autor.

crianças. Nesse momento, com quatro grupos de 5 anos, desenvolvemos quatro coreografias diferentes. Três já relacionadas às músicas conhecidas: "Arara", "Caranguejo" e "Ciranda de Paraty". A quarta foi uma expressão de livre construção a partir da música "Ciranda Bacana" do grupo Ciranda Elétrica[30].

Nas coreografias, buscamos além da construção circular, evidenciar outras formas de dançar no espaço em linhas dispostas um atrás do outro e em semicírculos. Também, buscamos evidenciar os elementos-chave de cada música: Arara (passar o chapéu), Caranguejo (bater pés, palmas e balancear), Ciranda de Paraty (balancear com chapéu e saia). Na música Ciranda Bacana, trabalhamos movimentos como a onda do mar, o "samba de roça" e o "grito de alegria".

A experiência relatada aqui buscou evidenciar um conjunto de mediações pedagógicas na Educação Física que se mostraram potentes para o desenvolvimento de uma concepção de que as crianças são sujeitos de direitos e capazes de participar ativamente na mediação dos saberes da cultura. O processo de humanização contida se deu na oportunidade de as crianças se apropriarem do mundo humano e suas relações intermediadas pela dança (LAZARETTI, 2016).

Que pena a ciranda já vai terminar...[31]

A partir das mediações pedagógicas descritas neste texto, reforçamos a importância da tematização da Ciranda de Paraty mobilizada pelos professores de Educação Física na educação infantil. Esse contexto comunitário permitiu que explorássemos elementos da cultura imaterial que são tão caros a nós, adultos e crianças, que temos como objeto educacional a cultura corporal de movimento.

Entendendo o campo de experiência "corpo, gestos e movimentos", segundo a Base Nacional Comum Curricular (BRASIL, 2017), o trato pedagógico da tradição paratiense permitiu-nos expandir as possibilidades dentro das mediações pedagógicas de Educação Física enfatizando as danças e ampliando os diálogos com as brincadeiras, as músicas, as teatralizações, as cantorias e, por fim, ampliando as relações e as interações entre adultos e crianças.

---

[30] CD do acervo do autor.

[31] Trecho da música "Ciranda de Tarituba" do Grupo de Dança Folclórica de Tarituba.

Lembrando a contribuição de Lazaretti (2016), consideramos que elaborar mediações pedagógicas com a Ciranda de Paraty, permitiu-nos dar o primeiro passo em direção a novas possibilidades para a educação de crianças pequenas e muito pequenas. Nós, enquanto professores, entendemos que aproximá-las desses saberes permite a ampliação do seu acervo cultural e o enriquecimento das experiências nas mediações pedagógicas de Educação Física. Por fim, esperamos que este trabalho possa inspirar a outros professores e professoras a entrarem nesse baile festivo conosco e a compartilharem as suas experiências.

REFERÊNCIAS

BRASIL. **Brinquedos e Brincadeiras nas creches:** manual de orientação pedagógica. Brasília: MEC/SEB, 2012. Disponível em: http://portal.mec.gov.br/dmdocuments/publicacao_brinquedo_e_brincadeiras_completa.pdf. Acesso em: 21 jan. 2023.

BRASIL. **Base Nacional Comum Curricular.** Brasília: MEC, 2017. Disponível em: http://basenacionalcomum.mec.gov.br/images/BNCC_EI_EF_110518_versaofinal_site.pd. Acesso em: 21 jan. 2023.

CAMPANA, Maristela Alberini Loureiro. **Ciranda:** do canto de roda ao universo composicional contemporâneo. 2011. 143f. Dissertação (Mestrado em Música) – Universidade Estadual Paulista, Instituto de Artes. São Paulo, 2011.

HERSCHMANN, Micael; FERNANDES, Cíntia Sanmartin. Paraty como localidade aglutinadora de grandes festivais musicais e eventos culturais do país. **C&S**, São Bernardo do Campo, v. 41, n. 1, p. 5-42, jan./abr. 2019.

INSTITUTO DO PATRIMÔNIO HISTÓRICO E ARTÍSTICO NACIONAL (IPHAN). **Festa do Divino Espírito Santo da Cidade de Paraty/RJ:** Dossiê descritivo de Registro 2009-2010. Brasília: Ministério da Cultura, 2010.

LAZARETTI, Lucinéia Maria. Idade pré-escolar (3-6 anos) e a educação infantil: a brincadeira de papéis sociais e o ensino sistematizado. *In*: MARTINS, Lígia Márcia; ABRANTES, Angelo Antonio; FACCI, Marilda Gonçalves Dias (org.). **Periodização histórico-cultural do desenvolvimento psíquico:** do nascimento à velhice. Campinas: Autores Associados, 2016. p. 129-148.

LOUREIRO, Maristela; LIMA, Sonia Regina Albano de. As cirandas brasileiras e sua inserção no ensino fundamental e nos cursos de formação de docentes. **DAPesquisa**, Florianópolis, v. 7, n. 9, p. 393-410, 2012.

MARQUES, Isabel. **Dançando na Escola**. São Paulo: Cortez, 2010a.

MARQUES, Isabel. **Linguagem da Dança:** Arte e Ensino. 1. ed. São Paulo: Digitexto, 2010b.

MARQUES, Larissa Kelly Oliveira. Reflexões sobre o ensino de arte na escola e a atuação do professor: entradas pela dança. **PÓS:** Revista do Programa de Pós-graduação em Artes da EBA/UFMG, Belo Horizonte, v. 8, n. 16, p. 26-43, nov. 2018.

OLIVEIRA, Roseane Martins. **Tradição e criação:** a Ciranda de Tarituba. 2004. 105f. Tese (Doutorado em Desenvolvimento, Agricultura e Sociedade) – Programa de Pós-Graduação em Desenvolvimento, Agricultura e Sociedade, Universidade Federal Rural do Rio de Janeiro, Seropédica, 2004.

OSTETTO, Luciana Esmeralda. Na dança e na educação: o círculo como princípio. **Educação e Pesquisa**, São Paulo, v. 35, n. 1, p. 177-193, jan./abr. 2009.

SANTOS, Wilza Lima dos. **Entre danças e conversas:** os diários visuais e as tessituras curriculares nos/dos/com os cotidianos na rede pública no Rio de Janeiro. 2017. 136f. Dissertação (Mestrado em Educação) – Universidade Federal do Estado do Rio de Janeiro, Rio de Janeiro, 2017.

CAPÍTULO 8

TAYÓ E SEU BLACK POWER: POR UMA EDUCAÇÃO FÍSICA ANTIRRACISTA NA EDUCAÇÃO INFANTIL

Mirvane Dias de Souza

Isabel Porto Filgueiras

Numa sociedade racista, não basta não ser racista.
É necessário ser antirracista.
(Ângela Davis)

INTRODUÇÃO

Ângela Davis costumava dizer que negro é uma invenção da modernidade para justificar a escravidão no mundo (DAVIS, 2019). Do ponto de vista prático, o que separa um indivíduo negro de um indivíduo branco são duas questões centrais, segundo Davis (2019): a construção social gerada em torno do ser negro e a condição de vida, imprimida às populações negras, não somente no Brasil, mas em vários lugares do mundo.

Se considerarmos apenas o que é ser negro no Brasil, é importante pensarmos na forma como se deu a construção dessa identidade, fruto da diáspora africana para o país durante o período escravocrata e do mal-estar que essa história de opressão causa até hoje às populações negras, que precisaram forjar novas identidades por meio de práticas sociais de resistência e de sobrevivência. Esse processo é muitas vezes apagado dos livros de história, de modo que muitas crianças e adolescentes passam pela escolarização sem saber a diversidade de povos africanos que chegaram ao Brasil e as contribuições culturais concretas que trouxeram para a formação da cultura brasileira ou tais contribuições são apenas folclorizadas, abordadas de modo superficial e muitas vezes imbricadas do racismo estrutural que permeia nosso tecido social.

Se discute muito a questão econômica, a questão da pós-escravidão e como se deu essa transição, os dados históricos evidentes, de memórias que compõem, por exemplo, cidades como Salvador e Ouro Preto que são museus ao ar livre dessa narrativa, mas não se discute qual é o impacto na formação da consciência de uma nação, a questão do negro e do branco em um país demarcado por uma divisão racial, na qual o modo de ser e estar é organizado pelo controle de um grupo sobre a vida dos demais, de forma plena e opressora. Esse lugar de não lugar onde os negros foram colocados reflete muito como as questões raciais acontecem no Brasil (MUNANGA, 2019).

De acordo com Munanga (2019), um aspecto importante na questão da identidade do negro no Brasil foi a miscigenação, sendo uma política deliberada. Não ao acaso que pessoas brancas e pessoas negras se misturaram. Existe, segundo o autor, um processo conhecido como limpeza racial, o clareamento da pele e, com isso, o clareamento dos costumes, modos e tradições que marcam o lugar.

As famílias afro-brasileiras ou de descendência africana que vieram para o Brasil no processo de escravidão, muitas vezes, não sabem qual é sua origem e não mantêm seus costumes. Isso foi historicamente negado a essas pessoas, conforme Munanga (2019), porque nunca houve uma preocupação em organizar essas informações. Isso não foi, por muito tempo, considerado uma coisa irrelevante, até pelo lugar subalterno que as identidades negras e seus lugares de fala foram colocados (RIBEIRO; DJAMILA, 2019).

O processo de miscigenação aliado à supremacia branca europeia causou o entendimento de que a cultura europeia é superior a outras culturas do mundo e não foi à toa inclusive que foram os europeus convidados a vir para cá no processo de pós-abolição para ocupar os postos de trabalho (DE BRITO, 2021; MUNANGA, 1999, 2019).

Hoje, acontece cada vez mais um redesenho dessas relações, mesmo que muito ainda superficial, com uma representatividade maior nos meios de comunicação, na cultura, sendo ainda muito pouco nos locais de decisão, como na política e nas universidades, onde os indivíduos negros ainda têm dificuldade de ter acesso, correspondendo a esse período histórico desse desenho, porque os espaços que os negros ocupam não os permitem transitar para outros espaços. Não existe uma barreira legal dizendo que negros e negras não podem ocupar cargos de liderança, mas existem barreiras sociológicas que impedem isso (DOMINGUES, 2007).

Uma das formas de resistência a esse desenho de sociedade é a discussão da temática das identidades negras nas escolas, conforme definido pela Lei 10639/03 (BRASIL, 2003) e a Lei 11645/08 (BRASIL, 2008), que altera a Lei n.º 9.394, de 20 de dezembro de 1996, modificada pela Lei n.º 10.639, de 9 de janeiro de 2003, que estabelece as diretrizes e bases da educação nacional, para incluir no currículo oficial da rede de ensino a obrigatoriedade da temática "História e Cultura Afro-Brasileira e Indígena". Essa legislação é fruto de reivindicações históricas do movimento negro no Brasil, "visando promover direitos, igualdade e equidade para a população negra em todos os âmbitos sociais" (REIS, 2019, p. 4).

Entretanto, Reis (2019), após um estudo exploratório em 96 unidades escolares públicas e privadas sobre a implantação dessa legislação, não encontrou nenhuma evidência do seu cumprimento. Nos Projetos Políticos Pedagógicos das escolas investigadas, apenas um continha citações da lei, mas nas entrevistas realizadas percebeu-se que esse trabalho, na verdade, não era aplicado na prática pedagógica dos professores e professoras. Em uma das escolas investigadas, a pesquisa encontrou inclusive um gestor contrário a essa legislação.

Em uma pesquisa específica com professores e professoras de Educação Física, Pereira *et al.* (2018) investigaram 55 docentes do 6° ao 9° ano na cidade de Fortaleza – CE e concluiu que a maioria dos e das docentes apresentaram desconhecimento da legislação, apesar de acharem importante e reconhecer que a temática fazia parte do currículo de Educação Física nas escolas, mesmo resultado já encontrado em um estudo em Bajé – RS, realizado por Pires e Souza (2015). Os estudos trazem também a falta de formação de professores e professoras específica sobre essa temática nas redes de ensino. Para Pereira e Cordeiro (2014), porém, não basta uma legislação que não vem acompanhada de políticas públicas para colocá-la em prática, passando pela formação inicial e continuada dos professores e das professoras.

Na escola municipal, palco deste relato de experiência, a temática da História e Cultura Afro-Brasileira faz parte do seu Projeto Político Pedagógico e da Proposta Curricular da rede de ensino do município, porém não acontece nenhuma formação continuada sobre a temática para os professores e as professoras que na sua prática pedagógica, tratam essa questão na semana do dia 20 de novembro, denominado como o Dia de Zumbi e da Consciência Negra.

Em 2020, porém, os professores e professoras de Educação Física da escola, em discussão no início do ano letivo para a elaboração do seu planejamento anual, após presenciarem uma cena na primeira semana de aula, na qual uma criança de 5 anos foi motivo de deboche e risadinhas entre seus e suas colegas de classe, das crianças de outras turmas e até de comentários de adultos nos corredores da escola, devido ao seu cabelo *black power*, resolveram iniciar o ano com essa temática.

AS DIVERSAS TAYÓS DA ESCOLA

Tayó é uma menina de 6 anos, negra, com cabelos *black power*, personagem do livro *O mundo no black power de Tayó*, da escritora Kiusan de Oliveira, lançado em 2017. No livro, Tayó traz sempre seus cabelos enfeitados com flores, borboletas, tranças coloridas e tudo que gosta na natureza que procura projetar em seu penteado. Defende seus cabelos perante os colegas de classe dizendo que eles a criticam, porque não podem "carregar o mundo nos cabelos", como ela pode. Apesar de todo o sofrimento que seus cabelos representam por meio da história dos povos escravizados, Tayó procura projetar em seus penteados seus sonhos e a cultura negra, que carrega com muito orgulho e prazer. Ela demonstra com seu cabelo enfeitado que, apesar das correntes dos seus antepassados, procura manter vivo os seus costumes, suas danças, sua música, seus jogos, brincadeiras, comidas típicas, religiões de matriz-africana, seus saberes e sua história. Quando dorme, os orixás habitam seus sonhos e a lembram que é descendente da mais nobre casta real africana. Acorda todos os dias e enfeita seus cabelos como uma verdadeira princesa que é, assim como todas as meninas.

As características da menina Tayó, descritas no livro por Kiusan de Oliveira, trazem as meninas negras e os meninos negros que transitam pelas nossas escolas e que sofrem diversos preconceitos e injúrias raciais, como Nala[32], que inspirou este relato de experiência.

Era fevereiro de 2020, em uma escola municipal, primeiro dia de aula do ano. Nala, uma menina de 5 anos, chega toda feliz na escola e orgulhosa com seu *cabelo black power*. Vai até a sua sala de mãos dadas com sua mãe ao encontro da sua nova professora e coleguinhas de classe. Nala entra na sala sendo recebida por sua turma que já a conhecia do ano anterior com muita festa, pois Nala sempre foi uma criança muito alegre e comunicativa. Uma criança fala para Nala: "Nossa, seu cabelo tá grande!" Nala responde toda feliz: "Minha mãe é cabeleireira e me deixou linda para vir para a escola."

[32] Nome fictício para a criança que inspirou essa sequência pedagógica realizada na escola e que se transformou neste relato de experiência.

O diálogo das crianças continua de forma muito entusiasmada com Nala contando as amiguinhas e aos amiguinhos da sua turma da Educação Infantil que "quando ficasse bem grande ia ser cabeleireira igual a sua mãe.".

Como era o primeiro dia de aula e na educação infantil muitas crianças choram, eu estava na sala com a pedagoga para um acolhimento às crianças, pois elas já me conheciam como professora de Educação Física do ano anterior e a pedagoga era nova na escola, portanto, uma pessoa desconhecida pelas crianças. Fiquei com ela naquele momento para fazer o acolhimento às crianças, porque elas se sentiriam mais seguras na presença de uma pessoa que elas já conheciam e passei a observar o diálogo das crianças, enquanto a pedagoga conversava com algumas famílias na porta da sala de aula.

O primeiro momento das crianças na escola é a hora do café da manhã, onde todas se dirigem para o refeitório da escola. Acompanhando a turma nesse trajeto até o refeitório, percebi que por onde a Nala passava as pessoas comentavam sobre seu cabelo e começavam a rir, muito disfarçadamente, mas riam, tanto crianças, como os adultos que ali se encontravam. Senti-me muito incomodada com essa atitude, embora a Nala nem percebeu o que acontecia.

Chegando à sala reservada na escola para as professoras e professores, ouvi vários comentários como: "Vocês viram o cabelo da Nala? Como a mãe dela faz isso com a menina? Coitada!". Segundo Butler (2003), o corpo feminino é sujeito a padrões de comportamento e sofre opressão quando transgride esse padrão determinado por uma cultura hegemônica europeia, branca de cabelos lisos. De acordo com Ribeiro (2018), a mídia colabora para a imagem de padrão ideal de mulher, quando não mostra imagens de mulheres negras de cabelos crespos, mas sempre brancas de cabelo liso. Um exemplo disso, segundo Silva e Zarbato (2020), foi a campanha publicitária da Marca Bombril, em 2012, na qual trazia uma imagem de uma mulher negra de cabelos crespos com o *slogan* "Mulheres que Brilham – Bombril", associando o cabelo crespo à palha de aço. Por esse padrão estipulado pela sociedade e reforçado pela mídia, conforme Silva e Zarbato (2020), mulheres negras são influenciadas desde a infância a alisarem seus cabelos, fazendo com que essas crianças identifiquem seus cabelos crespos como "feios", levando essas crianças a não compreenderem suas origens.

No decorrer daquela semana, fui observando o comportamento das pessoas quando viam a Nala na escola e permaneciam dando risadinhas quando a encontravam, até uma criança da sua turma dizer a ela durante a aula de Educação Física, após um desentendimento, devido a uma bola colorida que as duas queriam simultaneamente: "Minha irmã falou que você é feia e parece da caverna, igual o desenho que ela me mostrou.". A Nala, não entendendo muito bem o que a amiguinha quis dizer com o "da caverna", chorou, porque a chamaram de feia.

Diante desse fato, propus às professoras e ao professor de Educação Física da escola que trabalhavam comigo que abordássemos essa temática nas nossas aulas por meio de uma sequência didática. A proposta foi aceita por todos e construímos o planejamento. Enquanto pensávamos nessa proposta, fomos observando as crianças da escola e percebemos que várias meninas que tinham os cabelos crespos ou alisavam ou os mantinham sempre presos. Conversando informalmente com essas crianças, percebemos que muitas usavam os cabelos presos, porque achavam seus cabelos feios, era a expressão usada pelas meninas e discriminavam como a Nala assumia o seu *black power*, como se sua mãe não cuidasse dela.

DESCONSTRUINDO PADRÕES E RECONSTRUINDO IDENTIDADES

A sequência pedagógica pensada pelas professoras e pelo professor de Educação Física da escola para as turmas da educação infantil e os anos iniciais do ensino fundamental iniciava-se com uma proposta da leitura do livro: *O mundo no black power de Tayó*, da escritora Kiusan de Oliveira (2017), e seria construída com as crianças por meio da escuta daquilo que a leitura do livro provocaria nelas.

Porém, em abril de 2020, quando essa sequência didática iniciaria, fomos acometidos pela pandemia da Covid 19, ficamos 60 dias afastados da escola e, em seguida, as aulas passaram a acontecer de forma remota. E agora? Como faríamos para abordar o tema? Será que era possível trabalhar com as crianças essa temática de forma remota, que seria por folhas impressas com as orientações para realizar as atividades em casa ou por grupos de mensagem, onde essas orientações seriam enviadas aos familiares para que orientassem as crianças? Como uma proposta que seria realizada e construída em diálogo com as crianças poderia ser realizada de forma remota, já que algumas famílias não tinham nem acesso à internet e ainda apresentavam diversos problemas que dificultavam essa realização das atividades em casa, pois a pandemia escancarou a desigualdade social, mostrando como a população negra, pobre e periférica foi a que mais sofreu pela falta de políticas públicas que contemplassem essa população no Brasil (LABUDA, 2022).

Por isso, diante do caos da pandemia, somente em setembro de 2020, conseguimos retomar essa sequência, quando iniciamos aulas por videoconferências, além de continuar com as atividades impressas e grupos de mensagem, pois as crianças haviam recebido um chip com acesso à internet pela Prefeitura Municipal. Nesse momento, percebemos que essa temática era possível e continuava necessária, porque, na primeira aula por videoconferência, lá estava Nala com seu *black power* e, dessa vez, acompanhada da sua mãe, também com seu *black power*. Quanta potência sentimos nas duas ao aparecerem na nossa primeira aula on-line, lindas e seguras da sua força ao enfrentar todo esse caos causado pela pandemia do Covid-19. Naquele momento, decidimos ser a hora de retomarmos nossa temática e propusemos para as famílias ali presentes que fizessem um diálogo com as crianças sobre o que acharam e entenderam do livro. Fizemos a leitura do livro *O mundo no black power de Tayó* com as crianças de forma on-line, explorando a narrativa e as ilustrações.

Na semana seguinte, em um novo encontro por videoconferência, iniciamos um diálogo com as crianças e suas famílias visando trazer o debate para a construção e valorização de suas identidades. Dialogamos sobre o que cada criança sentiu ao ouvir a história da Tayó. Muitas crianças contaram histórias das suas próprias vidas que se identificavam com os personagens do livro. As crianças que só realizavam as atividades de forma impressa receberam o livro para a leitura pelas suas famílias com a orientação ou de desenharem o que sentiram ao ouvir a história ou de contar o que sentiram a algum adulto que escrevesse o que ouvia da criança, como um escriba.

Ao final desse encontro, fizemos uma proposta para que as famílias pensassem e pesquisassem brincadeiras, brinquedos, músicas e danças de matriz africana que conheciam ou que tivessem vivenciado com seus familiares mais antigos procurassem brincar em casa se fosse possível e nos contassem como foi a experiência no próximo encontro. Várias propostas surgiram e vários depoimentos das famílias das crianças, principalmente das crianças negras, em como aquela atividade estava sendo importante para resgatarem a cultura dos seus ancestrais, que já não praticavam mais em família.

De acordo com Fanon (2008), foi historicamente construída uma autodepreciação da mulher negra e do homem negro em torno da pessoa branca, tecida por uma lógica colonial da invasão europeia aos países latino-americanos que criou determinantes de relacionamentos entre negros e brancos. Essa lógica colonial, segundo Fanon (2008), cria também formas de representação social, de classificação e hierarquias que estabelecem a dinâmica de papéis sociais a serem exercidos nessas sociedades coloniais e que perpetuam nas sociedades contemporâneas, criando, para o autor, uma espécie de alienação do negro em relação ao branco, como se fosse um ser inferior, o que, para Fanon (2008), justifica o comportamento do negro na visão que tem de si mesmo, muitas vezes negando sua cultura de origem e se apropriando da cultura branca trazida pelos europeus. Por isso, muitas vezes escutamos falas como essas das famílias e das crianças nesses encontros realizados sobre a temática proposta, que alisavam os cabelos, porque liso era, segundo essas pessoas, mais bonito ou que não se lembravam mais de brincadeiras, brinquedos, músicas e danças de matrizes africanas, sem falar na religião na qual o candomblé e a macumba são vistos como coisas ruins, do diabo.

À medida que fomos apresentando para as crianças a potência das culturas negras e fomos dialogando com as famílias e incentivando-as para que fizessem esse diálogo em casa com as crianças e as incentivassem a brincarem, dançarem, tocarem instrumentos construídos por elas e eles como tambores e fizessem atividades rítmicas com esses instrumentos, fomos percebendo que, a cada encontro, mais crianças traziam vivências que possibilitavam se sentirem mais seguras e felizes por terem o cabelo crespo e todas as características que as faziam se sentir inferiores, enquanto negras e negros.

Como última proposta dessa sequência didática, sugerimos que cada criança viesse para o encontro com o cabelo do jeito que quisessem e as faziam se sentir felizes. Poderiam usar o *black power*, pintar os cabelos, usar acessórios e adereços nos cabelos, lenços, bonés ou de qualquer outra forma que escolhessem. Realizamos, então, uma roda de cultura na qual cada uma e cada um falou sobre as suas sensações ao participar de cada encontro, de cada atividade realizada com a sua família. A Nala, nesse dia, veio para o encontro com seu *black power* cheio de flores de papel crepom colorido que sua mãe havia feito para ela e, sorridente como sempre, demonstrou a todas as crianças e suas famílias como podem ser quem elas quiserem ser, sem seguir padrões de beleza determinados pela cultura hegemônica.

DE ONDE SAÍMOS E PARA ONDE VAMOS

Todo esse processo foi embasado em diversos conceitos epistemológicos, um deles que consta no livro da Djamila Ribeiro (2019, p. 28), *Lugar de Fala*, no qual ela traz um pensamento da filósofa panamenha Lina Alcofe que diz:

> Chamo atenção para que para descolonizarmos o conhecimento precisamos nos ater a identidade social. Não somente para evidenciar como o projeto de colonização tem criado essas dificuldades e essas identidades, mas para mostrar como essas identidades têm sido historicamente silenciadas e desautorizadas no sentido epistêmico. Ao passo que outras são fortalecidas. Seguindo esse pensamento, um projeto de descolonização epistemológica necessariamente precisaria pensar a importância da identidade, pois reflete que experiências em localizações são distintas e a localização é importante para o conhecimento.

Por meio desse processo e desse pensamento de descolonização do nosso currículo que vamos avançando e buscando uma educação antirracista, antissexista, antimisógena, mais humana e mais amorosa. E a Educação Física Escolar enquanto uma área de conhecimento da cultura corporal pode trazer uma grande contribuição para esse processo, trazendo novos olhares e oportunizando para as crianças novas visões e formas de ler o mundo.

REFERÊNCIAS

BRASIL. **Lei n.º** 11.645, DE 10 março de 2008. Brasília, 2008. Disponível em: https://www.planalto.gov.br/ccivil_03/_ato2007-2010/2008/lei/l11645.htm. Acesso em: 3 fev. 2023.

BUTLER, Judith. **Problemas de gênero:** Feminismo e subversão da identidade. Civilização brasileira, 2003.

DAVIS, Ângela. **A democracia da abolição:** para além do império, das prisões e da tortura. Editora Bertrand Brasil, 2019.

DE BRITO, Mario Sélio Ferreira. Simbologias negras e identidades culturais. **Revista Espacialidades**, v. 17, n. 2, p. 39-55, 2021. Disponível em: https://periodicos.ufrn.br/espacialidades/article/view/23521. Acesso em: 3 fev. 2023.

DE OLIVEIRA, Kiusam. **O mundo no black power de Tayó.** Editora Peirópolis LTDA, 2017.

DOMINGUES,Petrônio.Movimentonegrobrasileiro:alguns apontamentos históricos. **Tempo**,v.12,p.100-122,2007. Disponívelem: https://periodicos.ufrn.br/espacialidades/article/view/23521. Acesso em: 3 fev. 2023.

FANON, Franz. **Pele negra, máscaras brancas.** Salvador: EDUFBA, 2008.

LABUDA, Stefany Fernandes *et al.* A vulnerabilidade da população negra frente à pandemia do Covid-19. **Brazilian Journal of Health Review**, v. 5, n. 2, p. 4713-4722, 2022. Disponível em: https://scholar.archive.org/work/ljxfx53f6rgtpkr-nqlrz7cyp5u/access/wayback/https://brazilianjournals.com/index.php/BJHR/article/download/45411/pdf. Acesso em: 3 fev. 2023.

MUNANGA, Kabengele. **Rediscutindo a mestiçagem no Brasil:** identidade nacional versus identidade negra. Autêntica Editora, 2019.

PEREIRA, Gilmar Ribeiro; CORDEIRO, Maria José de Jesus Alves. A diversidade das relações étnico-raciais e o currículo escolar: algumas reflexões. **Interfaces da Educação**, Parnaíba, v. 5. n. 14, p. 7-22, 2014. Disponível em: https://periodico-sonline.uems.br/index.php/interfaces/article/view/460. Acesso em: 3 fev. 2023.

PEREIRA, Arliene Stephanie Menezes *et al.* Aplicação das leis 10.639/03 e 11.645/08 nas aulas de educação física: diagnóstico da rede municipal de Fortaleza/CE. **Revista brasileira de ciências do esporte**, v. 41, p. 412-418, 2019. Disponível em: https://www.scielo.br/j/rbce/a/HXRhDQFhTV4MTFphJySk8Ps/abstrac-t/?lang=pt. Acesso em: 3 fev. 2023.

PIRES, Joice Vigil Lopes; SOUZA, Maristela da Silva. Educação física e a aplicação da Lein°10.639/03: análise da legalidade do ensino da cultura afro-brasileira e africana em uma escola municipal do RS. **Movimento**, Porto Alegre, v. 21, n. 1, p. 193-204, jan./mar. 2015. Disponível em: https://www.seer.ufrgs.br/Movimento/article/view/46624. Acesso em: 1 fev. 2023.

RIBEIRO, Djamila. **Quem tem medo do feminismo negro?** Companhia das letras, 2018.

RIBEIRO, Djamila. **Lugar de fala**. Pólen Produção Editorial LTDA, 2019.

REIS, Gianne Cristina dos. O estado da Arte-implementação das leis n.º 10.639-03 e n.º 11.645-08. **Em Tese**, v. 16, n. 1, p. 196-213, 2019. Disponível: https://periodicosteste3.sites.ufsc.br/index.php/emtese/article/view/1806-5023.2019v16n1p196. Acesso em: 3 fev. 2023.

SILVA, Thaylla Giovana P..; ZARBATO, Jaqueline Ap. Martins. Reflexões sobre a representação feminina negra (cabelo Afro) como identidade e afirmação racial. *In:* ENCONTRO NACIONAL PERSPECTIVAS DO ENSINO DE HISTÓRIA, 11., 16-20 nov. 2020. **Perspectivas Web 2020**, 2020. Disponível em: https://www.perspectivas2020.abeh.org.br/resources/anais/19/epeh2020/1606757483_ARQUIVO_b371f9aa8fa53545b9fce1ef023ed917.pdf. Acesso em: 3 fev. 2023.

CAPÍTULO 9

O BRINCAR DE PRÉ: UMA ANÁLISE SOBRE A ALFABETIZAÇÃO DE CRIANÇAS ENTRE 4 E 5 ANOS

Lilian Maria Ribeiro de Carvalho
Gustavo da Motta Silva

Quem está aprendendo ferramentas e brinquedos está aprendendo liberdade [...]. (Rubem Alves, 2002, p. 32)

INTRODUÇÃO

Atualmente, é crescente a preocupação com o processo de alfabetização das crianças e muitas chegam ao ensino fundamental com dificuldades em ler e escrever determinados textos e palavras. Esse aspecto pode estar relacionado a aspectos voltados ao ensino das crianças na fase inicial do processo de alfabetização. Segundo Ferreiro (2001), é necessária a tomada de consciência sobre a importância da alfabetização inicial como alternativa para diminuir possíveis problemas na alfabetização dos jovens e adultos no futuro.

Em 2019, a Pesquisa Nacional por Amostra de Domicílios Contínua (PNAD, Contínua Educação) demonstrou que, embora a taxa de analfabetismo das pessoas de 15 anos ou mais de idade tenha reduzido para 6,6%, o país ainda possui 11 milhões de analfabetos[33].

Com a reformulação do currículo proposta pela Lei de Diretrizes e Bases da Educação Nacional (LDBEN), as crianças a partir dos seis anos fazem parte do ensino fundamental (BRASIL, 1996). Sendo assim, entende-se que as escolas cada vez mais cedo iniciam as crianças à aprendizagem das letras e dos números e, na Rede Privada, esse processo ocorre já na pré-escola. Vygotsky (2007) defende que a criança pré-escolar é capaz de ler e escrever, enquanto as mais novas são capazes de descobrir a função simbólica da escrita.

[33] Para mais informações ver: https://educa.ibge.gov.br/jovens/conheca-o-brasil/populacao/18317-educacao.html. Acesso em: 3 abr. 2022.

Em contrapartida, Baptista (2011, p. 228) considera inadequada a inserção da criança pré-escolar na aprendizagem da linguagem escrita, pois, segundo o autor, "[...] ensinar a ler e escrever equivaleria a 'roubar' das crianças a possibilidade de viver o tempo da infância [...]".

Por isso, a importância de desenvolver e reconhecer, nas relações de ensino, a realização de um trabalho educativo contextualizado e no horizonte de diferentes linguagens/conhecimentos sociais (GOULART; CORAIS, 2020). As salas de aulas poderiam contribuir por meio de procedimentos heurísticos, nos quais professores e alunos sempre buscassem novas formas de conhecimento e ação (GOULART; CORAIS, 2020).

Morais, Albuquerque e Brandão (2016) destacam que o trabalho com a linguagem escrita e os sistemas de notação não devem se distanciar da dimensão lúdica. Os autores argumentam que ela deve estar presente em todas as situações que envolvam a aprendizagem das crianças na escola. Diante do exposto, é possível perceber a importância da Educação Física, no que se refere à educação infantil, pois contribui para o desenvolvimento da criança, por meio das brincadeiras e jogos que podem facilitar o processo de aprendizagem de crianças pequenas.

A relevância deste estudo consiste em verificar a possibilidade de utilização e a importância do jogo no processo de alfabetização de crianças na pré-escola. Compreende-se que os professores de Educação Física e os que atuam em sala de aula deveriam refletir sobre sua prática pedagógica relacionada ao uso do jogo como recurso pedagógico no processo de alfabetização das crianças.

Sendo assim, o objetivo deste estudo é investigar a relação entre os jogos e as brincadeiras nas aulas de Educação Física e o processo de alfabetização das crianças pré-escolares. Para isso, foi realizada uma revisão de literatura em torno dos jogos e brincadeiras nas aulas de Educação Física escolar na educação infantil.

O JOGO ENQUANTO PRÁTICA NO PROCESSO DE ALFABETIZAÇÃO: UMA CONSTRUÇÃO EM MOVIMENTO

Durante muito tempo, no decorrer da história do Brasil, a alfabetização era definida como a aprendizagem da leitura e escrita, porém este discurso caiu em desuso a partir do método de Paulo Freire[34], atual Patrono da Edu-

[34] Embora fosse bacharel em Direito, foi como professor que Paulo Freire desenvolveu o seu método de alfabetização, tornando-se um autor de referência em todo mundo. Para mais informações sobre o autor, ver Freire (2017).

cação no País. Freire (1991) salienta que o ato mecânico da decodificação da escrita não é suficiente para definir se o indivíduo está alfabetizado ou não. Para o autor, ler é muito mais que isso, envolve também a compreensão crítica do próprio ato e que o aluno deve ser sujeito do seu processo de aprendizagem da leitura em que o professor deve ensinar a partir do interesse do aluno (FREIRE, 1996).

Em um estudo realizado com estudantes da educação básica, Kuhn, Silva e Molina Neto (2020) notaram que as atividades que demandaram opinião e/ou engajamento dos estudantes demonstraram o apelo e a necessidade deles por esse momento de escuta. Destaca-se, assim, o lugar que os sujeitos e os seus conhecimentos ocupam nas conversas, nas atividades propostas e nas intervenções desenvolvidas em sala de aula, pois elas são, ao mesmo tempo, vividas e escritas no mundo social (GOULART; CORAIS, 2020).

A alfabetização pode ser entendida como um processo de construção e reconstrução sobre o sistema da escrita e que não ocorre somente na escola, mas também na vida e no mundo que permeia o sujeito. Nesse sentido, evita-se o uso único e exclusivo da língua e/ou da fala como ponto de partida para escrita, pois, embora sejam relevantes para a enunciação do sistema alfabético, não conseguem dar conta de um processo que é socialmente referenciado (GOULART; CORAIS, 2020).

Uma alternativa é o desenvolvimento de atividades contextualizadas e o jogo demonstra-se como uma ferramenta muito importante nesse processo. Para Castro Neta *et al.* (2020), o ponto de partida para o desenvolvimento de um trabalho pedagógico é uma prática corporal contextualizada, a qual possua brincadeiras e outras atividades. Contudo, definir o termo jogo separado do contexto de brincadeira/brinquedo é uma tarefa extremamente difícil, pois, de acordo com Huizinga (2019), o jogo está presente entre os animais, as crianças e os adultos. Além disso, o jogo é inerente a todas as culturas.

Ao pensar em brincadeira, é comum pensar em crianças correndo, pulando corda, brincando de boneca ou de carrinho, jogando queimada ou pique bandeira, dentre outras. Por muito tempo, o ato de brincar foi compreendido, pura e simplesmente, como uma expressão inerente à infância e considerada sem muita importância pelos adultos (PAIXÃO; SOUSA; SOUZA, 2020).

Entretanto, o brincar configura-se como um importante aliado, sobretudo na ambiência da educação infantil, pois manifesta-se como uma forma de linguagem que possibilita às crianças expressarem diversas vivências, tendo como mediadores o corpo e o movimento (PAIXÃO; SOUSA; SOUZA, 2020). Ao analisarem a realidade das crianças chilenas, Jiménez *et al.* (2018) perceberam a relevância em compreender as práticas corporais na infância, a partir da valorização da possibilidade de comunicação, conhecimento e expressão do mundo.

Portanto, quando se desenvolve o trabalho a partir de uma abordagem multidimensional, o que está em foco é o bem-estar da criança e a satisfação de um conjunto de necessidades materiais e imateriais (EYNG; CARDOSO, 2020). Acredita-se que os jogos podem ser grandes aliados nesse processo.

Além disso, alguns aspectos do comportamento humano podem ser estimulados por meio dos jogos das crianças. Piaget (1975) ressalta que um dos aspectos estimulados nos jogos é a resolução de conflitos. Algo muito relevante, uma vez que as crianças estão expostas a diversas formas de conflitos e em contato com expressões diversificadas de violência. Para Eyng e Cardoso (2020), a análise do termo violência, em seu sentido, deve ser realizada sempre no plural, pois reforça a ideia de múltiplas faces, origens, manifestações e efeitos.

Souza e Francisco (2016) salientam que o brincar possibilita à criança estimular a sua imaginação, aprender a enfrentar os desafios com mais facilidade, além de desenvolver a capacidade de mudar/aceitar regras novas, fazendo com que se torne mais curiosa, enérgica e confiante. Nesse sentido, o brincar torna-se parceiro inseparável do educador (SOUZA; FRANCISCO, 2016). Esse brincar entendido como uma estratégia de ensino possibilita à criança entender e se comunicar com o mundo, por meio das interações com o brinquedo, com o espaço e/ou com os seus pares dentro de uma determinada realidade (PAIXÃO; SOUSA; SOUZA, 2020).

No entanto, esse processo está longe de ser fácil ou planejado apenas pelo professor. É mister que ocorra uma troca entre docente e discente a todo momento. A adoção do brincar como elemento facilitador do processo de ensino-aprendizagem demanda planejamento e organização do espaço da aula (PAIXÃO; SOUSA; SOUZA, 2020).

Além da importância da participação do aluno na construção de determinada realidade, Kuhn, Silva e Molina Neto (2020) identificaram que a ação de contextualizar os conteúdos nas aulas representou um momento significativo na percepção dos estudantes. Para Jiménez *et al.* (2018), a ideia de inovação em determinadas práticas na educação infantil implica em transformar diferentes âmbitos como o clima da aula, os materiais, a aprendizagem e a própria concepção de liberdade infantil, pois a brincadeira deveria estar presente enquanto manifestação das propostas pedagógicas.

A forma como o professor compreende o brincar constitui um elemento importante nas ações desenvolvidas nas aulas, evitando a concepção de meros aplicadores de jogos e brincadeiras cuja função primordial é divertir as crianças (PAIXÃO; SOUSA; SOUZA, 2020). Um fator que influencia a aprendizagem motora está diretamente relacionado ao modo com o professor apresenta e até mesmo demonstra determinado conteúdo ou ideia (NOGUEIRA *et al.*, 2020).

Ao levar em consideração todos esses aspectos, considera-se relevante compreender o local desses jogos no chão da escola e as relações feitas entre essas práticas e o processo de alfabetização. Acredita-se que as aulas de Educação Física na escola e as possibilidades advindas dos jogos representam um caminho a se discutir.

CONSIDERAÇÕES FINAIS

Portanto, ao investigar a relação entre os jogos e as brincadeiras nas aulas de Educação Física e o processo de alfabetização das crianças pré-escolares, foi possível compreender as especificidades relacionadas ao ensino e ao momento/desenvolvimento da criança. Os jogos e as brincadeiras demonstraram ser instrumentos relevantes na mediação entre o corpo e o movimento.

Nesse sentido, a Educação Física emerge como uma possibilidade dentro do universo escolar no entendimento do brincar e do jogar como estratégia de ensino na fase alfabetização. Entretanto, cabe destacar que o corpo e os aspectos que derivam do mesmo não são exclusivos das aulas de Educação Física, mas de uma equipe pedagógica que pode explorar e re(criar) alternativas.

Desse modo, a forma como os professores concebem o brincar está relacionada ao modo pelo qual as atividades são construídas, apresentadas e desenvolvidas. A partir do momento em que a brincadeira e os jogos começam a fazer parte das propostas pedagógicas, os processos passam a se modificar no chão da escola.

REFERÊNCIAS

ALVES, Rubem. **Por uma educação romântica**. Campinas, SP: Papirus, 2002. Disponível em: https://educa.ibge.gov.br/jovens/conheca-o-brasil/populacao/18317-educacao.htm. Acesso em: 21 mar. 2021.

BAPTISTA, Mônica Correia. Alfabetização e letramento em classes de crianças menores de sete anos: direito da criança ou desrespeito à infância? *In*: GONÇALVES, Aldair Vieira; PINHEIRO, Alexandra Santos (org.). **Nas trilhas do letramento:** entre teoria, prática e formação docente. Campinas: Mercado de Letras, 2011. p. 227-259.

BRASIL. **Lei de Diretrizes e Bases da Educação Nacional, LDB**. 9394/1996. Brasília, 1996.

CASTRO NETA, Abília Ana *et al*. O currículo cultural da educação física e os significados das práticas corporais: análise de uma prática pedagógica. **Revista Pensar a Prática**, Goiânia, v. 23, e55046, p. 1-22, 2020.

EYNG, Ana Maria; CARDOSO, João Casqueira. Direitos da infância em contextos de necessidades humanitárias: fatores de risco e demandas educativas. **Ensaio**: Avaliação e Políticas Públicas em Educação, Rio de Janeiro, v. 28, n. 109, p. 1098-1120, out./dez. 2020.

FERREIRO, Emília. **Reflexões sobre alfabetização**. 24. ed. São Paulo: Cortez editora, 2001.

FREIRE, Ana Maria Araújo. **Paulo Freire:** Uma história de vida. 2. ed. Rio de Janeiro/São Paulo: Paz e Terra, 2017.

FREIRE, Paulo. **Pedagogia da autonomia:** saberes necessários à prática educativa. 25. ed. São Paulo: Paz e Terra, 1996. (Coleção Leitura). Disponível em: https://nepegeo.paginas.ufsc.br/files/2018/11/Pedagogia-da-Autonomia-Paulo-Freire.pdf. Acesso em: 20 dez. 2021.

FREIRE, Paulo. **A importância do ato de ler:** em três artigos que se completam. 21. ed. São Paulo: Cortez Editora & Autores Associados, 1991. (Coleção Polêmicas do Nosso Tempo). Disponível em: https://nepegeo.paginas.ufsc.br/files/2018/11/A-Importancia-do-Ato-de-Ler-Paulo-Freire.pdf. Acesso em: 20 dez. 2021.

GOULART, Cecília; CORAIS, Maria Cristina. Alfabetização, discurso e produção de sentidos sociais: dimensões e balizas para a pesquisa e para o ensino da escrita. **Bakhtiniana**, São Paulo, v. 15, n. 4, p. 76-97, out./dez. 2020.

HUIZINGA, Johan. **Homo Ludens:** o jogo como elemento da cultura. 9. ed. São Paulo: Perspectiva, 2019.

JIMÉNEZ, Rodrigo Alberto Gamboa *et al*. Prácticas corporales e innovación en educación infantil (0-6 años): análisis crítico desde la mirada de expertos. **Revista Brasileira de Ciências do Esporte**, Brasília, v. 40, n. 3, p. 224-232, 2018.

KUHN, Simone Santos; SILVA, Lisandra Oliveira; MOLINA NETO, Vicente. As perspectivas de estudantes ao final da escolarização básica sobre suas experiências nas aulas de educação física. **Revista Pensar a Prática**, Goiânia, v. 23, p. 1-21, 2020.

MORAIS, Artur Gomes; ALBUQUERQUE, Eliana Borges Correia; BRANDÃO, Ana Carolina Perrusi Alves. Refletindo sobre a língua escrita e sobre sua notação no final da educação infantil. **Revista Brasileira de Estudos Pedagógicos** (online), Brasília, v. 97, n. 247, p. 519-533, set./dez. 2016.

NOGUEIRA, Nathálya Gardênia de Holanda Marinho *et al.* O conhecimento do professor de educação física sobre aprendizagem motora. **Revista Pensar a Prática**, Goiânia, v. 23, e64487, p. 1-22, 2020.

PIAGET, Jean. **A formação do símbolo na criança:** imitação, jogo e sonho, imitação e representação. Rio de Janeiro: LTC, 1975.

PAIXÃO, Jairo Antônio; SOUSA, Jefferson Teixeira de; SOUZA, Ederley Emanuel. O lugar do brincar na educação física infantil: possibilidades de interface com o aprender. **Revista Pensar a Prática**, Goiânia, v. 23, p. 1-17, 2020.

SOUZA, Renivaldo Santos; FRANCISCO, Odair Benedito O brincar no desenvolvimento lúdico da criança. **Colloquium Humanarum**, v. 13, n. Especial, p. 309-314, jul./dez. 2016.

VYGOTSKY, Lev Semyonovich. **A formação social da mente:** o desenvolvimento social da mente. São Paulo: Martins Fontes, 2007.

CAPÍTULO 10

O DIREITO AO BRINCAR E A CULTURA DO MOVIMENTO NA EDUCAÇÃO INFANTIL

Ricardo Lemes da Rosa
Jéssica Adriane Pianezzola da Silva

INTRODUÇÃO

A Educação Infantil é a primeira etapa da educação básica, prevista na Lei de Diretrizes e Bases da Educação Nacional (LDBEN) e na Constituição Federal de 1988, como um dever do Estado (BRASIL, 1996, 1988). Sua finalidade, segundo a LDBEN, é promover "[...] o *desenvolvimento integral* da criança de até 5 (cinco) anos, em seus aspectos físico, psicológico, intelectual e social, complementando a ação da família e da comunidade." (BRASIL, 1996, s/p, Art. 29, grifos nossos).

A etapa, oferecida em creches e pré-escolas que poderão estar vinculadas a instituições públicas ou privadas de ensino, é considerada o primeiro contato das crianças com o ensino institucionalizado não doméstico (BRASIL, 2009). Sem dúvida, a educação infantil é um momento basilar na vida das crianças, pois, nos espaços plurais aos quais se configuram as instituições de educação infantil, as crianças vivenciam transições e mudanças em sua forma de percepção de mundo, que se amplia do cotidiano no espaço doméstico da família para o espaço coletivo da escola; desenvolvem-se a partir de novos e variados estímulos de caráter pedagógico; e incluem novos elementos à construção de sua identidade como cidadãos e sujeitos de direitos.

No entanto, a garantia do direito da criança a usufruir de um espaço educacional com foco nas suas especificidades é recente. A própria concepção de "pré-escola" soava, em seus usos anteriores à década de 1980, um tanto esvaziada, na medida em que expressava que a educação infantil era uma etapa preparatória da escolarização que só viria a acontecer no ensino fundamental (BRASIL, 2018). Essa ideia demonstrava certa fragilização da garantia do direito à educação das crianças que ainda não haviam completado a faixa etária necessária para ingresso no ensino fundamental, denunciando a ausência de um caráter educativo nas práticas "pré-escolares".

O processo de significação da educação infantil ao longo dos anos recebe influências dos modos como a própria infância é historicamente concebida. Ao considerarmos, por exemplo, que as influências dos movimentos oriundos da Sociologia da Infância, subcampo da Sociologia, datam mais incisivamente do último século, em especial, de sua segunda metade, no que compete à afirmação da infância enquanto categoria social do tipo geracional, composta por sujeitos de direitos, as crianças e os adolescentes, é possível identificar como as cicatrizes de um processo de desconsideração da infância (o indivíduo não falante, miniadulto), bem como de sua objetificação, tomando-a como objeto dos estudos, práticas e legislações e não sujeito ativo nos estudos, nas práticas e nas legislações, evidenciam-se na configuração da educação da infância enquanto direito, não somente no Brasil, mas no contexto internacional.

Na perspectiva da Sociologia da Infância, sua contribuição ampliou a discussão sobre a necessidade de se considerar a criança para além do seu aspecto biológico de desenvolvimento, ampliando a análise para diferentes perspectivas que se interrelacionam, como históricas, psicológicas, antropológicas, pedagógicas, biológicas e culturais, possibilitando uma visão ampliada da infância. Outro importante aspecto levantado pelos estudos provenientes do subcampo Sociologia da Infância foi mostrar que a começar pelo próprio termo "Infância", a categoria deve ser discutida no plural, pois não há uma infância, e sim diversas "Infâncias", que se vinculam aos contextos sociais, econômicos, religiosos, de classe, cor, etnia, de gênero etc.

Desse modo, a consolidação da educação infantil como etapa fundamental da educação básica, que possui intencionalidades, saberes e práticas indispensáveis ao desenvolvimento infantil está diretamente condicionada à construção histórica de uma concepção de infância situada em um paradigma que a reconheça como categoria social composta por sujeitos de direitos. Nessa direção, retomamos o que prevê a Resolução CNE/CEB, n.º 5, de 2009, que fixa as Diretrizes Curriculares Nacionais para a educação infantil, quando sinaliza que:

> As propostas pedagógicas da Educação Infantil deverão considerar que a criança, centro do planejamento curricular, é sujeito histórico **e de direitos** que, nas interações, relações

> e práticas cotidianas que vivencia, constrói sua identidade pessoal e coletiva, brinca, imagina, fantasia, deseja, aprende, observa, experimenta, narra, questiona e constrói sentidos sobre a natureza e a sociedade, produzindo cultura. (BRASIL, 2009, s/p, Art. 4º, grifos nossos).

Como etapa da educação básica, a educação infantil possui concepções e princípios que orientam os profissionais da educação na tarefa de educar e cuidar, no que diz respeito a esses sujeitos de direitos que são as crianças. Nos processos inscritos na relação entre educar e cuidar, operam eixos estruturantes das práticas pedagógicas: as interações e a brincadeira (BRASIL, 2009). As interações e a brincadeira são entendidas como "[...] experiências nas quais as crianças podem construir e apropriar-se de conhecimentos por meio de suas ações e interações com seus pares e com os adultos, o que possibilita aprendizagens, desenvolvimento e socialização." (BRASIL, 2018, p. 37).

Assim, as intencionalidades da educação infantil se expressam na cotidianidade das experiências das crianças, nas quais, por meio das interações e brincadeiras, elas produzem conhecimentos e estabelecem relações com o meio e com as pessoas ao seu redor e consigo mesmas.

No decorrer do capítulo, buscamos aproximar a etapa da educação infantil ao campo da Educação Física, considerando tratar-se de um campo com decisiva atuação no desenvolvimento integral das crianças. Identificamos o *brincar como um direito das infâncias* e, na intersecção entre educação infantil e Educação Física, compreendemos que a *cultura corporal do movimento age como um dos elementos fundamentais para a aprendizagem e desenvolvimento infantil*, possibilitando estimular a expressividade das crianças, favorecer o contato com o seu mundo interno e externo, reconhecer o outro e o diferente e experimentar e pôr em prática as suas potencialidades motoras, cognitivas e emocionais nos mais variados contextos culturais, haja vista a pluralidade da infância nos seus variados territórios.

Nessa direção, ao longo do texto, situamos as interrelações entre Educação Física e educação infantil e evidenciamos, em linhas gerais, modos pelos quais a cultura corporal do movimento e o brincar se apresentam em textos políticos nacionais e internacionais. Essa construção tem por finalidade orientar a discussão ao que se pretende com este estudo: esboçar princípios para uma prática pedagógica na educação infantil comprometida com a garantia do direito ao brincar, tendo a cultura corporal do movimento como elemento orientador.

A Educação Física na educação infantil: a cultura corporal do movimento e o brincar

Na trajetória de consolidação da educação infantil no campo da Educação, as concepções que consideravam a etapa como período preparatório à fase de escolarização estavam alinhadas, de certa forma, a ideia de que a principal função da educação infantil era o cuidado. Cumpre destacar que o cuidado, a partir dessa percepção, assumia um sentido restrito à supervisão das crianças, no período em que estivessem longe de seus responsáveis. Nesse sentido, observou-se um processo de desvinculação entre o educar e o cuidar e uma fragmentação das áreas de desenvolvimento da criança.

O reflexo disso expressa-se na constatação de que a escola de educação infantil parecia não se preocupar com a articulação entre as dimensões de desenvolvimento físico-motor, cognitivo, emocional, social, dimensões essas presentes nas tarefas de educar e cuidar. A exemplo disso, observamos que ao longo da história da educação, nas ações desenvolvidas não somente na educação infantil, mas na educação básica como um todo, o corpo teve seu desenvolvimento negligenciado dos planos pedagógicos, na medida em que se considerava que o corpo parado, sentado, comportado ou quieto correspondia ao sinônimo de disciplina e obediência em sala de aula. Inclusive, os espaços destinados para movimento corporal até hoje são, em certa medida, referendados aos pátios e às quadras, enquanto os espaços de aprender se restringem às salas de aula.

Por outra linha de análise, concordamos com Moreira (1995), quando afirma que o corpo das crianças é presente e ativo em todas as situações e movimentos, dialogando com tudo que o cerca o tempo todo. "Desde uma brincadeira como pega-pega, até as formações em roda ou em colunas, posso notar que o corpo, por meio dos movimentos, denota sentimentos e emoções", logo, "a criança é movimento em tudo o que faz, pensa e sente" (MOREIRA, 1995, p. 85).

Desse modo, corpo, movimento e brincadeira estabelecem uma profunda conexão. No entanto, o brincar, do ponto de vista pedagógico, também demorou a conquistar seu espaço nos currículos e nos encaminhamentos didático-metodológicos destinados às crianças em idade de atendimento na educação infantil e, se ampliarmos a discussão para as etapas de escolarização seguintes, veremos reduzirem-se gradativamente os tempos e espaços de brincar a partir dos anos iniciais do ensino fundamental.

Como sinalizamos anteriormente, mais recentemente, a educação infantil vem tomando novas formas e contornos ao assumir como eixos estruturantes a interação e a brincadeira. Essa mudança paradigmática é importante, pois, por meio dessa perspectiva, na qual o brincar torna-se fundamento para as práticas pedagógicas, observamos crescer o espaço para a inserção dos saberes próprios da Educação Física aos currículos e práticas em educação infantil.

A Educação Física é um componente curricular obrigatório da educação básica, conforme prevê a Lei de Diretrizes e Bases da Educação Nacional (BRASIL, 1996, Art. 26). Sua atuação deve priorizar o desenvolvimento humano considerando prioritariamente a cultura infantil e os saberes a ela atrelados tendo como eixo estruturante a ludicidade, a qual se constitui um traço fundamental na infância (TONIETTO; GARANHANI, 2017).

Os contributos da Educação Física possibilitam à aprendizagem dos movimentos fundamentais, como andar, correr, saltar, que se ampliam e constituem as ações motoras/práticas corporais expressas por meio das artes, danças, jogos, lutas, ginásticas. Além disso, repercute em outros campos de aprendizagem, como alfabetização, raciocínio lógico-matemático, formas de leitura e orientação espacial e temporal.

Aproveitar-se para observar que, na educação infantil, a Educação Física não se apresenta como uma "disciplina" fragmentada, e, sim, seus saberes se integram aos campos de experiência propostos na Base Nacional Comum Curricular (BRASIL, 2018).

Assim, enquanto componente curricular presente nos campos de experiências, a Educação Física está incumbida da complexa missão de educar para compreensão dos contextos de vida, a partir de sua especificidade que é a *cultura corporal do movimento,* na qual, por meio do brincar, as aprendizagens ganham significado e função social, no contexto da criança.

A cultura corporal do movimento representa o esforço pela superação da ideia do trabalho educativo com o corpo restrito à preparação para os esportes de alto-nível e competitividade, atuando numa prática "[...] para além da fixação de gestos técnicos padronizados e execução de exercícios voltados para a melhoria da aptidão física" (NEIRA; GRAMORELLI, 2017, p. 324). Mais do que isso, desde a educação infantil, observamos que a Educação Física, sob a premissa da cultura do movimento, visa articular noções de identidade, discurso e linguagem, bem como "[...] situar as práticas corporais no contexto social mais amplo, entendendo-as como suportes nos quais se fixaram os signos da classe social em que foram criadas e recriadas." (NEIRA; GRAMORELLI, 2017, p. 324).

Assim, brincar e cultura corporal do movimento estão imbrincados e a necessidade de sua consideração nos processos educativos é prevista em inúmeras políticas educacionais e para a infância, ainda que, em alguns casos, não necessariamente de modo explícito (ROSA, 2019).

Tomamos como referência os documentos internacionais oriundos da Organização das Nações Unidas (ONU), Declaração Universal dos Direitos da Criança e Convenção das Nações Unidas sobre o Direito das Crianças (ONU, 1959, 1989) e as políticas nacionais Estatuto da Criança e Adolescente, Lei de Diretrizes e Bases da Educação Nacional, Referencial Curricular Nacional para a Educação Infantil, Diretrizes Curriculares Nacionais para Educação Infantil e a Base Nacional Comum Curricular (BRASIL, 1990, 1996, 1998, 2009, 2018), bem como nossa Constituição Federal vigente (BRASIL, 1988), para analisarmos os modos pelos quais o direito ao brincar e a cultura do movimento são previstos nos documentos orientadores da Educação e para a infância.

A Declaração Universal dos Direitos da Criança (ONU, 1959) concebe que os jogos e brincadeiras são direitos aos quais as crianças devem desfrutar plenamente e que devem estar dirigidos para a educação (sétimo princípio). A Convenção das Nações Unidas sobre os Direitos da Criança, ampliando os princípios previstos na Declaração de 1959, assume a necessidade de que os Estados Parte reconhecem "[...] o direito da criança ao descanso e ao lazer, ao divertimento e às atividades recreativas próprias da idade, bem como à livre participação na vida cultural e artística" e promovam "[...] oportunidades adequadas para que a criança, em condições de igualdade, participe plenamente da vida cultural, artística, recreativa e de lazer" (ONU, 1989, s/p, Art. 31).

No conjunto dos documentos internacionais, sinalizamos o reconhecimento de que o brincar (representado pelos jogos, brincadeiras, atividades recreativas e lazer) é um direito da criança e, por tratar-se de um direito, é uma responsabilidade do Estado e da sociedade civil, com vistas à garantia da dignidade das crianças.

Ao analisar o conjunto de documentos e políticas nacionais, sinalizamos que a Constituição Federal (CF) de 1988 prevê acerca do tema que se trata de um dever da família, Estado e sociedade assegurar às crianças, entre um conjunto amplo de direitos, o direito ao lazer (BRASIL, 1988, Art. 227). Por sua vez, o Estatuto da Criança e Adolescente (ECA) insere o direito ao brincar, praticar esportes e se divertir (inciso IV), como um elemento do direito à liberdade (BRASIL, 1990).

Nessa dimensão, evidenciamos um alinhamento da Constituição e do Estatuto aos documentos internacionais. No diálogo entre CF e ECA, compreendemos que o direito ao brincar articula-se aos demais direitos garantidos às crianças, especialmente no que se refere à vida, à educação, à respeito, à cultura e à liberdade, na medida em que se insere na formação da identidade e cultura infantil.

No que concerne às políticas educacionais, apresentamos, por meio do Quadro 1, as menções ao direito ao brincar e ao movimento corporal nos textos legais.

Quadro 1 – O brincar e a cultura do movimento em políticas educacionais

POLÍTICAS	ANO	MENÇÕES	OBSERVAÇÕES
Lei de Diretrizes e Bases da Educação Nacional - LDBEN	1996	"A educação física, integrada à proposta pedagógica da escola, é componente curricular obrigatório da educação infantil e do ensino fundamental [...]" (BRASIL, 1996, s/p).	Apresenta a Educação Física como componente curricular, de modo abrangente, mas não delibera sobre o brincar ou sobre o movimento infantil, modo específico.
Referencial Curricular Nacional para a Educação Infantil - RCNEI	1998	"O direito das criança a brincar, como forma particular de expressão, pensamento, interação e comunicação infantil." (BRASIL, 1998, p. 13). "A brincadeira é uma linguagem infantil que mantém um vínculo essencial com aquilo que é o "não-brincar". Se a brincadeira é uma ação que ocorre no plano da imaginação isto implica que aquele que brinca tenha o domínio da linguagem simbólica." (BRASIL, 1998, p. 27).	Considera o brincar, além de um direito, também uma forma de linguagem infantil, que se relaciona aos movimentos corporais, à gestualidade e às formas de expressões. O documento aborda tipos de brincadeiras, bem como as articula aos elementos da cultura do movimento, evidenciando sua contribuição para o fortalecimento da autoestima e identificação e ampliação das aprendizagens das crianças.

POLÍTICAS	ANO	MENÇÕES	OBSERVAÇÕES
	1998	"O brincar apresenta-se por meio de várias categorias de experiências que [...] incluem: o movimento e as mudanças da percepção resultantes essencialmente da mobilidade física das crianças; a relação com os objetos e suas propriedades físicas assim como a combinação e associação entre eles; a linguagem oral e gestual que oferecem vários níveis de organização a serem utilizados para brincar os conteúdos sociais, como papéis, situações, valores e atitudes que se referem à forma como o universo social se constrói; e, finalmente, os limites definidos pelas regras, constituindo-se em um recurso fundamental para brincar." (BRASIL, 1998, p. 28). "Os gestos, movimentos corporais, sons produzidos, expressões faciais, as brincadeiras e toda forma de expressão, representação e comunicação devem ser consideradas como fonte de conhecimento para o professor sobre o que a criança já sabe" (BRASIL, 1998, p. 33).	Vincula o brincar às relações em termos de movimento, linguagem oral e gestual, mobilidade física e definição de regras, aspectos presentes na Educação Física enquanto componente curricular.
Diretrizes Curriculares Nacionais para Educação Infantil - DCNEI	2009	"As práticas pedagógicas que compõem a proposta curricular da Educação Infantil devem ter como eixos norteadores as interações e a brincadeira a, garantindo experiências que: I –	As DCNEI apresentam a brincadeira, em conjunto com as interações, como eixo norteador, reconhecendo a potencialidade para a promoção das experiências que se interralacionam a dimensão corporal, tais como gestos, sentidos, movimentação.

POLÍTICAS	ANO	MENÇÕES	OBSERVAÇÕES
	2009	promovam o conhecimento de si e do mundo por meio da ampliação de experiências sensoriais, expressivas, corporais que possibilitem movimentação ampla, expressão da individualidade e respeito pelos ritmos e desejos da criança; II - favoreçam a imersão das crianças nas diferentes linguagens e o progressivo domínio por elas de vários gêneros e formas de expressão: gestual, verbal, plástica, dramática e musical; [...]" (BRASIL, 2009, s/p, Art. 9º).	
Base Nacional Comum Curricular: Educação Infantil - BNCC/EI	2018	"Corpo, gestos e movimentos – Com o corpo (por meio dos sentidos, gestos, movimentos impulsivos ou intencionais, coordenados ou espontâneos), as crianças, desde cedo, exploram o mundo, o espaço e os objetos do seu entorno, estabelecem relações, expressam-se, brincam e produzem conhecimentos sobre si, sobre o outro, sobre o universo social e cultural, tornando-se, progressivamente, conscientes dessa corporeidade. Por meio das diferentes linguagens,como a música, a dança, o teatro, as brincadeiras de faz de conta, elas se comunicam e se expressam no entrelaçamento entre corpo, emoção e linguagem.	A BNCC sistematiza os saberes e conhecimentos para a educação infantil em campos de experiência. Embora todos os campos expressem em alguma medida os entrelaces entre os saberes da Educação Física e educação infantil, é por meio do campo de experiência "Corpo, gestos e movimentos" que essa articulação se expressa de forma mais evidente. O documento organiza as aprendizagens a partir das faixas etárias "bebês", "crianças bem pequenas" e "crianças pequenas", indicando para cada idade os objetivos de aprendizagem e desenvolvimento correspondentes (p. 47).

POLÍTICAS	ANO	MENÇÕES	OBSERVAÇÕES
	2018	As crianças conhecem e reconhecem as sensações e funções de seu corpo e, com seus gestos e movimentos, identificam suas potencialidades e seus limites, desenvolvendo, ao mesmo tempo, a consciência sobre o que é seguro e o que pode ser um risco à sua integridade física. Na Educação Infantil, o corpo das crianças ganha centralidade, pois ele é o partícipe privilegiado das práticas pedagógicas de cuidado físico, orientadas para a emancipação e a liberdade, e não para a submissão. Assim, a instituição escolar precisa promover oportunidades ricas para que as crianças possam, sempre animadas pelo espírito lúdico e na interação com seus pares, explorar e vivenciar um amplo repertório de movimentos, gestos, olhares, sons e mímicas com o corpo, para descobrir variados modos de ocupação e uso do espaço com o corpo (tais como sentar com apoio, rastejar, engatinhar, escorregar, caminhar apoiando-se em berços, mesas e cordas, saltar, escalar, equilibrar-se, correr, dar cambalhotas, alongar-se etc.)". (BRASIL, 2018, p. 40-41).	

Fonte: elaborado pelos autores (2022)

No conjunto das políticas educacionais, observamos parte do processo histórico pelo qual os saberes da Educação Física associados ao brincar se consolidaram nos documentos curriculares.

Os documentos evidenciam o entendimento do brincar enquanto direito das crianças e como uma das formas de linguagem infantil, que se expressa na articulação entre seu corpo e o imaginário.

Os constructos históricos da prática corporal humana (jogos, lutas, danças, ginásticas, esportes, artes), ancorados às noções de discurso e identidade que se configuram cultural e socialmente, são apresentados às crianças, as quais (re)significam e/ou recriam, numa linha tênue entre modos de produzir movimento e linguagem e, nesse sentido, concordamos com Farias *et al.* (2019), os quais nos apontam que a Educação Física deve permear-se pelo entrelaçamento das diferentes temáticas e áreas de conhecimento, valorizando o processo histórico e social construído pelas crianças.

Assim, o processo de desenvolvimento das políticas nos últimos quase 30 anos oferece importantes indicativos de que no desenvolvimento integral das crianças, o planejamento das ações pedagógicas não pode desconsiderar os modos pelos quais o direito ao brincar dialoga com as culturas do movimento.

Princípios para uma prática pedagógica pautada no brincar e na cultura corporal do movimento

Buscamos, a partir das observações oriundas da pesquisa documental, traçar alguns princípios para a prática pedagógica comprometida com a garantia do direito ao brincar, tendo como norteadores a cultura do movimento.

Os profissionais da Educação são agentes garantidores do direito ao brincar e do direito a movimentar-se

Os profissionais da educação possuem uma grande responsabilidade na superação de uma visão restrita sobre o brincar, retirando o brincar e o movimento do lugar de passatempos, passando-os à posição de direitos de aprendizagem. Os elementos vinculados à motricidade têm como suporte o brincar e essa se faz pela interação e estímulo constante do educador e educadora que possuem um papel central na mediação pedagógica que favoreça os exemplos de movimentos propostos.

Desse modo, a formação e autoformação devem dirigir-se ao exame dos elementos estruturantes da prática docente, buscando realizar contínuo processo de revisão das políticas educacionais e curriculares, para uma prática comprometida com a qualidade dos processos de aprendizagem, observando o cotidiano da Educação Física, a formação profissional, os locais, os materiais, ou seja, os diferentes "espaços" que constituem o brincar e a motricidade na educação infantil. É fundamental que esses profissionais estudem o brincar e o reconheçam de fato como eixo que estruturará as intervenções educativas destacando também que na interação proposta entre educando e educador, este se permita fruir de momento se entregando sem receios ao processo lúdico o qual será capaz de guiar e potencializar a experiência pedagógica.

A atuação do profissional da Educação Física, nesse sentido, é decisiva, embora faça-se a constatação de que em grande parte das instituições de ensino brasileiras não possuem a obrigatoriedade legal do profissional com essa formação específica nessa fase educacional.

Os objetivos de desenvolvimento e aprendizagem orientam as práticas pedagógicas voltadas ao brincar e ao movimento

Nem o brincar dirigido, nem o brincar livre estão desprovidos de intencionalidade pedagógica. Se há o reconhecimento de que o brincar e o movimento são direitos e que, portanto, devem se fazer presentes no currículo, deve-se haver igual reconhecimento sobre as possibilidades do movimento corporal e do brincar na educação infantil com ênfase nas temáticas que envolvem o componente curricular da Educação Física mesmo que tal componente não apareça explicitamente nos documentos referenciais para a educação infantil.

Os estímulos psicomotores são fundamentais para o desenvolvimento integral da criança, que se dará em conformidade com a maturação do sistema nervoso central. Nos bebês, por exemplo, o movimento corporal se torna a principal linguagem da criança e será pelas sensações vivenciadas no movimento que as aprendizagens e o contato com o mundo vão sendo constituído, percebido e vivido.

As crianças têm o direito de participar da estruturação dos momentos de brincar e terem garantida sua liberdade de expressão

Considerando que a cultura do movimento corporal é muito mais do que a repetição e condicionamento de movimentos, articulando-se à dimensão da linguagem e da cultural, o primeiro ponto é reconhecer que as crianças, estudantes da educação infantil, são sujeitos históricos e situados em uma cultura. Desse modo, os processos de linguagem estão vinculados às diversidades dos jeitos de brincar nas diferentes culturas.

Se o brincar é uma forma de linguagem é, portanto, também uma forma de expressão. Nessa esfera, a participação da criança na estruturação dos momentos de brincar é imprescindível para que sejam consideradas suas opiniões e interesses, bem como devidamente evidenciados seus sentimentos, emoções, saberes e necessidades.

Oportunizar, em quantidade e qualidade, tempos de brincar favorecendo a linguagem corporal

Entre momentos de brincar livre e brincar dirigido, com foco na prática corporal, são promovidas oportunidades de pergunta, exploração, investigação, construção de usos para toda a variedade de objetos e elementos do cotidiano, levantamento de hipóteses e produção de existência no mundo. Os tempos de brincar promovidos no cotidiano das instituições são fios condutores da imaginação e fortalecimento da autonomia das crianças e, por isso, são indispensáveis para que a criança se desenvolva de modo integral.

O espaço é um elemento favorecedor das brincadeiras e do movimento

O exame dos espaços físicos disponíveis para o brincar livre e o brincar dirigido com foco na motricidade, bem como dos materiais pedagógicos que envolvem o ensino e a promoção do movimento corporal no ambiente da educação infantil é necessário. Vale refletirmos que os espaços físicos das instituições públicas e privadas são extremamente heterogêneos o que para um lado é positivo pensando na diversidade cultural e social que permeia nosso país, porém, no aspecto limitador, são inúmeros os locais que o espaço físico é extremamente reduzido impossibilitando, assim, o desenvolvimento corporal das crianças, o que denota na prática o não reconhecimento do brincar e do movimento corporal por parte dos responsáveis pela instituição, e aqui entendemos que tal responsabilidade envolve as Secretarias Municipais de Educação, mesmo que a instituição seja da rede particular, pois tal serviço é uma concessão do Estado, ou seja, quando há uma instituição privada com espaço físico deficitário, entende-se que houve uma autorização da esfera municipal por meio dos órgãos competentes para a referida instituição oferecer seus serviços.

Considerações finais

No caminho percorrido neste capítulo, evidenciamos que a criança, enquanto sujeito de direitos que compõem a categoria social infância, é o foco das teorias e práticas na educação infantil. Por essa razão, supõe-se uma concepção pedagógica que reintegre as dimensões físico-motora, biológica, social, emocional, cognitiva etc., a fim de garantir o desenvolvimento integral das crianças. Com o foco sob a dimensão físico-motora, no diálogo com os saberes próprios da Educação Física, destacamos a relevância do brincar enquanto direito da criança e processo pedagógico articulado à cultura corporal do movimento, elemento central da Educação Física.

O brincar é eixo recorrente nas políticas educacionais e curriculares e é uma das formas mais genuínas de linguagem da infância. Por isso, estabelece profundo diálogo com os pressupostos da cultura corporal do movimento, dos quais observamos a construção social e cultural do movimento corporal como igualmente situado nas práticas comunicativas e nos processos de produção da existência.

Desse modo, a prática pedagógica na educação infantil requer a consideração de que os profissionais da Educação terão decisiva atuação na garantia do direito ao brincar e que o brincar e movimentar-se sempre estarão articulados a uma intencionalidade pedagógica, como o desenvolvimento das múltiplas formas de expressão e linguagem e desenvolvimento motor articulado à identidade cultural. Perante a essa constatação, retirar a criança da condição de partícipe dos processos de estruturação dos espaços e tempos de brincar e movimentar-se desarticula a Educação Física de sua função social de promoção da cidadania.

REFERÊNCIAS

BRASIL. **Base Nacional Comum Curricular**. Brasília/DF: Ministério da Educação, 2018.

BRASIL. **Constituição da República Federativa do Brasil**. Brasília/DF, 5 out. 1988.

BRASIL. Lei n.º 8.069, de 13 de julho de 1990. Estatuto da Criança e do Adolescente no Brasil. **Diário Oficial da União,** Brasília/DF, 16 jul. 1990.

BRASIL. Lei n.º 9.394, de 20 de dezembro de 1996. Estabelece as diretrizes e bases da educação nacional. **Diário Oficial da União,** Brasília/DF, 23 dez. 1996.

BRASIL. **Referencial curricular nacional para a educação infantil.** Brasília/DF: MEC/SEF, 1998. v. 1.

BRASIL. Resolução n.º 5, de 17 de dezembro de 2009. Fixa as Diretrizes Curriculares Nacionais para a Educação Infantil. **Diário Oficial da União**, Brasília/DF, Seção 1, p. 18, 18 dez. 2009.

FARIAS, U. de S. *et al.* Análise da produção do conhecimento sobre a educação física na educação infantil. **Movimento,** [*S. l.*], v. 25, p. e25058, 2019. DOI: 10.22456/1982-8918.90145. Disponível em: https://seer.ufrgs.br/index.php/Movimento/article/view/90145. Acesso em:

MOREIRA, W. W. (org.). **Corpo presente.** Campinas: Papirus, 1995.

NEIRA, M. G.; GRAMORELLI, L. C. Embates em torno do conceito de cultura corporal: gênese e transformações. **Pensar a Prática**, Goiânia, v. 20, n. 2, abr./jun. 2017.

ONU [Organização das Nações Unidas]. **Resolução 44/25 de 20 de novembro de 1989**. Convenção sobre os Direitos da Criança. Nova York: Assembleia Geral das Nações Unidas, 1989.

ONU [Organização das Nações Unidas]. **Resolução da Assembleia Geral das Nações Unidas n.º 1386 (XIV), de 20 de novembro de 1959.** Declaração dos Direitos da Criança. Assembleia Geral, 1959.

ROSA, R. L. **Políticas públicas de esporte e o sistema de garantia de direitos destinado à criança e ao adolescente**. 2019. 198f. Tese (Doutorado em Educação) – Pontifícia Universidade Católica do Paraná, Curitiba, 2019.

TONIETTO, M. R.; GARANHANI, M. G. A cultura infantil e a relação com os saberes da educação física na escola. **Movimento**, [*S. l.*], v. 23, n. 2, p. 517-528, 2017. ISSN: 0104-754X. Disponível em: https://www.redalyc.org/articulo.oa?id=115351637006. Acesso em: 3 fev. 2023.

CAPÍTULO 11

A EDUCAÇÃO FÍSICA NA EDUCAÇÃO INFANTIL NA REDE MUNICIPAL DE ENSINO DE FLORIANÓPOLIS: TRILHANDO NO ENREDO DO BOI DE MAMÃO

Juliano Silveira
Mirte Adriane Varotto
Rafael Affonso Gaspar
Renata Ouriques Quint
Amanda Coelho do Sacramento

INTRODUÇÃO

A inserção da Educação Física na educação infantil na Rede Municipal de Ensino de Florianópolis (RMEF) pode ser concebida como uma dinâmica pedagógica que vem sendo construída desde o início da década de 1980 (SAYÃO, 1996). Tal fato pode ser apontado como uma das iniciativas pioneiras de contratação e consolidação da presença dos professores dessa área específica no âmbito da primeira etapa da educação básica.

Pode-se afirmar que, a partir dos diálogos entre as especificidades pedagógicas da Educação Física e as demandas curriculares inerentes à educação de zero a cinco anos, construiu-se historicamente na Rede Municipal de Ensino de Florianópolis modos específicos de se pensar e se fazer uma Educação Física "na" e "com" a educação infantil (FLORIANÓPOLIS, 2016). Em outras palavras, a própria trajetória dos professores de Educação Física atuantes na educação infantil, suas especificidades formativas e a coerência com as demandas curriculares/pedagógicas da primeira etapa da educação básica serviram como alicerce para delimitar os contornos de sua atuação profissional, com seus modos de ser e fazer.

Esses modos de pensar e desenvolver a Educação Física na educação de zero a cinco anos partem dos seguintes princípios: a) a compreensão das crianças como sujeitos com direito ao acesso à cultura corporal de movimentos; b) o respeito às suas especificidades como seres humanos de pouca idade; c) a compreensão das interações e da brincadeira como eixos estruturantes das propostas pedagógicas; d) a docência compartilhada (GONÇALVES, 2014) como estratégia da ação pedagógica; e) a ampliação de repertórios culturais, o desenvolvimento e a aprendizagem das crianças como metas dos processos educativos (FLORIANÓPOLIS, 2016).

Tendo em vista a dinamicidade dos processos de apropriação e desenvolvimento de tal perspectiva pedagógica é importante salientar o papel desempenhado pela formação continuada dos professores de Educação Física no contexto da RMEF, constituindo-se como tempos e espaços para o debate e o mútuo aprendizado. Nessa perspectiva, assumem destaque as iniciativas de formação desenvolvidas, a partir das demandas dos próprios docentes e da sua livre organização, como as ações do Grupo de Estudos Independente de Educação Física na Educação Infantil (GEIEFEI)[35].

Como exemplo concreto das possibilidades de abordagem pedagógica da Educação Física na educação infantil e na intenção de dar visibilidade a uma manifestação cultural marcante na história de Florianópolis, optou-se por relatar intencionalidades pedagógicas com o Boi de mamão[36] (GONÇALVES, 2000). Assim, o objetivo do presente capítulo é contextualizar a Educação Física na educação infantil a partir da experiência da Rede Municipal de Ensino de Florianópolis e ilustrar suas especificidades assumindo como referência algumas ações pedagógicas desenvolvidas com a brincadeira do Boi de mamão.

A Educação Física na educação infantil na Rede Municipal de Ensino de Florianópolis

A inserção do professor de Educação Física nas unidades de educação infantil da Rede Municipal de Ensino de Florianópolis teve início em 1982, colocando a capital catarinense na vanguarda desse processo. Na época, os argumentos a favor da presença de um professor de área específica na educação infantil versavam sobre: a) a defesa da importân-

[35] Grupo de estudos composto por professores de Educação Física da Rede Municipal de Ensino de Florianópolis atuantes na educação infantil, que vem organizando-se de forma autônoma desde o ano de 2004, no que diz respeito a uma proposta de formação continuada.

[36] Manifestação cultural típica do litoral catarinense que envolve brincadeira, dramatização, arte e dança. Para mais informações, ver, por exemplo, Gonçalves (2000).

cia da recreação, psicomotricidade e dos esportes para as crianças; b) a necessidade de inserir professores do sexo masculino em instituições que, tradicionalmente, são ocupadas por professoras mulheres, como forma de suprir uma necessidade das crianças conviverem com uma figura masculina; c) preparar as crianças para um festival que promovia a competição entre as diversas unidades e d) ampliar o clientelismo no serviço público criando e preenchendo vagas de professores por indicação política (SAYÃO, 1996).

Gradativamente, as práticas pedagógicas dos professores de Educação Física, que eram preponderantemente pautadas nas perspectivas da recreação e da psicomotricidade, foram sendo alteradas, tendo em vista a qualificação dos debates sobre a Educação Física e a infância, com significativo aporte das discussões no âmbito das ciências humanas e sociais. De fato, esse panorama se alterou ao longo dos anos, à medida que avançavam os debates no campo da Educação de zero a cinco anos e na própria Educação Física. Novas formas de entendimento sobre infância, Educação e Educação Física, entre outros temas, acabaram, assim, contribuindo para redimensionar os debates em torno das práticas pedagógicas, com forte incidência sobre a formação de professores (FLORIANÓPOLIS, 2016).

A formação continuada dos professores de Educação Física da RMEF teve papel fundamental na presente perspectiva, seja por meio dos cursos oferecidos pela secretaria municipal de educação ou mesmo por meio da organização dos próprios docentes em torno de suas demandas formativas. Exemplo dessas iniciativas é a criação do Grupo de estudos independente de Educação Física na educação infantil, no ano de 2004 (VAROTTO, 2015), no qual os professores reúnem-se periodicamente para estudos, trocas de experiências, realização de oficinas, socialização de estudos etc., assumindo como base dos processos formativos o próprio cotidiano pedagógico.

Como síntese desses processos, pode-se afirmar que a Educação Física no âmbito da educação infantil, cujas bases são as interações e a brincadeira, passou a assumir como especificidade de sua prática pedagógica as temáticas referentes ao corpo e ao movimento humano (FLORIANÓPOLIS, 2016). Destaca-se que tais temáticas precisam dialogar com as demandas curriculares da educação de zero a cinco anos, que contemplam as diferentes linguagens, as relações sociais e culturais, assim como as relações com a natureza. Nessa perspectiva, as possibilidades pedagógicas de tematização do corpo e movimento na educação infantil, visando a ampliação do repertório cultural das crianças (SILVEIRA, 2015), devem abarcar nosso grande acervo de práticas corporais (SOARES *et al.*, 1992) que se concretiza, por exemplo, em: jogos e brincadeiras populares, ginásticas, manifestações culturais como boi de mamão, a capoeira, as danças, práticas circenses, esportes, a ressignificação dos espaços para brincar etc.

Outros avanços pedagógicos inerentes a esses processos estão ligados, por exemplo: à compreensão da observação dos professores, seus registros e reflexões como bases para os processos de planejamento de suas intervenções pedagógicas (SILVEIRA, 2022). Ao entendimento acerca da indissociabilidade das ações de cuidar e educar no âmbito da educação infantil, propondo que a Educação Física se articule com o cotidiano das ações pedagógicas da unidade, extrapolando a perspectiva da "hora da Educação Física"[37] (BUSS-SIMÃO, 2005). E aos processos de avaliação das propostas pedagógicas desenvolvidas (SILVEIRA *et al.*, 2021), considerando as observações realizadas pelos professores e também seus registros, sejam eles escritos, fotográficos, em forma de vídeo etc., assim como o diálogo com as demais profissionais.

Por fim, também tivemos avanços no que tange às discussões sobre os tempos e espaços da Educação Física na educação infantil. Desconstruiu-se a lógica escolarizante da disciplina de Educação Física que ocorre em quadras ou ginásios, três dias por semana, durante 45 minutos. Existe uma autonomia para que cada Unidade Educativa organize e registre em seu Projeto Político Pedagógico a forma como os momentos de Educação Física serão organizados, desde que sejam respeitadas as 2 horas e 15 minutos semanais, as quais cada grupo de crianças tem direito (FLORIANÓPOLIS, 2007).

A manifestação cultural do Boi de mamão em Florianópolis

No Brasil, podemos encontrar diferentes manifestações culturais nas quais o Boi é o personagem principal. Em cada região, tais manifestações são vivenciadas de formas diferentes e ganham contornos que refletem as influências dos povos africanos, europeus e indígenas. No Norte, temos o "Boi Bumbá", no Nordeste, o "Bumba Meu Boi do Maranhão", em outras partes do Nordeste, o "Reis de Boi" e em Santa Catarina o "Boi de Mamão", patrimônio imaterial e intangível de

[37] Assim sendo, as ações pedagógicas dos professores de Educação Física devem também contemplar os momentos de higiene, alimentação, sono e parque; horta, eventos realizados na Unidade, mostra educativa, projetos coletivos, reuniões pedagógicas, grupos de estudos, reuniões de pais, entregas de avaliações etc.

Florianópolis, desde 2019. De acordo com as pesquisas realizadas pelo folclorista Doralécio Soares (2002), o Boi de Mamão pode ter se originado a partir do Boi Bumbá trazido para o sul do país por imigrantes das regiões Norte e Nordeste, mas uma versão que nos agrada muito e fala aos corações das crianças é a versada pelo Seo Zé Benta, mestre popular de Florianópolis, que nos conta como o Boi-de-Mamão "principiô", parece que tudo começou com uma brincadeira de criança[38] (GONÇALVES, 2000).

O enredo do Boi de Mamão possui diferentes variações e personagens, mas todas elas giram em torno da morte e ressurreição do boi. No enredo mais conhecido, temos o Senhor Mateus que é o dono do Boi, o boi adoece e um doutor é chamado para curá-lo. Enquanto o boi está "amachurrado", imóvel, morto no chão, o urubu aparece para bicá-lo. Como o doutor não consegue salvar o boi, eis que surge a benzedeira (figura presente nas comunidades que guardam saberes populares na cura de pessoas doentes). Depois da reza, o boi se levanta, mais instigado a viver. A relação entre o Boi e o Vaqueiro se estreita ainda mais e ao longo da representação outros personagens vão surgindo. O imponente cavalinho, montado pelo cavaleiro, gira seu laço com toda prosa e laça o Boi para levá-lo embora. Logo depois, entram as cabras, ligeiras e arteiras, pulam e berram no salão, para sair da brincadeira precisam da agilidade dos vaqueiros que com seus chapéus cobrem seus olhos e as retiram do salão. Os ursos e macacos são brincalhões e convidam as crianças para entrar e brincar na grande roda, a Bernunça/Bernúncia é um animal comprido com uma boca grande que tenta engolir a plateia, devora crianças, sem escrúpulos, para logo parir a bernuncinha. E a Maricota nariz de pimentão, moça alta e bonita, rendeira que deseja se casar, mas quando dança e balança seus braços compridos, para quem está na plateia, é melhor se abaixar.

[38] "O Boi de Mamão principio do menino que foi a venda comprar bolacha e biscoito para a mãe tomar café, as seis horas da tarde [...]. E outro menino vizinho, preparou um mamão maduro bem grande, fez dois furos, amarrou um cordão no pé do mamão, e acendeu um pedacinho de vela dentro do mamão. E quando o menino ia passando com o biscoito e a bolacha, ele puxou o cordão, o menino gritou e se assustou e jogou as bolachas e os biscoitos fora, pensando que era um troço invisível. Aí ele chegou em casa gritando: um Boi de mamão, um Boi de Mamão... A mãe com pena do menino foi a casa da vizinha perguntar o que tinha existido. –"comadre, foi o meu menino que pegou um mamão bem maduro, bem vermelho por dentro, fez dois furos, acendeu uma vela, e o menino se assustou. Foi aonde jogou a bolacha e os biscoitos fora". Aí os dois se quiseram achar no pau. A mãe e a comadre não deixou. Dali prometeram fazê uma brincadeira pra ele com outro tipo de Boi. Aí fizeram um Boi de pano que levou o nome de Boi de Mamão. E ele era o vaqueiro e o outro (que pregou a peça) brincava debaixo do Boi. Depois chegou outro menino querendo participar da brincadeira. É um Mateus e um vaqueiro. Chega uma menina também querendo participar da brincadeira e ela serviu de maricota. E aí foi chegando os meninos da comunidade. Um brincou debaixo do urubu pra que quando o boi morrer, belisca; outro brincou no cavalinho laçando o Boi e daí nasceu a brincadeira no Brasil" (GONÇALVES, 2000, p. 15-16).

A brincadeira do Boi de Mamão é uma das manifestações folclóricas da cultura popular mais antigas, ricas e significativas da Ilha de Santa Catarina. O que inicialmente era uma brincadeira de rua, realizada de forma espontânea, passou a acontecer mais frequentemente em forma de grupos organizados espalhados pelos bairros da cidade, principalmente os que possuem origem e tradições açorianas. É possível acompanhar uma roda de Boi de Mamão em diferentes momentos, como eventos públicos e privados, festas, encontros de associações de bairros etc. Desse modo, o boi é integrado à comunidade que divulga sua cultura, com agendas fixas, concebendo o Boi mais pautado na perspectiva de um produto a ser apresentado, um espetáculo, do que propriamente uma brincadeira popular.

Porém, de acordo com Gonçalves (2004), na brincadeira do Boi, o "produto" Boi de Mamão passa a fazer parte de um "processo" de desmistificação de uma cultura popular de entretenimento para a afirmação de uma cultura popular construtora de conhecimento. É nessa perspectiva que o Boi adentra as unidades de educação infantil. Por ser uma manifestação cultural que une brincadeira, música, encenação, dança, artes, acaba possibilitando às crianças viverem muitas experiências. Assim, o Boi tem ocupado espaço nas propostas pedagógicas que são cotidianamente desenvolvidas nas unidades de educação infantil de Florianópolis, sendo abordada a partir de alguns princípios apresentados a seguir.

Abordando pedagogicamente o Boi de Mamão na educação infantil

A abordagem pedagógica do Boi de Mamão no âmbito da educação infantil assume como objetivo proporcionar às crianças o contato com o universo mágico e encantador dos seus personagens, contribuindo para desenvolver a sua imaginação, a ludicidade, ampliar as suas possibilidades de movimento, vivenciar a dança, expressar-se por meio de diferentes linguagens e principalmente conhecer e valorizar esse elemento da cultura.

Figura 1 – Bebês interagindo com personagens do Boi de Mamão

Fonte: arquivo pessoal

Assim, o Boi de Mamão adentra a educação infantil não apenas na perspectiva da apresentação de uma manifestação folclórica para entreter as crianças, mas, sim, como objeto de conhecimento da cultura popular a ser vivenciado em seus aspectos históricos, sociais, culturais e lúdicos. Isso porque o folguedo do Boi de Mamão, a partir de suas características, articula o trabalho desenvolvido pela arte e educação, por meio de diferentes linguagens que compõem o cotidiano educativo, como o teatro, a música, a expressão corporal e a dança, possibilitando, entre outras coisas, que a criança conheça e valorize as tradições culturais da região onde vive.

Salienta-se que a inclusão do Boi de Mamão como uma possibilidade de trabalho que vem ao encontro dos objetivos da Educação Física na educação infantil, precisa ser concebida para além de um evento episódico na Unidade Educativa. Em outras palavras, é preciso abordar essa manifestação folclórica na perspectiva de sua ressignificação no âmbito da cultura lúdica da comunidade educativa, com ênfase para a sua expressão nas brincadeiras das crianças ao longo dos anos da educação infantil e mesmo fora das creches e Núcleos de Educação Infantil, em suas vivências cotidianas.

Figura 2 – Crianças interagindo com materialidades relacionadas ao Boi de Mamão

Fonte: arquivo pessoal

Para tal, assumem-se como objetivos de uma proposta pedagógica com o Boi de Mamão nos momentos destinados à Educação Física na educação infantil: a) apresentar a manifestação cultural do Boi de Mamão e incluí-la no universo das brincadeiras das crianças; b) possibilitar às crianças se expressarem de forma lúdica e espontânea e ampliar gradativamente os seus movimentos corporais; c) possibilitar oportunidades para que as crianças possam recriar, modificar e construir diferentes manifestações da cultura do Boi de Mamão; d) estimular a socialização, por meio de um trabalho interativo de trocas, respeito e cooperação no coletivo; e) possibilitar às crianças conhecerem e cantarem as diferentes músicas do Boi, acompanhando as mesmas com instrumentos de percussão.

Como modo de contemplar os citados objetivos, a proposta de abordagem pedagógica do Boi de Mamão pode compreender, por exemplo, a leitura de livros que contam a história do boi ou que tematizem seus personagens, apresentação dos diferentes grupos de Bois em nossa cidade por meio de vídeos com apresentações e histórias sobre o Boi, por meio da contação de histórias com a utilização de fantoches, dedoches ou personagens feitos de barro ou argila, figurinos ou mesmo com a caracterização dos professores como personagens (vaqueiro, maricota e moreninha etc.).

Figura 3 – Crianças brincando com figurinos do Urubu e da Cabra

Fonte: arquivo pessoal

No que tange aos aspectos ligados à musicalização, apresentar às crianças as cantigas do Boi de Mamão por meio de arquivos de áudios, cantorias ao vivo realizadas pelos professores ou mesmo por grupos folclóricos podem ser interessantes alternativas. Soma-se a isso a importância de cantar com as crianças as cantigas e acompanhar o seu ritmo com palmas ou mesmo instrumentos de percussão disponíveis na Unidade Educativa. Vale lembrar que o Boi também é um ato de resistência, é atual e possibilita um diálogo com as diferentes realidades vividas em cada unidade, podendo promover a reflexão sobre a poluição dos rios, sobre a comida que se joga fora, o lixo jogado na cidade, contextualizados em forma de cantoria.

Como modo de desenvolver brincadeiras com dança e expressão corporal, é possível brincar com as crianças com os movimentos realizados pelos diferentes personagens do Boi de Mamão, valorizando a sua livre expressão, ouvindo as cantigas e estimulando-as a dançar ao seu som. Desse modo, gradativamente construímos com elas representações sobre as características e as formas de se movimentar inerentes a cada um dos personagens.

Figura 4 – Crianças brincando com o Boi e com a Maricota

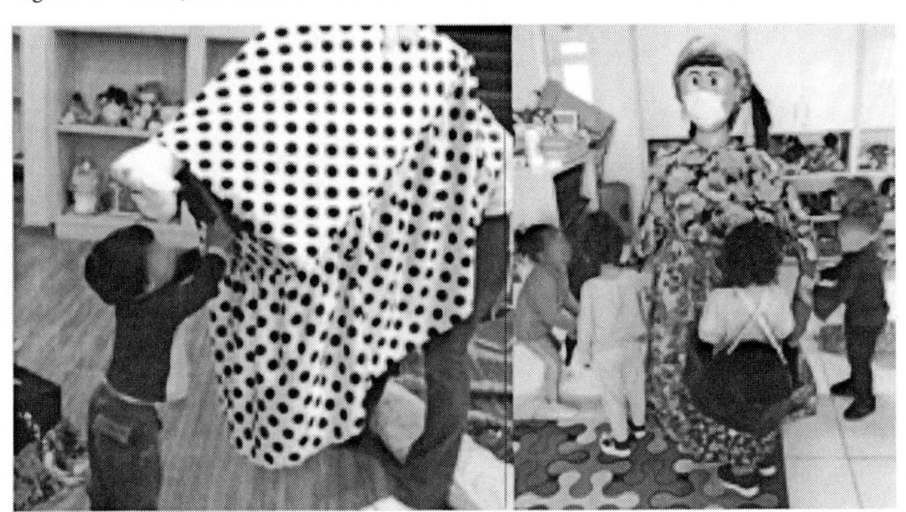

Fonte: arquivo pessoal

Para propor a interação das crianças com os personagens do Boi de Mamão, também podemos realizar brincadeiras e jogos variados. Assim, nas brincadeiras de pegador as crianças podem fugir do Boi, serem perseguidas pelo urubu, abraçadas pelos ursos ou até congeladas pela Maricota. A brincadeira da serpente pode ser adaptada para a Bernunça, e as crianças são "devoradas" por ela. Os ursos e macacos podem dependurar-se em cordas e "falsas baianas". Os jogos de imitação podem contemplar diferentes animais com seus sons e modos próprios de se mover. Enfim, são muitas as possibilidades que podem contar ainda com os figurinos dos diferentes personagens como forma de consolidar essa interação e trazer os personagens para as brincadeiras cotidianas das crianças.

Nessa perspectiva, a própria dramatização da história do Boi de Mamão é importante para as crianças vivenciarem e aprenderem sobre o enredo e sobre os papéis desempenhados por cada um dos personagens. Assim sendo, disponibilizar os figurinos dos diferentes personagens para a exploração por parte das crianças costuma ser interessante, assim como a utilização de máscaras e até pinturas faciais para caracterizá-los. Dessa forma, cada um dos momentos específicos da história do Boi de Mamão vai sendo vivenciado por diferentes crianças, possibilitando se experimentar nos diferentes papéis e compreender o enredo como um todo ao fazer parte dele.

Figura 5 – O vaqueiro laça o Boi e o doutor chega para tentar salvar o Boi

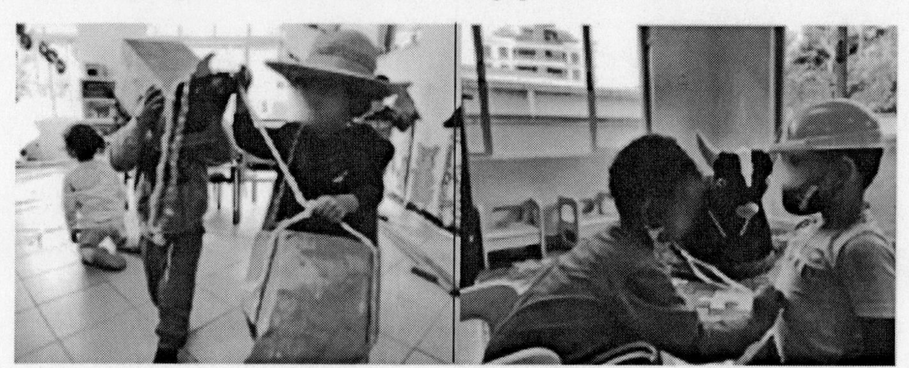

Fonte: arquivo pessoal

É importante destacar que eventualmente as crianças sentem medo ao se depararem com os personagens do Boi de Mamão e esse é mais um elemento a ser considerado em nossas abordagens pedagógicas. O medo é inerente ao ser humano e, como o território do Boi de mamão está diretamente ligado à fantasia e ao imaginário, é comum observarmos diferentes formas de manifestação do medo. Acompanhar a receptividade, estar atento para acolher e promover uma aproximação saudável dessas crianças temerosas exigem sensibilidade por parte dos professores para mediar tais situações, visando superar essas sensações.

Outro elemento pedagógico importante na proposta de trabalho com o Boi de Mamão diz respeito à própria construção dos personagens, tendo em vista que nem sempre eles estão disponíveis nas Unidades Educativas. Dessa forma, a produção de fantoches e dedoches, assim como a construção dos personagens em tamanho real com materiais como caixas de papelão, armações de bambu, tecidos e papietagem tendem a ser apostas interessantes, principalmente se contarem com a participação das crianças e com o envolvimento das famílias e comunidade educativa nos processos de produção.

Figura 6 – Crianças brincando com os personagens do Boi de Mamão no parquinho

Fonte: arquivo pessoal

Por último, outro aspecto de fundamental importância que é propiciado pela abordagem pedagógica do Boi de mamão está relacionado com as possibilidades de trabalho coletivo, na perspectiva de uma docência compartilhada e a interação entre os diferentes grupos etários das Unidades Educativas e mesmo entre diferentes Núcleos de Educação Infantil. Assim, a brincadeira do Boi também se concretiza como o momento de encontro entre as crianças dos diferentes grupos, ampliando as possibilidades de vivências com base numa dimensão alteritária, no contato com os outros.

Considerações finais

A trajetória da Educação Física na educação infantil no âmbito da Rede Municipal de Ensino de Florianópolis é pautada por processos de legitimação e consolidação de suas contribuições para as propostas pedagógicas inerentes à educação de zero a cinco anos. A compreensão do movimento humano como linguagem, a cultura corporal de movimento como direito das crianças e o diálogo com as especificidades pedagógicas dessa etapa da educação básica, que envolvem brincadeira, interações, linguagens e relações, cuidado e educação, são aspectos que tendem a qualificar suas ações.

Esse processo de construção de um modo de se conceber e desenvolver uma Educação Física com a educação infantil é resultante de uma longa história, que envolveu muitas pessoas, os processos de formação continuada e um modo específico de olhar para o movimento humano a partir de uma perspectiva cultural. E é justamente esse modo de se pensar a Educação Física que nos permite apontar a brincadeira do Boi de Mamão como proposta pedagógica que envolve cultura, movimento, arte e expressão como exemplo concreto de nossas ações.

A brincadeira do Boi de Mamão é uma manifestação que além de encantar crianças e adultos, oportuniza o encontro com o outro, favorecendo a expressão das diferentes linguagens da infância. O enredo da brincadeira envolve fantasia, criatividade, imaginação, medos, músicas, encenações, danças, dentre outras linguagens que favorecem o desenvolvimento infantil e proporcionam a valorização das tradições culturais locais. Nesse movimento, as crianças participam de diferentes maneiras brincando, dançando, tocando instrumentos, aprendendo culturas e criando elementos com diferentes materiais para enriquecer o enredo da brincadeira. Tudo isso é arte e aprendizagem!

Por fim, cabe destacar que todas as proposições aqui apresentadas são fruto do olhar coletivo de professores e professoras de Educação Física atuantes na educação infantil, que assumiram seus processos de planejamento, intervenção, registro e avaliação como objeto de reflexão e estudo. A partir de tal exercício, esperamos que esse relato, que pauta o presente capítulo, possa inspirar professores de Educação Física e de educação infantil a refletirem sobre seus fazeres pedagógicos cotidianos e qualificarem ainda mais as suas ações junto às crianças.

REFERÊNCIAS

BUSS-SIMÃO, Márcia. Educação Física na educação infantil: refletindo sobre a "hora da educação física". **Motrivivência**, Florianópolis, n. 25, p. 163-173, jan. 2005. ISSN 2175-8042. Disponível em: https://doi.org/10.5007/%x. Acesso em: 21 maio 2020.

FLORIANÓPOLIS. **A Educação Física na educação infantil da rede municipal de ensino de Florianópolis**. Prefeitura municipal de Florianópolis. Secretaria municipal de educação, 2016.

FLORIANÓPOLIS. Portaria no 036/07 de 9 de abril de 2007. Altera a portaria no 067/06, que estabeleceu os critérios de distribuição das vagas para os cargos integrantes dos grupos docente e especialistas em assuntos educacionais do quadro do Magistério nas unidades educativas. **Diário Oficial do Município de Florianópolis**, Florianópolis, SC, 9 abr. 2007.

GONÇALVES, Reonaldo Manoel. **Cantadores do Boi de Mamão**: velhos cantadores e educação popular na Ilha de Santa Catarina. 2000. Dissertação (Mestrado em) – Universidade Federal de Santa Catarina, Florianópolis, 2000.

GONÇALVES, Ronei Manoel. **Boi de Mamão nas Escolas.** 2004. Monografia (Especialização em Educação Física Escolar) - Universidade Federal de Santa Catarina, Centro de Desportos Florianópolis, 2004.

GONÇALVES, Fernanda. **A educação de bebês e crianças pequenas no contexto da creche: uma análise da produção científica recente.** 2014. Dissertação (Mestrado em Educação) – Centro de Ciências da Educação, Universidade Federal de Santa Catarina, Florianópolis, 2014.

SAYÃO, Deborah Thomé. **Educação Física na Pré-escola:** da especialização disciplinar à possibilidade de trabalho pedagógico integrado. 1996. 169f. Dissertação (Mestrado em Educação) – Centro de Ciências da Educação, Programa de Pós-Graduação em Educação, Universidade Federal de Santa Catarina, Florianópolis, 1996.

SILVEIRA, Juliano. Reflexões sobre a presença da Educação Física na primeira etapa da educação básica. **Motrivivência**, Florianópolis, v. 27, n. 45, p. 13-27, set. 2015. ISSN 2175-8042. Disponívelem:https://doi.org/10.5007/2175-8042.2015v27n45p13.Acessoem: 21maio2020.

SILVEIRA, Juliano *et al.* Uma proposta para a produção da avaliação de Educação Física na educação infantil: uma experiência a partir da formação continuada. **Motrivivência**, Florianópolis, v. 33, n. 64, p. 1-16, 2021. ISSN 2175-8042. DOI: https://doi.org/10.5007/2175-8042.2021.e80242

SILVEIRA, Juliano. Educação Física na educação infantil: sobre movimento, ampliação de repertórios e desafios do cotidiano pedagógico. **Revista Didática Sistêmica**, [*S. l.*], v. 23, n. 1, p. 69-81, 2022. DOI: 10.14295/rds.v23i1.12767. Disponível em: https://periodicos.furg.br/redsis/article/view/12767. Acesso em: 31 mar. 2022.

SOARES, Carmen Lúcia *et al.* **Metodologia do ensino da Educação Física**. São Paulo: Cortez, 1992.

SOARES, Doralécio. **Folclore Catarinense**. Florianópolis: Editora da UFSC, 2002.

VAROTTO, Mirte Adriane. **Educação Física com Bebês**: as práticas pedagógicas nas creches da rede municipal de ensino de Florianópolis. 2015. Dissertação (Mestrado em Educação) – Universidade Federal de Santa Catarina, Florianópolis, 2015.

CAPÍTULO 12

EDUCAÇÃO FÍSICA NA EDUCAÇÃO INFANTIL: DIÁLOGOS COM AS PRÁTICAS CORPORAIS DE AVENTURA – PCA

Alexandre Freitas Marchiori
Giuliano Gomes de Assis Pimentel
André da Silva Mello

INTRODUÇÃO

A Educação Física (EF) é uma área de conhecimento aplicado e dialoga com outros campos científicos. Ela se mantém na dinâmica da sociedade e está em constante processo de ressignificação pelos professores e praticantes dos jogos, brincadeiras, esportes, lutas, danças, da ginástica e tantas outras práticas corporais. O se-movimentar, ação refletida e intencional, está presente nas áreas do lazer, do turismo, da escola, do entretenimento, da saúde, da estética e outras. Suas práticas corporais e experiências expressivas suscitam diferentes percepções nos/dos seus praticantes e afeta a todos de distintas maneiras.

Nesse exercício reflexivo e mediante relação colaborativa, buscamos dialogar com a trajetória docente e as Práticas Corporais de Aventura (PCA) na EF na educação infantil (EI) e como esses conteúdos foram contemplados nas práticas curriculares cotidianas, desde 2006, com a (re)inserção da EF na EI, em Vitória (MELLO *et al.*, 2018). Dessa forma, dialogamos sobre essas questões e trouxemos o caminho percorrido com essa temática. Como nos ensina o poema *Cantares*, de Antônio Machado (2012)[39], "[...] Caminhante, são tuas pegadas, o caminho e nada mais; caminhante, não há caminho, se faz caminho ao andar. [...] Ao andar se faz caminho e ao voltar a vista atrás se vê a senda que nunca se há de voltar a pisar [...]". Parafraseando, o currículo com as PCA na educação infantil se fez/faz caminhando.

Em 2021, durante a disciplina Práticas Corporais de Aventura na Infância (PCAI) junto ao Programa de Pós-Graduação em Educação Física (PPGEF) da

[39] Publicado originalmente em espanhol no ano de 1912.

Universidade Federal do Espírito Santo (UFES), sob a regência dos professores Giuliano G. A. Pimentel e André da S. Mello, refletimos sobre o que é, para quem são, quais os motivos e justificativas dessas práticas corporais e de que forma devem ser as PCA com as infâncias. Nos encontros da disciplina, com momentos de escuta e trocas, indagávamos sobre a ausência na BNCC (BRASIL, 2017) desse conteúdo na EI e nos primeiros anos do ensino fundamental.

Entendemos que perspectivar esse conteúdo das PCA no currículo para as crianças é oportunizar experiências sensoriais e estéticas tanto para o presente, quanto para a formação de atitudes e comportamentos futuros, ampliando suas experiências de mundo. Não basta estar previsto em um documento, as condições materiais e subjetivas necessitam estar presentes para que se efetive no contexto de cada escola ou instituição infantil.

Pode-se dizer que a metodologia empregada nesse texto corresponde à Pesquisa Narrativa Colaborativa. Conforme Souza (2006, p. 139), tal método configura-se como investigação devido à produção de conhecimentos experienciais dos sujeitos em formação. Nesse movimento dialógico, os sujeitos tomam consciência de si e de suas aprendizagens experienciais e, simultaneamente, vivenciam os papéis de atores e investigadores da própria história. De acordo com Nóvoa (2007, p. 10), a docência precisa se dizer e se contar, visto que "é uma maneira de a compreender em toda sua complexidade humana e científica. Ser professor obriga a obrigações constantes, que cruzam a nossa maneira de ser com a nossa maneira de ensinar [...]".

Destarte, apresentamos uma narrativa do trabalho com as PCA na EI, alguns apontamentos e reflexões em diálogo com as práticas pedagógicas e o contexto da legislação no período de 2007 a 2020. Finalizamos com algumas considerações a respeito dessa prática corporal na EI, com reflexões sobre as possibilidades da EF com esse conteúdo curricular.

A TRAJETÓRIA DOCENTE E ALGUNS ENCONTROS COM AS PRÁTICAS CORPORAIS DE AVENTURA NA EDUCAÇÃO INFANTIL

Essa narrativa das PCA na educação infantil busca organizar cronologicamente as experiências desenvolvidas, bem como apresentar o contexto que ocorreram e alguns dos motivos que suscitaram o trabalho com esse conteúdo. Compreendemos que a história é feita de fluxos e refluxos e que se atualiza, conforme as mudanças da/na sociedade (LE GOFF, 1990; CERTEAU, 2020).

Em 2006, com a chegada dos primeiros professores dinamizadores de EF na EI, iniciou-se o diálogo sobre as possibilidades da EF nessa etapa da educação básica e quais práticas poderiam ser desenvolvidas com as crianças de zero a seis anos. A produção teórico-científica trazia algumas possibilidades para subsidiar as práticas docentes nessa etapa da educação básica, tais como o trabalho com as habilidades básicas, jogos, brincadeiras, trabalho sensorial e o diálogo com as linguagens (AYOUB, 2001; SAYÃO, 1999, 2002a, 2002b; GARANHANI, 2006). Foi nesse contexto que surgiram as primeiras propostas com as PCA em diálogo com as infâncias e as brincadeiras tradicionais. Com essas experiências, somadas ao saber técnico-instrumental e pedagógico da formação em EF, as possibilidades de trabalho se ampliaram.

Em 2007, ao iniciar esse trabalho com os esportes radicais (nomenclatura da época), buscou-se inspiração nas brincadeiras na natureza com atividades nas árvores, no cipó (do filme/desenho de Tarzan), na subida em pedras, barrancos (um tipo de escalada), as brincadeiras com o carrinho de mão, os balanços, as brincadeiras com água (bola de sabão, banho de mangueira, escorrega) que permitia uma entrega de corpo e alma. Dentre as primeiras atividades no CMEI de Vitória, a falsa-baiana ganhou espaço conforme a Figura 1, em que as crianças se equilibravam e exploravam esse se-movimentar aéreo:

Figura 1 – Crianças experimentando a falsa-baiana

Fonte: arquivo pessoal

Almejava-se com essa prática que as crianças sentissem a liberdade e a alegria dos desafios da aventura, pudessem viver uma infância com movimentos diferenciados daqueles oferecidos nos cotidianos de suas casas e apartamentos. Ao olharmos para a legislação desse período, no contexto da EI, os Referenciais Curriculares Nacionais para a Educação Infantil – RCNEI (BRASIL, 1998) traziam uma perspectiva do *eixo* movimento como linguagem. Conforme se infere desse documento, há registros que indicam uma aproximação com as PCA, como se observa na Figura 2, a seguir:

Figura 2 – Crianças escalando em um espaço aberto

Fonte: arquivo pessoal

O texto também expressava essa perspectiva da aventura, como pode ser observado no excerto a seguir:

> As práticas culturais predominantes e as possibilidades de exploração oferecidas pelo meio no qual a criança vive permitem que ela desenvolva capacidades e construa repertórios próprios. [...] *Habilidades de subir em árvores, escalar alturas,* pular distâncias, certamente serão mais fáceis para crianças *criadas em locais próximos à natureza, ou que tenham acesso a parques ou praças. [...] A corda pode também ser utilizada em outras brincadeiras desafiadoras.* Ao ser amarrada no galho de

> uma árvore, possibilita à criança pendurar-se e balançar-se; ao ser esticada em diferentes alturas, permite que as crianças se arrastem, agachem etc. [...] *As brincadeiras e jogos envolvem a descoberta e a exploração de capacidades físicas e a expressão de emoções, afetos e sentimentos.* Além de alegria e prazer, *algumas vezes a exposição de seu corpo e de seus movimentos podem gerar vergonha, medo ou raiva.* Isso também precisa ser considerado pelo professor para que ele possa ajudar as crianças a lidar de forma positiva com limites e possibilidades do próprio corpo (BRASIL, 1998, p. 24-25, 37, grifo nosso).

Nesse sentido, a escalada, o parkour, o arvorismo, o skate, o surfe entraram no radar das possibilidades pedagógicas e poderiam ser desenvolvidos diante desses referenciais. Logo, essas práticas corporais passaram a compor o currículo diante do encontro das condições materiais e a formação dos professores que os qualificavam para o manejo de cordas nas PCA. Para que essas primeiras ações ocorressem, houve a necessidade de adaptar o material que estava disponível no mercado, como ilustra a Figura 3, uma tirolesa com roldana de construção:

Figura 3 – Primeira tirolesa realizada em 2007, em parceria com o professor Rogério, CMEI Darcy Vargas

Fonte: arquivo pessoal

Mas faltavam, ainda, os materiais adequados e foi necessário construir vários aparelhos para realizar essas vivências. Algumas práticas não foram possíveis e adiadas para quando as condições permitissem. Nesse sentido, o que orientou essa experiência inicial correspondeu, dentre outras coisas: o desejo dos professores e o interesse das crianças nas propostas elaboradas; a confiança que se transmitia à equipe pedagógica, com o objetivo de se trabalhar com a integralidade desse sujeito de direitos em suas diferentes dimensões do humano; a formação de uma criança livre, corajosa e criativa; e o reconhecimento das capacidades formativas das práticas infantis proporcionadas. Segundo Prout (2010, p. 730), há necessidade de superar "[...] as dicotomias da sociologia moderna: estrutura e ação, natureza e cultura, ser e devir". Nesse caso, o currículo da EI necessita reconsiderar essa ruptura desse modelo dicotômico e pensar a integralidade da criança.

Os primeiros anos de trabalho da EF na EI mantiveram diálogos com a psicologia do desenvolvimento, especialmente os pressupostos de Henry Wallon, Lev S. Vygotsky, Jean Piaget, em conformidade com o RCNEI (BRASIL, 1998) e o documento municipal "Um outro olhar" (VITÓRIA, 2006). As expectativas formativas do currículo estavam em interface com a transição para uma abordagem cultural na/da EF. Todas as experiências corporais possuíam esse caráter formativo da criança e de desenvolvimento das capacidades, habilidades e criatividade. Mas também conhecia-se a proposta das aulas abertas da EF (HILDEBRANDT-STREMANN, 2011), o que possibilitava um certo protagonismo das crianças nos momentos da EF naquele contexto histórico.

No ano de 2008, ampliaram-se as propostas pedagógicas para a escada de cordas, manobra *volta ao cabo*, pontes com bambu e cordas, parede de travessia e exploração da rede de segurança do arvorismo. O espaço com uma caixa de areia, duas árvores de pequeno porte, uma rampa, um pátio com quatro pilastras e uma área aberta proporcionaram diferentes experiências corporais: com uma corda de juta (14mm) era possível às crianças se pendurarem e virar cambalhota na caixa de areia; a falsa-baiana, a escalada da árvore e as pontes suspensas ganharam destaque nos desafios de aventura, conforme Figura 4 a seguir:

Figura 4 – Ponte com corda do arvorismo

Fonte: arquivo pessoal

Com a manutenção das experiências com a tirolesa, o arvorismo ganhou destaque nesse ano letivo. A EF esteve vinculada às brincadeiras tradicionais, por conta do espaço de chão batido que havia no CMEI, e foi possível dialogar com as PCA. Como o trabalho ocorria com todas as faixas etárias, as crianças de zero a três anos conseguiram participar do teleférico (um tipo de tirolesa) e da corrida de trenó (as crianças eram puxadas em um tapete de carpete ou lençol pelos corredores e salas). As manobras na corda, ora sobre o colchão, ora sobre a areia, permitiram vivências corporais ímpares em que as crianças se jogavam em cada proposta apresentada. Quando se construiu a parede de travessia (escalada na horizontal) com restos de madeira para substituir as agarras, a exemplo da Figura 2, foi uma alegria contagiante.

O objetivo continuava a manter um diálogo com a especificidade da EF e a ampliação do currículo da EI. Essas atividades permitiam que as crianças vivenciassem movimentos aéreos que causavam desequilíbrio, vivenciassem a sensação de medo, "frio na barriga", euforia, frustração diante do fracasso e alegria quando superavam suas barreiras. Desejava-se que essas práticas permitissem a ampliação das diferentes linguagens e o desenvolvimento das dimensões afetivas, sociais, cognitivas, estéticas e culturais.

Após um período com outras práticas corporais, sem perder de vista o desejo de ampliar o currículo com as PCA, foi possível a aquisição de material adequado para efetivação da escalada: três cadeiras de segurança (02 infantis e 01 adulto P), freio oito, mosquetões, cordas dinâmica e estática, fitas, roldana simples e capacete de segurança. Com esse aparelhamento, em 2011, foi possível realizar a escalada utilizando uma árvore com raízes suspensas (*Ficus benjamina*). As crianças vivenciaram essa PCA com segurança, dentro das condições possíveis, como pode ser observada na Figura 5:

Figura 5 – Escalada na árvore, com uso dos equipamentos de segurança

Fonte: arquivo pessoal

Avaliou-se que esse conteúdo foi bem aceito e o desafio era vivenciado de maneira diferente pelas crianças. Algumas meninas se destacavam e chegavam até o limite da via, demonstrando coragem e confiança nos movimentos, com raciocínio rápido para a tomada de decisão quanto aos pontos de apoio e fixação da pegada. As crianças que apresentavam comportamento mais ousado e eram os mais participativos nas atividades regulares, apresentaram bloqueio e desistiram de continuar a escalada. Respeitando-se os limites de cada um, sempre havia motivação para que tentassem ir até o ponto que se sentissem confiantes.

Pontua-se que as Diretrizes Curriculares Nacionais para a Educação Infantil – DCNEI (BRASIL, 2010) foram publicadas no ano anterior e passaram a direcionar o olhar sobre as experiências pedagógicas nos CMEIs. Constava nesse documento que as propostas pedagógicas na EI deveriam respeitar os princípios: éticos (da autonomia, da responsabilidade, da solidariedade e do respeito ao bem comum, ao meio ambiente e às diferentes culturas, identidades e singularidades); *políticos* (dos direitos de cidadania, do exercício da criticidade e do respeito à ordem democrática) e *estéticos* (da sensibilidade, da criatividade, da ludicidade e da liberdade de expressão nas diferentes manifestações artísticas e culturais). As práticas pedagógicas deveriam ser norteadas pelas interações e as brincadeiras, de forma a garantir experiências que promovessem "o conhecimento de si e do mundo por meio da ampliação de experiências sensoriais, expressivas, corporais que possibilitem movimentação ampla, expressão da individualidade e respeito pelos ritmos e desejos da criança" e "incentivem a curiosidade, a exploração, o encantamento, o questionamento, a indagação e o conhecimento das crianças em relação ao mundo físico e social, ao tempo e à natureza" (BRASIL, 2010, p. 25-26).

Com base nesse documento, o trabalho com as PCA dialogava com essa perspectiva de um currículo aberto às experiências das crianças com movimentos amplos e acesso à cultura sistematizada. Mais uma vez, a escalada, a falsa-baiana, a tirolesa, os balanços na árvore e a exploração das raízes aéreas da árvore permitiram que as crianças exercessem a autonomia, a curiosidade, o encantamento e superassem seus medos e desconfianças em relação à altura. Essa autorização para subir, com segurança e supervisionada, possibilitou uma relação afetiva e de confiança mútua entre professores e crianças, uma vez que elas respeitavam as regras para a utilização daquele espaço e materiais.

Nesse exercício de diálogo com a trajetória das PCA, em 2013, o currículo ganhou novas possibilidades com as práticas com tecidos, em especial, a *lycra grossa* que permitiu o trabalho suspenso e a sensação de flutuação das crianças, bem como o movimento de queda livre. A experimentação do surfe sobre o tecido (Figura 6) foi organizada para que as crianças pudessem ampliar seu acervo motor, ampliar a linguagem do movimento, desenvolver aspectos proprioceptivos que permitissem segurança nas ações brincantes desses sujeitos de pouca idade.

Figura 6 – Experimentação de surfe no tecido

Fonte: arquivo pessoal

O *slackline*, uma fita de caminhão com espessuras de 2 cm a 5 cm utilizada para amarrar carga e com cores vivas, chegou como novidade e foi apresentado aos professores de EF durante o XIII Congresso Espírito-santense de Educação Física (CONESEF), realizado na UFES em 2014. Na ocasião, durante uma oficina no evento, discorreu-se sobre as possibilidades desse trabalho com as crianças da EI, a saber: o equilíbrio dinâmico na vivência da travessia, como base da falsa-baiana, na construção de um túnel suspenso com o uso do tecido tubular, nas manobras de saltos, giros e outros. A Figura 7 traz um momento com essa prática no pátio do CMEI Dr. Denizart Santos:

Figura 7 – Trabalho com o slackline no CMEI

Fonte: arquivo pessoal

Essa PCA permitia que as crianças mantivessem a concentração, a atenção e desenvolvessem as capacidades físicas de flexibilidade, agilidade, força, resistência, equilíbrio estático, dinâmico e recuperado. Além disso e mais importante, todas as crianças puderam participar dessa atividade. Os bebês de até três anos exploravam esse material com movimentos livres, ensaiavam a travessia quando segurados pelas mãos, sentavam e experimentavam a queda sobre o colchão. As crianças maiores subiam e esperavam a vez para serem conduzidas no percurso da fita, tentavam sozinhos, ajudavam os pares (trabalho colaborativo), ousavam e se desafiavam a superar os limites individuais. Às vezes, disputavam para ver quem conseguia ir mais longe ou completar o percurso. Existia uma alegria estampada nos rostos das crianças ao vivenciarem diferentes sensações na fita, que transitava entre o medo e a euforia, o desespero e a alegria, o espanto e o riso. A mediação pedagógica também alcançava as brincadeiras de faz de conta, com dragões, lobos e tubarões durante essas práticas no momento da EF.

Nesse mesmo período, entre 2014 e 2015, avançou-se um pouco mais nas experiências *sociocorporais* de movimento com a construção de uma parede de escalada com madeira. Essa PCA foi trabalhada com crianças de 3 a 5 anos de idade. Com os menores, as vivências permitiram alçar até o ponto mais alto da via, respeitando-se a linguagem corporal das crianças quanto ao medo e o pedido de parar e descer. As crianças de 5 anos experimentavam a plenitude da prática, subiram e escolhiam a melhor pegada, o apoio dos pés, o toque no sino no final da via, cada um no seu ritmo e competência. Desejava-se que experimentassem essa sensação de "andar" ou "subir" pelas paredes, tipo o Homem Aranha, que conseguissem virar de ponta-cabeça e descer pendurados pela corda de segurança. A Figura 8 ilustra o momento de aula, na troca do equipamento de segurança:

Figura 8 – Parede de escalada no CMEI, com uso de material de segurança

Fonte: arquivo pessoal

Pontua-se que essas práticas possibilitam experiências sensoriais, sinestésicas e labirínticas para um desenvolvimento integral das crianças, especialmente na atenção às crianças com deficiência, como um caminho alternativo para o desenvolvimento:

> Para substituir essa compreensão, surge outra, que examina a dinâmica do desenvolvimento da criança com deficiência partindo da posição fundamental de que o defeito exerce uma dupla influência em seu desenvolvimento. Por um lado, ele é uma deficiência e atua diretamente como tal, produzindo falhas, obstáculos e dificuldades na adaptação da criança. Por outro lado, exatamente porque o defeito produz obstáculos e dificuldades no desenvolvimento e rompe o equilíbrio normal, ele serve de estímulo ao desenvolvimento de caminhos alternativos de adaptação, indiretos, os quais substituem ou superpõem funções que buscam compensar a deficiência e conduzir todo o sistema de equilíbrio rompido a uma nova ordem (VYGOTSKY, 2011, p. 869).

Nessas ações, a criança com hipótese ou com diagnóstico de Transtorno do Espectro do Autismo (TEA) conseguem expressar suas emoções, verbalizar e expor seus desejos, trocar o olhar (uma vez que o medo ou a sensação de insegurança impulsiona esse acompanhamento das ações das pessoas envolvidas na prática), permitem ser abraçadas ou tocadas, manter a concentração e atenção, desenvolver a autonomia e a independência.

A partir de 2016, outras PCA foram incorporadas no currículo, a exemplo da prática urbana do Parkour. Essa prática foi vivenciada no arranjo do espaço com o palco móvel, madeira, minicama elástica, trapézio, tecido e colchões, conforme Figura 9, a seguir:

Figura 9 – Circuito de parkour no pátio do CMEI

Fonte: arquivo pessoal

O foco não estava em apurar os movimentos, mas proporcionar o ambiente seguro para que as crianças se movimentassem com criatividade, autonomia e desenvoltura. A partir da cultura de pares, eles puderam construir diferentes formas de explorar o material. Conforme elas davam pistas, o percurso era modificado e alterava-se o grau de dificuldade de deslocamento sobre o terreno. Subir, descer, saltar, virar cambalhota, utilizar o impulso da cama elástica, pendurar-se foram movimentos desejados e provocados a realizarem.

O período de 2017 a 2021 pode ser considerado de manutenção e aprofundamento das PCA. O skate foi uma experiência particular do estágio supervisionado em docência na educação infantil, com alunos do curso de EF de uma universidade particular de Vitória que trouxeram dois skates, o que possibilitou executar alguns movimentos dirigidos com crianças de 5 anos. Também houve a experiência com o surfe realizado em 2021 na preceptoria do Estágio Curricular dessa instituição, exemplificada na Figura 10, adiante.

Não poderíamos deixar de falar da BNCC (BRASIL, 2017), um documento que tem gerado polêmicas no campo educacional desde o contexto da sua publicação[40]. Essa legislação foi promulgada ao apagar das luzes de 2017, ou seja, trata-se de um documento recente e ainda em processo de discussão e questionamentos. Houve, também, o enfrentamento da pandemia da Covid-19 declarada em março de 2020, com a suspensão das atividades presenciais na educação brasileira, fato que interrompeu o processo de diálogo com esse documento em face das novas demandas educacionais emergenciais.

Nesse sentido, compreendemos ser prematuro inferir um impacto nas práticas pedagógicas na EI, pois ainda vivenciamos os efeitos do vírus SARS-COV-2.

Figura 10 – A experimentação do surfe no CMEI na preceptoria de Estágio Supervisionado no CMEI, realizado em 2021

Fonte: arquivo pessoal

[40] Em suma, o texto final da Base é criticado por insistir em uma visão fragmentada do conhecimento e do desenvolvimento humano, por invisibilizar as questões ligadas à identidade gênero e à orientação sexual, enfatizar o ensino religioso e antecipar a idade máxima para conclusão do processo de alfabetização, ignorando as especificidades de aprendizagem de cada aluno (fonte: https://educacaointegral.org.br/reportagens/sob-criticas-base-nacional-comum-curricular-bncc-e-aprovada/). Ver "A Educação Infantil na Base Nacional Comum Curricular" (MELLO *et al.*, 2016); e "A Educação Infantil na Base Nacional Comum Curricular: avanços e retrocessos" (BARBOSA; MARTINS; MELLO, 2019).

importante considerar que a EF não se organiza disciplinarmente na EI e a linguagem de movimento pertence à criança. Essa área de conhecimento necessita estar inserida na dinâmica curricular, dialogar com os projetos institucionais e as diferentes linguagens. Deve-se, ainda, observar a integralidade do currículo e da criança, pois a proposta pedagógica objetiva garantir o acesso a processos de apropriação, renovação e articulação de conhecimentos e aprendizagens de diferentes linguagens, concomitante à garantia do "direito à proteção, à saúde, à liberdade, à confiança, ao respeito, à dignidade, à brincadeira, à convivência e à interação com outras crianças" (BRASIL, 2010, p. 18).

Pontuamos, ainda, que as PCA exigem um conhecimento e saber técnico-científico que perpassam a formação inicial e continuada dos professores de EF. Considerando os 200 dias letivos, suas 800 horas ou suas 40 semanas, o professor pode organizar o currículo para que as crianças usufruam das práticas culturais, além de conhecer, vivenciar, experimentar, sentir e compreender suas ações contextualizadas. Se considerar que são apenas 2 ou 3 dias em que as crianças têm momentos com a Educação Física durante a semana, existem múltiplas possibilidades de organização do currículo. Nesse sentido, as PCA podem compor com outros conteúdos e ampliar os conhecimentos dos infantes.

De acordo com Pereira (2019), é importante compreender a dimensão do risco e seu gerenciamento. O autor pontua que *identificar o perigo* na aula é o primeiro passo para organizar a prática (avaliar/organizar o ambiente) e que *o risco* é a probabilidade de ocorrer uma situação perigosa, a chance de ocorrer um dano. Por conseguinte, o docente necessita gerenciar o momento aula e exercer o *controle do risco* com base em três pilares: utilizar equipamento adequado/ideal/adaptado, conhecer o equipamento; saber usar o equipamento e conhecer/dominar os procedimentos de segurança, podendo adaptá-lo; e ter o domínio da técnica (mais hábil e mais feliz).

Refletir sobre as PCA na EF da EI, a partir das questões que são apresentadas no caminho formativo que experimentamos, permite visitar outras leituras e disciplinas que estudamos na formação inicial, a exemplo do desenvolvimento e aprendizagem motora. De acordo com Gallahue e Ozmun (2001), a constituição e do sujeito perpassa a formação do autoconceito, autoconfiança, autoestima e uma autoimagem positiva, ou seja, a forma que ele se percebe no mundo. Quando pensamos sobre os porquês de se trabalhar com as PCA na EI, essa perspectiva ajuda a compreender que, conforme Vygotsky (2003), nascemos seres biológicos e nos constituímos seres sociais, a partir da interação com o outro, consequentemente, com as culturas e as linguagens.

Nesse sentido, a construção da autonomia e dessa percepção sobre si pode passar pelas experiências com o risco e a vertigem, presentes nas PCA. Por exemplo: quando se depara com o desafio de uma escalada, faz-se uma avaliação consciente das suas capacidades, mobiliza a memória (motora), avalia suas chances de sucesso, é confrontada com a percepção dos colegas, fica em destaque na parede e precisa se concentrar desde a preparação até o encerramento da experiência. Percebe-se que a criança passa por diferentes sensações, conforme seu semblante se modifica: alegria, dúvida, concentração, medo, euforia, medo, alegria e encantamento. Pontua-se, ainda, a necessidade de se atentar para o conceito de *redoma sensorial*[41] (ALMEIDA, 2008), visto que automatizamos nossos comportamentos e podemos afrouxar a segurança exigida na abordagem pedagógica com as PCA no contexto educacional.

CONSIDERAÇÕES FINAIS

As PCA com as infâncias podem significar, dentre outras possibilidades, uma oportunidade de ampliação do repertório motor das crianças desde a mais tenra idade; uma experiência formativa que permite desenvolver responsabilidades individuais (e coletivas) diante de situações de perigo e risco; o acesso às crianças ao capital cultural e simbólico que estão presentes nas PCA. Significa que a especificidade do se-movimentar nas aulas de EF ganharam novos componentes curriculares e podem dialogar interdisciplinarmente com outras linguagens ou campos de experiência.

No contexto da EI, o trabalho com as PCA também pode dialogar com essa dimensão do enfrentamento consciente do risco, aprender a lidar com o imprevisível, o que remonta às peripécias infantis e ao exercício da criatividade/inventividade das crianças. O seu caráter do faz de conta e as brincadeiras historiadas ganham uma pitada de emoção, despertando a curiosidade infantil, desenvolvendo suas linguagens e colabora para a construção de uma autoimagem positiva de si.

Reforça-se que as experiências corporais de movimento nas PCA são únicas e possibilitam que a criança amplie as suas linguagens, vivenciem

[41] Para saber mais, ver: Paixão (2009).

movimentos ímpares responsáveis pela formação das funções psicológicas superiores. Contribui para que esses sujeitos de pouca idade tenham a possibilidade de escolher suas futuras experiências no tempo do lazer e da recreação, possam contar dos seus sucessos e fracassos, porque é importante para a perspectiva de formação humana desejada na educação. As PCA, assim como outros conteúdos das aulas de EF, necessitam contemplar a integralidade do sujeito nas suas diferentes dimensões do humano. O convite deve ser sempre "um brincar de", um momento para viver a infância "com + vida + ativa".

Indagamos, ainda, sobre qual formação humana e qual EF estamos falando quando propomos e trabalhamos com as PCA nas infâncias? Ao olharmos para esse contexto, o mundo do lazer, o contato com a natureza, a valorização da cultura, o convívio com a diversidade, o respeito às diferenças, as relações afetivas, o acesso à cultura (por conseguinte, as PCA) na EF escolar, compreendemos que estamos trabalhando para a formação de cidadãos desde a mais tenra idade.

REFERÊNCIAS

ALMEIDA, Luiz Guilherme Veiga. **Ritual, risco e arte circense**: o homem em situações-limite. Brasília: Editora Universidade de Brasília, 2008.

AYOUB, Eliane. Reflexões sobre a educação física na educação infantil. **Revista Paulista de Educação Física**, São Paulo, supl. 4, p. 53-60, 2001.

BARBOSA, Raquel Firmino Magalhães; MARTINS, Rodrigo Lema Del Rio Martins; MELLO, André da Silva. A educação infantil na base nacional comum curricular: avanços e retrocessos. **Movimento** – Revista de Educação, Niterói, ano 6, n. 10, p. 147-172, jan./jun. 2019.

BRASIL. Ministério da Educação e do Desporto. Secretaria de Educação Fundamental. **Diretrizes curriculares nacionais para a educação infantil**. Brasília: MEC, SEB, 2010.

BRASIL. Ministério da Educação. Secretaria de Educação Básica. **Base Nacional Comum Curricular**. Brasília, DF: MEC/SEB, 2017.

BRASIL. Ministério da Educação e do Desporto. Secretaria de Educação Fundamental. **Referenciais Curriculares Nacionais para a Educação Infantil**. Brasília, MEC/SEF, 1998.

CERTEAU, Michel de. **A Escrita da história.** Rio de Janeiro: Forense Universitária, 2020.

GALLAHUE, David L; OZMUN, John C. **Compreendendo o desenvolvimento motor**: bebês, crianças, adolescentes e adultos. 1. ed. São Paulo: Phorte, 2001.

GARANHANI, Marynelma Camargo. A educação física na escolarização da pequena infância. **Pensar a Prática,** [*S. l.*], v. 5, p. 106-122, 2006.

HILDEBRANDT-STREMANN, Reiner. **Concepções Abertas no Ensino da Educação Física**. Rio de Janeiro: Imperial Novo Milênio, 2011.

LE GOFF, Jacques. **História e memória**. Tradução de Bernardo Leitão *et al.* Campinas, SP: Editora da UNICAMP, 1990.

MACHADO, Antonio. **Campos de Castilla**. Editorial Literanda, Colección Literanda lásicos, 2012.Disponível em: https://www.guao.org/sites/default/files/biblioteca/Campos%20de%20Castilla.pdf. Acesso em: 11 set. 2021.

MELLO, André da Silva *et al.* Educação infantil e a base nacional comum curricular: interfaces com a educação física. **Motrivivência**, Florianópolis, v. 28, n. 48, p. 130-149, set. 2016.

MELLO, André da Silva *et al.* Educação Física na Educação Infantil: do isolamento pédagógico à articulação com outras áreas do conhecimento. **Kinesis**, Santa Maria, v. 36, n. 3, p. 15-27, set./dez. 2018.

NÓVOA, Antônio (org.). **Vidas de Professores**. 2. ed. Lisboa: Porto Editora, 2007.

PAIXÃO, Jairo Antônio *et al.* Prática de esporte de aventura e comportamentos de risco: uma análise a partir do conceito de redoma sensorial. **Revista Digital efdesportes.com.**, Buenos Aires, a. 14, n. 134, jul. 2009. Disponível em: https://www.efdeportes.com/indic134.htm. Acesso em: 18 fev. 2022.

PEREIRA, Dimitri Wuo. **Pedagogia da aventura na escola**: proposições para a base nacional comum curricular. Várzea paulista: Fontoura, 2019.

PROUT, Alan. Reconsiderando a nova sociologia da infância. **Cadernos de Pesquisa**, São Paulo, v. 40, n. 141, p. 729-750, set./dez. 2010.

SAYÃO, Deborah Thomé. Corpo e Movimento: Notas para problematizar algumas questões relacionadas à Educação Infantil e à Educação Física, **Revista Brasileira de Ciências do Esporte**, Campinas, Colégio Brasileiro de Ciências do Esporte, v. 23, n. 2, p. 55-67, jan. 2002a.

SAYÃO, Deborah Thomé. A Disciplinarização do Corpo na Infância: Educação Física, Psicomotricidade e o Trabalho Pedagógico. *In*: SAYÃO, D. T.; MOTA, M. R. A.; MIRANDA, O. (org.). **Educação Infantil em Debate**: ideias, invenções e achados. Rio Grande: Fundação Universidade Federal do Rio Grande, 1999.

SAYÃO, Deborah Thomé. Infância, Prática de ensino de Educação Física e Educação Infantil. **Educação do Corpo e Formação de Professores**: Reflexões Sobre a Prática de Ensino de Educação Física. Florianópolis: Ed. da UFSC, 2002b.

SOUZA, Elizeu Clementino. Pesquisa narrativa e escrita (auto) biográfica: interfaces metodológicas e formativas. *In*: SOUZA, Elizeu Clementino; ABRAHÃO, Maria Helena Menna Barreto. **Tempos, narrativas e ficções**: a invenção de si. Porto Alegre: EDPUCRS, 2006. p. 135-147.

VITÓRIA. **Educação Infantil no município de Vitória**: um outro olhar. Vitória, ES: Multiplicidade, 2006.

VYGOTSKY, Lev Semionovitch. A defectologia e o estudo do desenvolvimento e da educação da criança anormal. **Educação e Pesquisa**, São Paulo, v. 37, n. 4, p. 861-870, dez. 2011. Disponível em: https://www.scielo.br/j/ep/a/x987G8H9nDCcvTYQWfsn4kN/?lang=pt&format=pdf. Acesso em: 11 set. 2021.

VYGOTSKY, Lev Semionovitch. **Pensamento e linguagem**. 3 ed. São Paulo: Martins Fontes, 2003.

CAPÍTULO 13

O ENSINO DE SAÚDE NA EDUCAÇÃO INFANTIL: O HIGIENISMO E OS DISCURSOS DOS DOCUMENTOS OFICIAIS

Heraldo Simões Ferreira
Niágara Vieira Soares Cunha
Jocyana Cavalcante da Silva Maciel
Sarah Galdino dos Santos
Thaidys da Conceição Lima do Monte

INTRODUÇÃO

Entendemos a saúde dentro da concepção mais voltada ao campo da Saúde Coletiva, ou seja, um bem-estar, social, mental, físico, moral e que envolve outros aspectos como moradia, emprego, acesso ao lazer, dentre outros. Na educação infantil, o tema saúde é discutido e aplicado nos projetos políticos das escolas.

Todavia, pergunta-se: as práticas pedagógicas, no ensino de saúde na educação infantil, ainda sobrevivem à sombra do higienismo? O que dizem os documentos oficiais? O nível de aceitação dos alunos e suas famílias repercute na vida diária?

Assim, este capítulo apresenta uma revisão de literatura sobre o tema aqui discutido e apresenta como objetivo refletir acerca do ensino de saúde na escola a partir de um passado hiegienista.

O ensino de saúde na escola e o higienismo

É inegável que mesmo diante de um movimento educacional de superação das ideias higienistas desde sua gênese, que data na primeira metade do século XIX, detecta-se, na contemporaneidade, ações que retêm vestígios de um passado higienista.

A analogia das práticas pedagógicas atuais com o período higienista não é vil, visto que a inculcação de diversos hábitos de higiene na infância, no higienismo, buscavam a diminuição de condutas viciosas que na escola identificavam-se por atividades. A aprendizagem da higienização do corpo, dos dentes, como também o repouso, o local de brincar, o horário, a forma de se alimentar e a ingestão de água eram práticas comuns na escola. Percebe-se que as práticas mencionadas se assemelham à rotina das escolas na atualidade.

Para compreender tal fato se faz necessário visitar a história da constituição da educação infantil, como também o movimento higienista, considerando os elementos que coadunam com a perspectiva de formação humana e do ensino de saúde.

O movimento higienista foi um dos mais ambiciosos projetos de intervenção social que a modernidade ocidental conheceu. Com um escopo baseado nas mudanças e nos hábitos de cuidados sanitários, ampliava-se para hábitos morais, econômicos, políticos e culturais; aproximando-se do discurso do eugenismo, já que "somente com a concepção higienista não era possível fazer uma grande nação, que apresentava uma raça inferior, marcada pela mestiçagem, como eram os brasileiros" (ARAGÃO DE SOUSA; SILVA ARAÚJO, 2016, p. 111).

A propósito dessa afirmação, até meados dos anos 1940, as práticas de higiene e educação sanitária foram influenciadas pelo eugenismo com a hereditariedade, na realidade, transformada em um paradigma e o aperfeiçoamento da nação estava pressuposto pelo aperfeiçoamento racial (WANDERBROOCK JÚNIOR; BOARINI, 2007).

Doravante a essas circunstâncias, o movimento higienista surgiu como uma necessidade incontestável de higienização e sanitização social para o combate de endemias, tudo recrutado e respaldado pelo governo para sanarem os problemas que afetavam o país. Em princípio, embora impelidos a buscarem medidas sanitárias e cuidados de higiene dos indivíduos movidos pela precariedade infraestrutura do país, o movimento higienista transcendeu a resolutiva de tais endemias por ser custodiada por uma concepção de mundo e de homem fundados no apelo ao indivíduo e à hereditariedade como princípios para uma nação saudável (WANDERBROOCK JÚNIOR; BOARINI, 2007).

Esse projeto ambicioso buscava a criação de "um sistema fundamental de hábitos higiênicos, capaz de dominar, inconscientemente, toda a existência das crianças" (ROCHA, 2003, p. 40). Assim, o discurso higienista ultrapassa as discussões no âmbito da saúde e alcança a educação como via exequível, articulando o binômio educação e saúde ao propósito político.

Os higienistas, também, pautados no biologicismo, identificavam a infância como o período de maior capacidade para a aquisição de hábitos saudáveis (ROCHA, 2003).

Conforme Aragão de Sousa e Silva Araújo (2016), a primeira infância era a fase de ouro para o movimento higienista por ser a ideal na instalação de hábitos saudáveis através do psiquismo e contrapondo-se ao surgimento de personalidades desequilibradas.

Assim, "era melhor prevenir na infância que remediar em idade adulta. A criança precisava ser urgentemente higienizada" (WANDERBROOCK JÚNIOR; BOARINI, 2007, p. 9). Com isso, era urgente para os higienistas, a limpeza e controle de ordem moral e de saúde mental.

Em princípio, o movimento higienista utilizou como mote para a formação humana nos espaços escolares, o fenômeno biológico e esse localizando a educação com uma ideia de crescimento como evolução do organismo natural com finalidade exclusiva em adaptar-se ao meio. A Liga Brasileira de Saúde Mental[42] sistematizou o seu programa em uma frase simples na escrita e complexa na sua estruturação ideológica, a saber, "higienizar é conter".

As ações de âmbito escolar regulavam os espaços perfeitamente limpos, espaçosos, abertos à luz do sol e ao ar como forma de destoar com a sujeira dos sapatos e das mãos das crianças, no intuito de provocar um espaço sugestivo de higiene. Acreditavam, assim, que o bom exemplo do ambiente escolar transbordaria a ação educativa para as famílias dos estudantes. Quando essas sugestões higiênicas não atingissem os domicílios na melhoria da condição sanitária e de higiene pessoal, pautava-se a intervenção autoritária do professor matizando o contraste entre a escola e o lar (ROCHA, 2003).

Com efeito, as ações educativas realizadas no período higienista, com foco nos hábitos de higiene individual e de condições sanitárias dos domicílios, não se reduziam em efetivar esse projeto no espaço escolar, já que o higienismo tinha o desígnio de formar as crianças e suas famílias em um modelo de vida civilizado, purificando-os das condenáveis práticas do cotidiano.

O ensino para a adesão de novos valores justificava-se por serem capazes de remir doenças, atraso e ignorância configurando um programa

[42] Foi fundada em novembro de 1922 pelo médico higienista Gustavo Riedel e formada majoritariamente por médicos psiquiatras além de diversos médicos de outras especialidades, juristas, educadores, jornalistas (WANDERBROOCK JÚNIOR; BOARINI, 2007).

de moralização e de higienização da população, uma verdadeira difusão de métodos e discursos higienistas e eugênicos (ARAGÃO DE SOUSA; SILVA ARAÚJO, 2016).

Nesse aspecto, a alfabetização torna-se urgente para o projeto higienista efetivar-se. Esses dois processos caminhavam, paralelamente e combinados, já que "para higienizar era preciso alfabetizar, e alfabetizar era higienizar as mentes das crianças" (WANDERBROOCK JÚNIOR; BOARINI, 2007, p. 10). Então, eram nas escolas infantis que guardavam uma expectativa que o ideário higienista fortemente ecoasse.

Com efeito, percebemos que a escolha das escolas para atendimento do projeto higienista buscava ampliar a repercussão desse ideário. É preciso considerar, portanto, que a origem do ensino pré-escolar se revelou, apenas, na sociedade capitalista. O motor que impulsionou a criação de instituições de proteção e cuidado foi a "necessidade de cuidado das crianças oriundas de famílias da classe trabalhadora, particularmente quando as mulheres se tornaram parte importante da força de trabalho" (PASQUALINI, 2010, p. 78).

O higienismo não chegou às escolas para cumprir apenas ações de saúde desvinculadas dos aspectos sociais, sobretudo, cumpriam um projeto político liberal.

O projeto de assepsia social estava ligado a um pensamento liberal predominante do século XIX que acreditava na educação como mecanismo de resolução dos problemas da humanidade. Via-se na escola o espaço para propagação dos projetos liberais relacionados ao progresso da nação e a civilização da sociedade, uma vez que identificava-se na infância o melhor cenário para inculcar novos hábitos e costumes (ARAGÃO DE SOUSA; SILVA ARAUJO, 2016).

Em consonância com o exposto, a assistência era social e de saúde e fornecia, em síntese, alimentação, higiene e segurança, todas essas promovidas por mulheres que não necessariamente teriam formação profissional para a função que desempenhavam, considerando que essas possuíam habilidades maternais naturais (PASQUALINI, 2010).

Ainda constituem um ideário nos dias atuais, dos Centros de Educação Infantil, serem os locais compreendidos pelas famílias mais pobres como um local destinado à assistência e à tutela das crianças enquanto os responsáveis trabalham.

Os discursos dos documentos oficiais

Podemos, mesmo com a transformação das creches e pré-escola após a Lei de Diretrizes e Bases da Educação Nacional – LDB, em 1996, quando determina que a educação infantil será a primeira etapa da educação básica, verificar que o assistencialismo pode conduzir o ensino de saúde a uma esfera meramente higienista.

O Referencial Curricular Nacional para a Educação Infantil (RCNEI), de 1998, em sua introdução, reconhece que do ponto de vista legal a oferta da educação infantil apresenta-se como dever do Estado e direito da criança. Para isso, cita vários documentos, a exemplo da Constituição Federal de 1988, do Estatuto da Criança e do Adolescente de 1990 e da Lei de Diretrizes e Bases da Educação Nacional de 1996. Todavia, sabemos que a expressão das leis, também, desvinculadas do contexto histórico-social faz com que essas, por vezes, não correspondam à prática social vivenciada por inúmeras famílias no Brasil.

Em 1998, o RCNEI representou um avanço com a orientação referente aos conteúdos e objetivos para o ensino na Educação Infantil, como uma "proposta aberta, flexível e não obrigatória" (BRASIL, 1998, p. 14, v. 1) e que "visam a contribuir com a implementação de práticas educativas de qualidade que possam promover e ampliar as condições necessárias para o exercício da cidadania das crianças brasileiras" (BRASIL, 1998, p. 13, v. I).

Os diversos profissionais que contribuíram com a produção do documento compreenderam que o RCNEI representou um avanço na EI, ao buscar a superação de uma tradição assistencialista das creches, por meio de um guia de reflexão de cunho educacional respeitando os estilos pedagógicos e à diversidade cultural brasileira (BRASIL, 1998, v. II).

No documento que se estrutura em três volumes, está expressa a compreensão que a educação infantil vive diante de uma concepção educacional marcada por características assistencialistas:

> O uso de creches e de programas pré-escolares como estratégia para combater a pobreza e resolver problemas ligados à sobrevivência das crianças foi, durante muitos anos, justificativa para a existência de atendimentos de baixo custo, com aplicações orçamentárias insuficientes, escassez de recursos materiais; precariedade de instalações; formação insuficiente de seus profissionais e alta proporção de crianças por adulto.

> Modificar essa concepção de educação assistencialista significa atentar para várias questões que vão muito além dos aspectos legais. Envolve, principalmente, assumir as especificidades da educação infantil e rever concepções sobre a infância, as relações entre classes sociais, as responsabilidades da sociedade e o papel do Estado diante das crianças pequenas (BRASIL, 1998, p. 17, v. I).

Desse modo, o RCNEI apresenta essas problemáticas, ao mesmo tempo que informa que o documento não tem a "pretensão de resolver os complexos problemas dessa etapa educacional" (BRASIL, 1998, p. 14, v. 1) para pontualmente identificar que a qualidade desse nível de ensino envolve questões amplas relacionadas "às políticas públicas, às decisões de ordem orçamentária, à implantação de políticas de recursos humanos, ao estabelecimento de padrões de atendimento que garantam espaço físico adequado, materiais em quantidade e qualidade suficientes" (BRASIL, 1998, p. 14, v. 1).

Ao que corresponde o ensino de saúde, observa-se a percepção de práticas educativas que possuem uma visão desvinculada das práticas sociais, o que possibilitam que as contradições sociais não sejam desveladas e apresentadas no processo educativo.

> Há práticas que privilegiam os cuidados físicos, partindo de concepções que compreendem a criança pequena como carente, frágil, dependente e passiva, e que levam à construção de procedimentos e rotinas rígidas, dependentes todo o tempo da ação direta do adulto. Isso resulta em períodos longos de espera entre um cuidado e outro, sem que a singularidade e individualidade de cada criança seja respeitada. Essas práticas tolhem a possibilidade de independência e as oportunidades das crianças de aprenderem sobre o cuidado de si, do outro e do ambiente (BRASIL, 1998, p. 18).

Em contrapartida, o referencial assume concepções mais abrangentes. Os cuidados são relacionados com alguns aspectos que ainda são desvinculados dos problemas impostos pelas questões econômica e social, como podemos conferir na citação, logo a seguir:

> Em concepções mais abrangentes os cuidados são compreendidos como aqueles referentes à proteção, saúde e alimentação, incluindo as necessidades de afeto, interação, estimulação, segurança e brincadeiras que possibilitem a exploração e a descoberta (BRASIL, 1998, p. 18).

Para finalizar, o RCNEI considera que o ato de educar deve assegurar o cuidado, a brincadeira e as aprendizagens orientadas todas, de forma integrada para contribuírem com o "desenvolvimento das capacidades apropriação e conhecimento das potencialidades corporais, afetivas, emocionais, estéticas e éticas, na perspectiva de contribuir para a formação de crianças felizes e saudáveis" (BRASIL, 1998, p. 23).

Mesmo quando a instituição escolar está centrada em uma visão assistencialista, desenvolve-se ali uma educação assistencialista, isto é, não é só o cuidar, mas o educar nesta perspectiva. Dessa forma, a tríade entre educar, cuidar e brincar deve também estar alicerçada numa perspectiva histórico-cultural.

Já a Base Nacional Curricular Comum (BNCC) surge em 2017 e se encontra envolvida em inúmeras críticas, entre elas, a de participação democrática na elaboração de discussões referentes à base. Mesmo considerando imprescindíveis as críticas à BNCC, nesse momento, voltaremos o olhar para as devidas aproximações entre o conteúdo da base e o debate que apresentamos nesta seção.

A BNCC é um documento

> [...] de caráter normativo que define o conjunto orgânico e progressivo de aprendizagens essenciais que todos os alunos devem desenvolver ao longo das etapas e modalidades da Educação Básica, de modo a que tenham assegurados seus direitos de aprendizagem e desenvolvimento, em conformidade com o que preceitua o Plano Nacional de Educação (PNE) (BRASIL, 2017, p. 7).

Não diferentemente dos demais documentos construídos para orientar os processos educacionais e de garantias de direitos da criança, a BNCC, também, reconhece a educação infantil como uma etapa essencial para a construção da identidade e da subjetividade das crianças, mas ao não incluir em sua estruturação uma análise conjuntural para elaboração do que o ministro Rossieli Soares da Silva, na apresentação, relata que o documento é "relevante, pautado em altas expectativas de aprendizagem, que deve ser acompanhado pela sociedade para que, em regime de colaboração, faça o país avançar" (BRASIL, 2017, p. 5).

Diferentemente do RCNEI, o qual considerou, em sua elaboração, os problemas de ordem social e política, mesmo afirmando que reconheciam tais problemas, mas não tinham pretensão em contar que as diretrizes apresentadas iriam solucioná-los, a BNCC expressa como fundamental superar a fragmentação das políticas educacionais, contribuindo para o alinhamento de políticas integrando ações em âmbito federal, estadual e municipal "referentes à formação de professores, à avaliação, à elaboração de conteúdos educacionais e aos critérios para a oferta de infraestrutura adequada para o pleno desenvolvimento da educação" (BRASIL, 2017, p. 8).

Essa é uma observação importante, pois é o que impulsiona a construção da BNCC. Logo, em todo o documento, apenas vemos elaborações voltadas para elementos de construção da base para cada nível de ensino consubstanciado nos aspectos da estrutura dos mesmos. Com isso, a educação infantil apresenta-se em cinco campos de experiências e objetivos de aprendizagem todos baseados em seis direitos de aprendizagem, são esses últimos: conviver, brincar, participar, explorar, expressar e conhecer-se.

Como última observação, apontamos que a BNCC, além de apresentar sua elaboração a partir de eixos estruturantes das práticas pedagógicas, apenas refere-se em seu documento introdutório para a educação infantil aos temas seguintes: a garantia do direito ao acesso das crianças às creches e pré-escola, da consolidação entre a concepção que vincula o Educar e o Cuidar, entendo como indissociáveis ao processo educativo e, por último, a importância das interações e brincadeiras para a construção das aprendizagens.

Destarte, a BNCC não traz no conteúdo base que estrutura sua elaboração nada que os documentos anteriores voltados para a educação infantil não tivessem já realizado. Ao contrário, esvazia os eixos estruturantes das práticas pedagógicas das políticas que a cercam, o que, nesse sentido, permite-nos inferir que não há para o ensino de saúde uma diretriz transformadora.

Contribuições pedagógicas

As atividades pedagógicas e a proposta metodológica, a seguir, são contribuições deste estudo que poderão ser desenvolvidas com o público-alvo semelhante deste trabalho.

1. Desenvolvimento de implemento pedagógico a partir de materiais recicláveis para trabalhar um tema, como jogos de tabuleiro, trilha e cartas que aliem o ensino-aprendizagem sobre saúde e a ludicidade;
2. Ação pedagógica baseada na ludicidade, organização, previsão, participação, reconhecimento de limites e superação nos desafios vividos.

3. Síntese pedagógica mediante a utilização de mapas conceituais e/ou vídeos.
4. Autoavaliação dialógica.
5. Ações e/ou participações em projetos vivenciais sobre a conscientização acerca dos cuidados em saúde.

Considerações finais

Após a discussão, concluímos que existem três elementos que correspondem à possível visão, ainda, assistencialista ao que corresponde o ensino de saúde. São eles: a escolha da EI para compor projeto higienista, a formação humana para manutenção da sociabilidade vigente e a gênese do ensino de saúde elegido pelo higienismo.

Podemos considerar que a formação humana se desenvolveu conjuntamente com as relações sociais e políticas localizadas em determinado contexto histórico, promovendo uma manutenção da sociedade vigente. A partir desse cenário, na educação infantil, germinou o ensino de saúde, assim iniciando sua jornada e perpetuando em nova roupagem, mesmo, no século XXI, por meio das práticas educacionais que carregam o peso de um passado higienista.

Nesse momento, percebemos que existe um ensino de saúde alicerçado por teorias biologicistas que cumpriu efetivamente o seu papel de justificar o higienismo e o eugenismo como projetos pedagógicos e de saúde pública em um certo período histórico, mas que, efetivamente, cumpriram um projeto político liberal.

Na atualidade, ainda avistamos o higienismo como um projeto político audacioso de higiene social, mas que findou no seu tempo. Todavia, algo tão fortemente desenvolvido na história da humanidade guarda ainda resquícios sombrios dessas práticas que nunca tiveram como objeto central o ensino de saúde que atendesse às demandas sociais, políticas, históricas e culturais, mas, essencialmente, mantivessem o status quo de uma sociabilidade desumana e desigual.

O ensino de saúde, seguindo o referencial que deu sustentação a esta tese, deve então estar alicerçado por teorias que visem a perspectiva histórico-cultural, as quais buscam também promover um projeto político que diferentemente do projeto liberal, aqui, estruturam-se no socialismo, como primeira etapa, para alcançar uma sociedade livre e comum a todos.

O conceito de saúde perde sua magnitude quando o deslocamos dos aspectos políticos, históricos, culturais e sociais que o impregnam e reverberam de formas diversas na sociedade. Isso ocorre porque no ideário das pessoas, hoje, quando questionamos sobre o entendimento de saúde, rapidamente recebemos, como resposta, que essa visa o bem-estar em todos os aspectos da vida, fazendo referência ao conceito elaborado e amplamente divulgado pela Organização Mundial de Saúde (OMS).

A OMS diz que saúde é "um estado de completo bem-estar físico, mental e social e não somente ausência de doença" (BRASIL, 2002, p. 9). Essa elaboração conceitual é reconhecida como uma proposta progressista no aspecto de discussões sobre o tema saúde. Todavia, diversos estudiosos já questionam como é possível alcançar esse bem-estar anunciado diante dos problemas sociais, isto é, o conceito esvazia-se de sentido quando o afasta do contexto social. Assim,

> [...] o conceito de saúde, ao contrário, não possui um significado determinado, pois pode depender de toda uma estrutura, seja ela social, econômica, política ou cultural. Não representa a mesma coisa para grupos diferentes. Depende da época, do local, da classe social; de valores individuais, de concepções científicas, religiosas e filosóficas (SCLIAR, 2007 *apud* FERREIRA, 2011, p. 22).

Então, ensinar saúde na EI em uma perspectiva de projeto educacional transformador é aproximar as crianças, desde a primeira etapa da educação básica, da sua comunidade, do reconhecimento das contradições vividas e das possibilidades reais de apropriação da produção da cultura humana em tudo que se refere a saúde, a vida.

Só assim, a formação humana, no que corresponde ao ensino de saúde, terá como solo fértil, o constructo social formando crianças que reconhecerão não apenas as contradições vividas, mas as possibilidades de alcançar mudanças reais e de usufruir do que já lhe é de direito, em documentos, mas que, por vezes, deparamo-nos com a distância de se materializarem na prática social.

REFERÊNCIAS

ARAGÃO DE SOUSA, M. S.; SILVA ARAÚJO, S. M. José Veríssimo e o projeto de educação nacional sobre a influência do higienismo. **Revista História Actual Online**, Cádiz, Espanha, v. 39, n. 1, p. 105-114, 2016.

BRASIL. Ministério da Educação. Lei n.º 9394, 20 de dezembro de 1996. **Lei de Diretrizes e Bases da Educação Nacional**. Brasília, DF, 20 dez. 1996.

BRASIL. Ministério da Educação e do Desporto. Secretaria de Educação Fundamental. **Referencial Curricular Nacional para a Educação Infantil**. Brasília, DF, volume 1, 1998a.

BRASIL. Ministério da Educação e do Desporto. Secretaria de Educação Fundamental. **Referencial Curricular Nacional para a Educação Infantil**. Brasília, DF, volume 2, 1998b.

BRASIL. Ministério da Educação. Secretaria de Educação Básica. **Base Nacional Comum Curricular**. Brasília, DF, 2017.

FERREIRA, H. S. **Educação Física escolar e saúde em escolas públicas municipais de Fortaleza**: proposta de ensino para a saúde. 2011. 191f. Tese (Doutorado em Saúde Coletiva) – Programa de Pós-Graduação em Saúde Coletiva, UECE, Fortaleza, 2011.

PASQUALINI, J. C. **Princípios para Organização do Ensino na Educação Infantil na Perspectiva Histórico-Cultural:** um estudo a partir da análise da prática do professor. 2010. 268f. Tese (Doutorado em Educação Escolar) – Programa de Pós-graduação em Educação, Universidade Estadual Paulista, Araraquara, 2010. Disponível em: https://repositorio.unesp.br/bitstream/handle/11449/101525/pasqualini_jc_dr_arafcl.pd f?sequence=1. Acesso em: 15 abr. 2019.

ROCHA, H. H. P. Educação Escolar e Higienização da Infância. **Caderno Cedes**, Campinas, SP, v. 23, n. 59, p. 39-56, abril, 2003.

WANDERBROOCK JUNIOR, Durval; BOARINI, M. L. Educação higienista, contenção social: a estratégia da Liga Brasileira de Hygiene Mental na criação de uma educação sob medida (1914-45). *In*: JORNADA DO HISTEDBR, 7., 2007, Campo Grande. **Anais [...]**. 2007. A organização do trabalho didático na História da Educação. v. 1. p. 1-177. Campo Grande: Uniderp, 2007.

CAPÍTULO 14

REALIDADES COMPARTILHADAS DA EDUCAÇÃO FÍSICA ESCOLAR

Jean Silva Cavalcante
Aline Soares Campos
Maria Iranilda Meneses Almeida
George Almeida Lima
George Fernandes Marques

INTRODUÇÃO

O homem não é nada além daquilo que a educação faz dele.
(Immanuel Kant)

O movimento, em todas as instâncias, é fundamental para a manutenção da vida. Na infância, a evolução e o desenvolvimento dos movimentos podem ser potencializados diante da prática orientada pelo Profissional de Educação Física (PEF), nas aulas de Educação Física Escolar (EFE), frente a estímulos que proporcionem o pensar, o sentir e o agir da criança, tendo em vista as vivências proporcionadas aos infantes primarem por atos de reflexão, que possam trazer imbricados sentimentos que convergem para as mais variadas possibilidades de ações.

Esse olhar global sobre a prática de EFE é permeado pelo transcurso evolutivo da Educação Física (EF) no âmbito escolar, pois a Lei de Diretrizes e Bases da Educação Nacional (LDB), em seu artigo 3º, aponta a EF de forma imperativa como componente curricular, integrado ao que se propõe pedagogicamente na escola (LBD, 2017), dessa forma, distanciando-se das práticas militares, higienistas, calistênicas ou mesmo de sua concepção restrita como ginástica de cunho tecnicista.

Permeando o processo evolutivo da EFE, os Parâmetros Curriculares Nacionais da Educação Física (PCN-EF) abordam suas ações a serem praticadas envoltos na cultura corporal do movimento, onde "*independentemente de qual seja o conteúdo escolhido, os processos de ensino e aprendizagem devem considerar as características dos alunos em todas as suas dimensões (cognitiva, corporal, afetiva, ética, estética, de relação interpessoal e inserção social)"* (BRASIL, 2017, p. 19, grifos nossos).

Na atualidade, a Base Nacional Comum Curricular (BNCC), no âmbito da EFE, possibilita o repensar das ações a serem desenvolvidas com os alunos, vislumbrando a reconstrução das práticas corporais que sejam socialmente funcionais.

Figura 1 – Norteadores da Educação Física Escolar: da LDB à BNCC

Fonte: elaborado pelos autores

Baseado no processo evolutivo da EF no âmbito escolar, este estudo se justifica como forma de atualização de conhecimentos para os professores(as) atuantes e/ou em formação, permitindo reflexões sobre os relatos de experiências reais dos docentes que atuam na educação infantil. Dessa feita, na sequência, segue o relato de experiência de três professores, contextualizado na visão evolutiva da EFE e em uma perspectiva de futuro.

RELATOS

O Panorama da Educação Física e da educação infantil na contemporaneidade

Desde a Constituição Federal de 1988 (documento legal que dá legitimidade à educação infantil), o Estado reconhece o dever de garantir o direito da criança à educação sendo, portanto, ratificada pela Lei de Diretrizes e Bases da Educação Nacional (LDBEN) 9394/96, que dedica um capítulo à educação infantil como a primeira etapa da educação básica e tem como finalidade o desenvolvimento integral da criança.

O panorama da educação infantil vem ganhando novos contornos e entendimento, principalmente no âmbito legal, o que permite alguns prenúncios de mudanças para essa modalidade educacional. A análise dessa trajetória indica que as ações empreendidas no espaço em que ocorrem o processo ensino-aprendizagem pressupõem relações pessoais e interpessoais, cujos objetivos dirigem-se às práticas da formação humana. Então, apenas "boa vontade" não basta.

É necessário conhecimento na área e consciência sobre responsabilidades assumidas. Diante dessa realidade, não havia necessidade de formação específica para o profissional desempenhar seu papel junto à criança, bastava cuidar. *"As necessidades a serem atendidas se dividiam em cuidados com a higiene, alimentação, sono e segurança física"* (FERREIRA; SAMPAIO, 2013).

A compreensão, na contemporaneidade, que a educação infantil passa a ter, vai exigir dos PEF o compartilhar de responsabilidades, além de compromissos e atitudes com o currículo que se deseja formar. Integrar os objetivos previstos para a educação infantil ao projeto pedagógico, observando os valores, costumes e manifestações culturais deve ser pauta de reflexão para as inovações e ações pedagógicas do PEF.

Na busca de identidade, o PEF colabora para o debate central na educação infantil, contribuindo com a formação e o desenvolvimento, pois *"A criança utiliza-se primeiramente da manipulação de objetos com procedimentos elaborados socialmente, e para que ocorra essa assimilação, é necessário que os adultos mostram essas ações às crianças"* (COSTA *et al.*, 2015, p. 125, grifos nossos).

Os espaços da educação infantil refletem claramente as concepções de seus projetos educativos e currículos em ação. São conquistas diárias que se transformam em novas maneiras de ensinar e de aprender para todos os envolvidos, práticas que desencadeiam mudanças nas crianças, nos PEF e na organização dos espaços para o mover, o aprender e o sentir.

O movimento é uma dimensão do desenvolvimento e da cultura humana imprescindível ao ser humano. Dessa forma, de acordo com o Referencial Curricular Nacional para a Educação Infantil (RCNEI), "é por meio da experimentação dos *movimentos que a criança aprende, associa contextos, incorpora hábitos e se relaciona com o ambiente a sua volta"* (BRASIL, 1998, p. 16, grifos nossos).

As reflexões e ações sugeridas nos levam a indagar: quais seriam as condições para ser um PEF que atenda as especificidades da docência na educação infantil? Acreditamos que ser PEF na educação infantil é ter sempre uma atitude investigativa da própria prática e construí-la por meio de um processo contínuo de formação (NEIRA, 2003).

Faz-se necessário a presença do PEF na educação infantil, pois é ele o especialista que elabora, desenvolve e acompanha as atividades ministradas para as crianças, garantindo que cumpram seu papel fortalecendo seu pleno desenvolvimento.

Asseveramos, essa propriedade do PEF, ao trazermos um relato das aulas de Educação Física, para educação infantil, vivenciados pela autora, ocorrido nos anos 90/2000, quando:

> *Nas aulas de Educação Física, no Colégio Santa Cecília - Fortaleza - Ceará, as crianças das turmas de Infantil IV e Infantil V, sob a orientação dos PEF, desenvolviam atividades na Semana da Integração, evento que funcionava como culminância dos festejos alusivos à Semana da Criança, como também era o momento da disciplina de EF mostrar parte do trabalho realizado. Assim, as crianças, escolhiam em votação, quais atividades recreativas iriam vivenciar na Semana dos Jogos da Integração, como vivência lúdica e corporal, entre as turmas de cada nível.*
>
> *A atividade acontecia no segundo semestre, quando as crianças já tinham um repertório de vivências motoras e sociais trabalhadas durante as aulas. As crianças, junto ao PEF, faziam as listas com as atividades vivenciadas durante as aulas de EF, essas listas eram votadas nas turmas e as atividades com a maior votação, eram apreciadas nesse período. A Semana dos Jogos da Integração, seguia princípios, como: a inclusão, a participação e a cooperação, questões corroboradas por Darido e Souza Júnior (2007), quando tratam que "as vivências motoras devem ser voltadas para a formação do ser humano universal"* (DARIDO; SOUZA JÚNIOR, 2007).

Assim, os parâmetros para a promoção da qualidade e equidade da educação infantil trazem como principais interlocutores os professores, os professores de Educação Física, os gestores e as equipes técnicas que devem contribuir com a expectativa e o compromisso com a melhoria da qualidade da primeira etapa da educação básica.

Possibilidades para Educação Física infantil: um relato de experiência

Este relato de experiência é fruto da prática docente vivenciada nas aulas de Educação Física na educação infantil de uma escola pública do município de Fortaleza. A escola aqui retratada era exclusivamente do ensino infantil, cuja estrutura física e pedagógica atendia às necessidades dessa modalidade de ensino. As crianças participantes eram do infantil IV e V do turno da manhã, cada turma era constituída por aproximadamente vinte (20) alunos.

Nessa escola, as datas comemorativas eram vivenciadas por meio da pedagogia de projetos temáticos. O projeto aqui partilhado foi planejado e desenvolvido durante as aulas regulares de Educação Física infantil, cujo campo de experiência definido foi "*corpo, gestos e movimentos*" (BRASIL, 2018, p. 40, grifos nossos). Nesse contexto, o objetivo de aprendizagem e desenvolvimento proposto foi "*Criar movimentos, gestos, olhares e mímicas em brincadeiras, jogos e atividades artísticas como dança, teatro e música*" (BRASIL, 2018, p. 47).

Em vista disso, a dança foi utilizada para o desenvolvimento das aulas no período de um bimestre, encerrando com apresentação de um evento alusivo aos festejos juninos, por meio de coreografias, mímicas, músicas e expressões pertencentes à cultura nordestina. Logo, construiu-se saberes de experiências concretas relativos à corporalidade e entrelaçados aos conhecimentos advindos do acervo cultural nordestino.

No primeiro momento, foi apresentado o tema "Festas Juninas", fazendo uso de figuras, de músicas, de pequenos vídeos, de contação de historinhas, de brincadeiras, de fantoches, de pinturas, de vivência das atividades rítmicas ligadas à cultura nordestina. Dessa maneira, foram produzidos conhecimentos, por meio das capacidades de expressões, a fim de estimular a participação de todos.

No segundo momento, após a seleção do repertório musical, comecei a desenvolver os movimentos corporais e gestuais junto com o trabalho rítmico, objetivando uma construção coreográfica respeitando as habilidades motoras das crianças. "*As habilidades motoras são caracterizadas como ações com movimentos corporais voluntários, orientados e aprendidos para alcançar um objetivo*" (MAGILL, 2001, p. 35, grifos nossos).

No terceiro momento, selecionei o repertório de movimentos e gestos ofertado pelas crianças durante as atividades desenvolvidas, assim, foi sendo construída uma contagem rítmica unindo a música e os movimentos corporais em uma concepção coreográfica. A partir dessa etapa, passamos a trabalhar a "memória musical" e corporal por meio da repetição da composição coreográfica final.

Lomakine (2007, p. 55, grifos nossos) corrobora com esse entendimento e esclarece que composição coreográfica significa "*criar sequências de movimento, originados de vivências, experimentações, explorações e investigações, individualmente, em grupo, em duplas, com ou sem a utilização de suportes sonoros ou rítmicos".*

Por fim, a culminância do projeto aconteceu em formato de festa junina, com toda sua diversidade representativa da cultura nordestina com as comidas típicas, a decoração do pátio, a caracterização das crianças envolvendo figurino, maquiagem, penteado, adornos, dentre outros.

Em face do exposto anteriormente, considera-se que o projeto contribuiu com a riqueza de possibilidades culturais, sociais, motoras e afetivas demonstradas pelas crianças em interação com seus pares, com seus pais e com a escola.

Concluiu-se que a dança como forma de expressão corporal é especificada como uma das linguagens importantes para se trabalhar na infância, sua riqueza de possibilidades no contexto da linguagem corporal revela-se como um campo a ser conhecido, vivenciado e desfrutado com prazer e alegria (AYOUB, 2001).

Essa experiência docente, da dança aliada à Educação Física, configura-se como diferencial na minha trajetória profissional no trabalho como PEF na educação básica.

Reflexões sobre a inserção da capoeira na educação infantil

O primeiro contato social da criança fora do contexto familiar é na escola. É nesse espaço que a ela irá fortalecer suas relações sociais com seus pares, com professores e demais funcionários da escola, criando novos vínculos de socialização (LIMA; SILVA, 2021a).

Vygotsky (2005) salienta que a interação social é um mecanismo para o desenvolvimento integral do ser humano. A partir de sua interação com o meio em que está inserido, ele adquire múltiplas experiências, acarretando no repertório ampliado de vivências sociais e culturais, impactando na formação de seus processos subjetivos.

Ao inserir-se na escola, a criança utiliza o corpo como uma ferramenta de interação social. A exploração do ambiente a partir da corporeidade configura-se como uma ação que desencadeia a apropriação da criança com o meio em que ela está inserida. Dessa forma, a criança explora o mundo que a cerca por meio do seu corpo, onde as práticas corporais possuem grande significação em seu processo de desenvolvimento (LIMA; SILVA, 2021b).

A EF é uma área que possui as práticas corporais como objeto de estudo. Deste modo a Base Nacional Comum Curricular (BNCC), divide estas práticas em unidades temáticas, como brincadeiras e jogos, esportes, ginásticas, danças, lutas e práticas corporais de aventura (BRASIL, 2017). Todavia, a BNCC apresenta estes objetos de conhecimento a partir dos anos iniciais do ensino fundamental, negligenciando o direcionamento de atividades para a educação infantil, deixando a cargo do Professor escolher os conteúdos a serem abordados.

Embora a BNCC não destaque as atividades a serem desenvolvidas na educação infantil, o documento preconiza uma diversificação dos conteúdos ao apresentar as seis unidades temáticas que devem efetivadas durante a educação básica. Desse modo, o quadro um apresenta uma sequência de aulas que possam ser efetivadas nas aulas de Educação Física na educação infantil a partir da unidade temática lutas.

Quadro 1 – Sequência didática para o desenvolvimento da Capoeira na educação infantil

AULA	OBJETIVO	MATERIAIS	DESENVOLVIMENTO
01	Vivenciar os movimentos de ataque e defesa.	Balões e giz	O professor irá marcar dois círculos, para cada aluno, no chão. Ao sinal do professor, os alunos devem trocar de círculo e, ao saírem do círculo, os balões podem ser estourados pelos demais. O aluno que teve o balão estourado continua na brincadeira com o objetivo de estourar o balão dos demais colegas.
02	Vivenciar os movimentos da Capoeira	Cones	O professor deverá espalhar cones em um espaço determinado. Ao sinal do professor, todos os alunos devem se deslocar a um determinado cone e o docente irá mostrar um movimento específico de capoeira. Os alunos devem visitar todos os cones e explorar o máximo de movimentos possível.
03	Vivenciar os movimentos da Capoeira	Caixa de som	O professor irá designar um aluno que será o "caçador". Esse aluno deverá tocar nos demais, caso esse "caçador" consiga tocar em algum aluno, o aluno tocado fica "congelado" e deve ser salvo pelos demais. Para que o aluno "congelado" seja salvo, os demais alunos devem chegar perto dele e executar um movimento de capoeira para descongelar o colega. A caixa de som pode ser utilizada para dar dinamicidade à atividade.

AULA	OBJETIVO	MATERIAIS	DESENVOLVIMENTO
04	Vivenciar a roda de Capoeira	Caixa de som	O professor organizará os alunos em círculos e pedirá para que dois alunos possam preencher este círculo. Em seguida, o professor irá colocar a música de capoeira e os alunos deverão realizar os movimentos aprendidos durante as aulas anteriores e criar novos movimentos a partir de suas capacidades e percepções.

Fonte: elaborado pelos autores (2021)

Utilizamos a capoeira como escopo, pois essa prática corporal, além de ser uma prática de raiz brasileira, possui elementos que ampliam sua dinamicidade, como a musicalidade, um rico acervo cultural e movimentos específicos que ampliam o repertório motor dos alunos (PAULA; BEZERRA, 2014). Para que o professor consiga efetivar a capoeira nas aulas de educação infantil, o docente deve criar ambientes de aprendizagem que levem em consideração as peculiaridades e percepções dos alunos a partir da concepção de aulas abertas, propiciando a participação ativa dos alunos nas aulas de Educação Física (JUCÁ; LIMA; MELO, 2022).

Considerando que os alunos da educação infantil utilizam o corpo como um símbolo de interação social e comunicação a partir dos aspectos lúdicos, os professores podem utilizar jogos de faz de conta, criando e personificando personagens. Esse tipo de método propicia a inserção dos alunos em um mundo simbólico envolto pela ludicidade e criatividade, fazendo com que os alunos se apropriem das práticas corporais de maneira efetiva (FABIANI; SCAGLIA; ALMEIDA, 2016). Desse modo, ao desenvolver as atividades supracitadas, o professor pode criar personagens para os alunos e personificar os materiais utilizados nas aulas, por exemplo: os alunos podem ser heróis e os cones vilões, onde os alunos devem realizar os movimentos nos cones.

Não pretendemos apresentar uma proposta metodológica fechada, mas apontar caminhos para que o professor possa pensar sobre sua prática pedagógica e desenvolver recursos metodológicos que potencializem o desenvolvimento dos alunos na educação infantil.

CONSIDERAÇÕES FINAIS

A Educação Infantil (EI) como porta de entrada ao universo formal de letramento da criança representa um importante caminho na busca na formação integral do indivíduo, questão corroborada pela LDB (BRASIL, 2017, p. 22, grifos nossos), quando diz que "*A educação infantil, primeira etapa da educação básica, tem como finalidade o desenvolvimento integral da criança de até 5 (cinco) anos, em seus aspectos físico, psicológico, intelectual e social, complementando a ação da família e da comunidade*".

Como primeiro contato da criança com um espaço distinto da sua família a EI se mostra como um local rico em socialização, experimentações e desafios que, de acordo com Lima e Silva (2021a), é a partir dessa interação com esse meio que ela adquire múltiplas experiências e aprendizados que possibilitam uma ampliação do seu repertório de vivências sociais e culturais e acreditamos que impactando na formação de seus processos subjetivos.

Nesse aspecto de possibilitar vivências ricas e positivas, podemos perceber nos trabalhos relatados por este grupo de PEF na EI, que é elemento imprescindível da consecução de uma educação que se coloca para além da expectativa da dicotomia corpo e mente e fonte de crescimento e desenvolvimento que busca fomentar o preconizado pela BNCC, quando aborda a EI na educação básica com o objetivo de ampliar o universo de experiências, conhecimentos e habilidades dessas crianças, diversificando e consolidando novas aprendizagens, atuando de maneira complementar à educação familiar (BRASIL, 2018).

Dessa forma, acreditamos em uma educação integral e integrada, na qual todas as disciplinas têm o seu contributo e a Educação Física como elemento responsável pela disseminação da Cultura Corporal de movimento no contexto escolar tem muito a contribuir no atingir desses objetivos como colocam Freire e Alcides (2003, p. 55), que "*a Educação Física deve levar a criança a aprender a ser cidadã deste novo mundo, onde o coletivo, a solidariedade, a compaixão, liberdade sejam as referências da Educação*".

REFERÊNCIAS

BRASIL. Ministério da Educação. **Base Nacional Comum Curricular**. Brasília, 2017.

BRASIL. Secretaria de Educação Fundamental. **Parâmetros Curriculares Nacionais**: Educação Física. Brasília: MEC/SEF, 1997.

BRASIL. **Constituição da República Federativa do Brasil:** Texto constitucional promulgado em 5 de outubro de 1988, com alterações adotadas pelas Emendas Constitucionais n.º 1/92 a 44/2004. Brasília: Senado Federal Subsecretaria de Edições Técnicas, 2004.

BRASIL. Ministério da Educação e do Desporto. Secretaria de Educação Fundamental. **Referencial curricular nacional para a educação infantil**. Ministério da Educação e do Desporto, Secretaria de Educação Fundamental. Brasília: MEC/SEF, 1998. Disponível em: http://portal.mec.gov.br/seb/arquivos/pdf/rcnei_vol1.pdf. Acesso em: 6 mar. 2022.

BRASIL. **Lei Federal n.º 9394/96**. Diretrizes e Bases da Educação Nacional. Brasília, 1996.

BRASIL. LDB. **Lei de Diretrizes e Bases da Educação Nacional**. Brasília: Senado Federal, Coordenação de Edições Técnicas, 2017.

COSTA, A. N. F.; RIBEIRO, M. de C. M.; CUNHA, N. V. S. Jogos e Brincadeiras: Propondo e Realizando o Conteúdo na Escola. *In*: DARIDO, S. C.; FERREIRA, H. S. **Educação Física Escolar**: Possibilidades Metodológicas. 1. ed. Fortaleza, CE: EdUECE, 2015.

DARIDO, Suraya Cristina; SOUZA JÚNIOR, Osmar Moreira de. **Para ensinar Educação Física**: possibilidades de intervenção na escola. Campinas, SP: Papirus, 2007.

FERREIRA, H. S; SAMPAIO, J. J. C. Tendências e abordagens pedagógicas da Educação Física escolar e suas interfaces com a saúde. EFDeportes.com. **Revista Digital**, Buenos Aires, ano 18, n.º 182, jul. 2013. Disponível em: http://www.efdeportes.com/. Acesso em: 17 fev. 2022.

LOMAKINE, L. Fazer, conhecer, interpretar e apreciar: a dança no contexto da escola. *In*: SCARPATO, M. (org.). **Educação Física**: como planejar as aulas na educação básica. São Paulo: Avercamp, 2007. p. 39-57.

MAGILL, R. A. **Aprendizagem Motora**: conceitos e aplicações. 5. ed. São Paulo: Blucher, 2000.

NEIRA, M. G. **Educação Física**: desenvolvendo competências. São Paulo: Phorte, 2003.

FREIRE, J. B. **Educação de Corpo Inteiro**: teoria e prática da educação física. São Paulo: Scipione, 2009.

FREIRE, J. B; ALCIDES, J. **Educação como Prática Corporal**. Scipicone, 2003.

FABIANI, D. J. F; SCAGLIA, A. J; ALMEIDA, J, J. G. O Jogo de Faz de Conta e o Ensino da Luta para Crianças: criando ambientes de aprendizagem. **Pensar a Prática**, Goiânia, v. 19, n. 1, 2016.

JUCÁ, L. G; LIMA, G. A; DE MELO, J. R. S. Metodologias inovadoras nas aulas de educação física escolar: uma revisão sistemática da literatura. **Revista Cocar**, Pará, v. 16, n. 34, 2022.

LIMA, G. A; SILVA, M. L. G. Linguagem Corporal e Comunicação: a criança e o brincar. **Revista Interfaces:** Saúde, Humanas e Tecnologia, [*S. l.*], v. 9, n. 1, p. 969-974, 2021a.

LIMA, G. A; SILVA, M. L. G. Corporeidade e Motricidade na Escola: o jogo enquanto ferramenta de desenvolvimento da criança. **Ensino em Perspectivas**, Pará, v. 2, n. 2, p. 1-13, 2021b.

PAULA, T. R; BEZERRA, W. P. As Vantagens do Ensino da Capoeira nas Aulas de educação física escolar. **EFDeportes.com, Revista Digital**, Buenos Aires, v. 18, n. 188, 2014.

VYGOTSKY, L. S. **Pensamento e linguagem**. São Paulo: Martins Fontes, 2005.

CAPÍTULO 15

O DESENVOLVIMENTO DOS PADRÕES FUNDAMENTAIS DO MOVIMENTO POR INTERMÉDIO DAS BRINCADEIRAS INFANTIS NAS AULAS DE EDUCAÇÃO FÍSICA ESCOLAR

Alexandre Apolo da Silveira Menezes Lopes
Francisco Finardi do Nascimento

Entendendo a nossa proposição

Todo ser vivo tem no seu DNA, pré-estabelecido, um padrão de movimentos. O ser humano, desde o nascimento, começa a se adaptar a eles, indo esse ciclo até a sua morte (GALLAHUE; OZMUN, 2001). Entre zero e um ano de idade, os movimentos são mais rudimentares e se manifestam sem nenhuma coordenação, uma vez que as células da criança não têm a sua bainha de mielina, ainda, formada. Por isso, a criança, ao tentar tocar alguma coisa, não consegue e tem o seu movimento bruscamente impedido ou mal direcionado, sem nenhum controle. De um a seis anos de idade, a criança já fica em pé, por volta dos nove meses de idade, depois de engatinhar (alguns pulam essa fase), quando inicia o seu ciclo gradual em prol de aperfeiçoar os seus movimentos básicos para a vida, inicialmente andando e depois se descobre, gradualmente, apto a também correr, saltar ou pular, arremessar ou lançar, rastejar, rolar, subir, descer, agarrar, rebater, empurrar e outros, reconhecidos como os padrões fundamentais do movimento ou controle motor.

Na escola, segundo Gallahue e Ozmun (2001), a criança tem a oportunidade ter um ensino totalmente dirigido, de modo a garantir um ensino gradual e organizado que a leve a vivencias capazes de fazer partir de um estágio inicial, a atingir um estágio elementar e, consequentemente, um estágio maduro de controle motor. No caso, os autores estabelecem para cada estágio posturas do corpo preestabelecidas, em acordo com suas ações, em cada uma das capacidades a serem trabalhadas.

Ao buscar conceitos sobre o brincar e partindo da busca mais simples, possível, que é o dicionário, encontramos já algumas definições interessantes para a nossa reflexão.

Ferreira (2010, p. 42) define a brincadeira como sendo: "1- Ato ou efeito de brincar; 2- Brinquedo; 3- Entretenimento, divertimento [...]". Já Saraiva (2006, p. 35) define o brincar como: "1- Divertir-se; 2- Dizer ou fazer algo que não é sério [...]".

Partindo para uma busca de conceitos mais específicos sobre o brincar, Froebel (2001) classifica que o brinquedo, assim como os jogos, desenvolve na criança o autoconhecimento. Segundo o autor, é por meio do brinquedo que a criança expressa a sua visão de mundo. A brincadeira torna a criança autoativa, perseverante e carinhosa.

Podemos entender, portanto, que ao brincar, em casa, de médico, com amigos, por exemplo, a criança expressa a sua visão daquilo que vê ou sabe sobre o tema saúde e sobre a profissão observada. Brincando aprende com o outro, outras novas informações, passando também a repeti-las. Demonstra a criança, nesse caso, as posturas e comportamentos de médicos como os vê, nas suas ações e percebendo e assumindo gestos, falas, comportamentos, diferentes aos de seus hábitos, incorporando um personagem lúdico que revela o seu conhecimento. Esse autor, nas suas pesquisas, concluiu que, apesar de as crianças desenvolverem o seu cognitivo desde o nascimento e ser importante esse brincar livre com amigos, não eram estimuladas a desenvolver as suas habilidades motoras e apontava como principal fator de contribuição, para isso, os pais não enviarem, naquela época, os filhos pequenos para a escola. Logo, não poupou esforços para criar um modelo de jardim de infância, que, lógico, não tinha os mesmos recursos de hoje, sendo o século XIX. Mas podemos citar que o início da Educação nas fases iniciais de vida, partiu daí, quando, em 1837, fundou em Blankenburg, na Alemanha, o Instituto de Educação Intuitivo para a Auto – Educação, em que chamou os materiais destinados às crianças por "dons", com referência a serem presentes, destinados ao seu bom desenvolvimento. Assim, podemos dizer que já naquela época se preocupava com a importância do aprender brincando.

Kishimoto (2000) corrobora com Froebel nesse sentido do brincar livre, que demonstra importante papel no desenvolvimento das crianças, sobretudo no desenvolvimento da criatividade e da sociabilização. Fato comumente observável, hoje, na fase do Jardim de Infância, que se estende em espaços gradualmente menores à educação infantil e ao ensino fundamental I, especificamente quando da hora do parquinho e nos recreios escolares, tanto quanto, também, na exploração das brinquedotecas, dispostas para todas as fases iniciais, inclusive o ensino fundamental.

Brasil (2001) classifica o brincar como uma das atividades de maior fundamento para o desenvolvimento da identidade e da autonomia da criança. É brincando que ela constrói conhecimentos sobre ela mesma, a sociedade e o mundo.

Borba (2006) afirma que o brincar é sugerido por muitas propostas e práticas pedagógicas aplicadas com crianças e adolescentes, como um instrumento ou mesmo um pretexto para o ensino de conteúdos. Então, mais que o brincar, livre, desprovido e lúdico, a escola é o lugar exato para o brincar pedagógico, onde o aluno possa fazer suas descobertas do corpo, das normas e regras da sociedade para o bom convívio social, desde a escola que é a sua primeira experiência de sociedade.

O brincar, na escola, logo se demonstra como um mecanismo efetivo para se aprender um determinado ou vários conteúdos, logo, aprender brincando, não somente nas aulas de Educação Física, mas também em outros componentes curriculares é interessante e de bom tom.

Não falamos, aqui, de um brincar, dirigido a vivencias exclusivistas e especializadoras, como as "esportivistas", mais comuns a escola disposta do século passado, que visavam fazer o aprendente executar, desde as fases iniciais, movimentos perfeitos de um determinado esporte, sob a desculpa do "aprender brincando", o que pode até ser aprender brincando, sem aspas, lá nos afazeres do esporte, mas não na Instituição Escola e nessa fase, tão especial, dos escolares que tanta coisa importante têm por aprender, na Educação Física, para o seu pleno desenvolvimento humano, social e cultural. Discussão essa, da formação esportivista, já ultrapassada e reorganizada pelos caminhos da Ciência, precisando ser, por vezes, lembrada, como fazemos aqui (COLETIVO DE AUTORES, 1992; MEDINA, 2004).

Os diversos temas da Educação Física Escolar, tais como as brincadeiras infantis, ginástica, a dança, o jogo e outros não, menos importantes, correspondem a um patrimônio cultural que deve ser socializado nas aulas de Educação Física, com vistas a corresponder às finalidades da Educação escolarizada. Deve-se, porém, organizar o ensino a cerca desse patrimônio, de modo a garantir uma aprendizagem significativa para o aprendente (SILVEIRA *et al.*, 2013). Esse organizar a que se refere aos autores exatamente o adaptar o ensino, a cada fase do período escolar, às ferramentas que levem o aprendente, a vivências significativas. Algo longe de uma Educação Física em que o esporte seja o tema principal e quase único, como foi em algumas décadas finais do século passado.

Como ainda hoje é um desafio para muitos professores de Educação Física reconhecer às necessidades da criança ou compreender as individualidades da criança, é bom lembrar que não falamos, em nenhum momento, neste texto, do "aprender brincando" como uma "desculpa descabida" para ser usada como uma motivação de especializar o movimento e, consequentemente, o aprendente. Algo que faria Froebel ficar nervoso, caso vivesse entre o século XX e XXI e pudesse acompanhar aquilo que foi feito na Educação Física, com relação aos ensinamentos "esportivistas" dirigidos às crianças em fase inicial da vida no século passado. Correlacionando, também, esse fato a todas as possibilidades que existem, descritas por Gallahue o Ozmun (2001), em gerar um desenvolvimento dessas crianças, de modo a respeitar maturações, distintas, e recuperar os seus atrasos, inclusive, de modo a privilegiar não somente a sua formação humana, mas, por que não, também, a sua saúde e o pleno desenvolvimento de suas possibilidades. Falamos de um ensino pensado e organizado, de modo a estimulá-los e deixá-los construir e desenvolver os seus próprios e diversos movimentos, falamos aqui de sugestionar atividades que estimulem, incitem as crianças a realizar e vencer situações problemas em acordo com o momento das crianças e com relação aos movimentos básicos que aprenderão para utilizar, quando necessário for, durante toda uma vida. Dessa forma, treinar um arremesso pode servir para atingir um alvo, para jogar um objeto distante, no futuro.

Seguindo esse raciocínio, podemos afirmar que não está em pauta, na escola, o que ele arremessa e se recebe ou apanha, agarra (nesse aspecto, variam-se objetos, materiais, tamanhos e pesos, durante as aulas), mas, sim, está a atenção pedagógica sob o saber arremessar ou lançar, de formas diversas, até porque poderá vir a arremessar no futuro, também, por necessidades distintas. O que poderá ser uma chave, uma bola, uma pedra ou mesmo para se livrar de um explosivo, numa situação de desespero. Seguindo esse raciocínio, quando ensinamos uma pessoa a rastejar, damos a ela uma habilidade ou uma informação motora importante, que ela vai usar quando necessitar, o que nos leva a perguntarmos: qual a diferença rastejar numa brincadeira e para fugir de um incêndio? A resposta é simples, saber ou não rastejar, ter a informação guardada no seu arquivo motor para utilizar quando precisar. E assim é e será, também, com todas as outras capacidades humanas, como o correr, o pular ou saltar, o subir, o descer, o rolar, o rebater, o empurrar, entre outros, que tantas e infindáveis possibilidades existem nas suas ações. A partir desse raciocínio, podemos descobrir o que nossos alunos sabem ou ainda não sabem e traçar caminhos para que essas descobertas sejam as mais suas, possíveis. Ou seja, sem imitar, exatamente, um movimento, mas descobrir algo específico dele, a sua própria capacidade de executar um movimento.

Dois elementos devem estar presentes nessa perspectiva de criar a atividade: a motivação. Aquela que impulsiona a criança a ir e ir, ainda, além do apenas ir. Nesse caso, o ir é representado por aquele tempo que parece passar rápido para os aprendentes, mas que, na verdade, deixa-os durante grandes espaços de tempo completamente ligados àquela atividade. E o outro elemento que é consequência do primeiro e a que levará ao sucesso do primeiro elemento: a alegria. Expressada em rostos rosados e felizes, sorrisos largos ou mesmo discretos, por vezes, em gritos, quando não em grandes vibrações a cada conquista. Falamos, nesse momento, de uma viagem dentro da criança, nos seus impulsos nervosos e nas suas respostas aos estímulos que nós, professores, estamos dando e que internalizado neles, durante a atividade, transforma-se. Como se nós, meros educadores, assistíssemos o acordar, o despertar dentro deles, de movimentos que surgem e que pareciam adormecidos, apenas, numa visão platônica. Autores falam da importância de atentar ao fator motivacional, quando da construção das atividades para as aulas de Educação Física escolar (PAIM; PEREIRA, 2004; GOUVÊA, 2007).

Freire e Scaglia (2003), nesse caso, citam que o objetivo da Educação Física, assim como da Matemática, Português etc., vai muito além das técnicas ensinadas pelo professor e é acessório para uma formação maior, a formação humana. Dessa forma, compreendemos que o professor cria os meios inteligentes e agradáveis para ensinar, mas dá ao aprendente a possibilidade de um ambiente propício e descontraído, para que cada um possa desenvolver as suas habilidades da sua forma, do seu jeito, respeitando o professor as características individuais e, sobretudo, as diferenças. É o professor a proporcionar algo mais próximo possível à natureza de cada ser humano, a natureza do mundo e das coisas.

Não basta modificar atividades ou as brincadeiras infantis, comuns, sem levar em consideração nessas modificações esses dois elementos tão importantes, uma vez que a criança é detentora de energias e características individuais, ou seja, são diferentes umas das outras e é movimento puro e constante. Circuitos chatos, regras limitantes, só contribuirão para a desmotivação e o insucesso da atividade.

Pois é o ser humano multifacetado e necessita de toda forma de informação o tempo todo. Dessa forma, nada é estanque e subentende-se que entre a educação infantil e o ensino fundamental, essas informações vêm e vão apresentadas de diversas formas diferentes e atrativas e em acordo com cada fase.

A construção deste texto

Como palco de nossas observações, tivemos as aulas de Educação Física na UME Estado do Ceará, escola do Município da Rede Municipal de Ensino de Cubatão – S.P., ao que fazemos a descrição daquilo observado em três turmas de educação infantil I, que iniciaram o seu período escolar no ano de 2008 e que foram acompanhadas, pelo mesmo professor, até o ano de 2012, fundindo-se ao longo do processo em duas salas de educação infantil II (2009) e quando a escola deixou de ser de educação infantil, em 2010, passando a ser uma classe de primeiro ano do ensino fundamental 1, comportando os mesmos aprendentes em uma sala, até o terceiro ano, apenas. Essa oportunidade, única, de um ensino em longo prazo, interligando a educação infantil e os três primeiros anos do ensino fundamental I, permitiu ao professor acompanhar ativamente o desenvolvimento dos alunos com uma proposição de continuar a trabalhar os padrões fundamentais do movimento envoltos ao conteúdo das brincadeiras infantis. Para a construção dessa descrição, aqui neste texto, foi consultado um farto material de fotografias e filmes de atividades da época e, inclusive apresentações Power Point apresentadas pelo professor, como palestrante/convidado, em congressos nacionais e internacionais em que proferiu cursos. O que reviva e torna os dados aqui relatados, interessantes, para futuras averiguações e comparações daquilo aqui proposto, buscando a melhora da prática docente e consequentemente a melhora do aprendizado de nossas crianças.

Segundo Garanhani (2018), o professor sempre foi e é insubstituível em qualquer processo educacional, sendo ele quem determina e conduz os aprendentes pelos percursos do saber e não só dá a forma, como faz acontecer todo o histórico pedagógico, em acordo ao seu olhar subjetivo. Assim, caracterizam-se os documentos oficiais e eternizam-se os resultados alcançados e oficialmente relatados à instituição escola, sobretudo quando são comunicados à sociedade.

As nossas ações/observações

Mesclamos, desde a educação infantil I, nas brincadeiras infantis, a partir dos pegas-pegas diversos conteúdos dos padrões fundamentais do movimento, como arremessos, saltos, rolamentos, subir e descer, entre outros, acrescendo às regras comuns daquelas brincadeiras, também, esses conteúdos. Nesse caso, citando aleatoriamente alguns exemplos, permitimos que o pegador pegasse arremessando uma bola ou outro objeto como um urso de pelúcia, por exemplo; permitimos que quem fosse pego continuasse na brincadeira podendo pegar sentado dentro de um bambolê; permitimos que os alunos sentados pudessem pegar também rolando para direita ou esquerda; permitimos a colocação de alguns plintos espalhados pelo pátio, de modo que caso subissem e descessem do plinto atravessando-o, estavam protegidos e livres do pegador, podendo seguir tranquilos para a parede de proteção da brincadeira, sem poder serem pegos.

Notamos com esses estímulos de controle motor, atribuídos aos pegas — pegas, que tais vivências ajudaram em muito boa parte das crianças, já aos cinco anos de idade, por exemplo, nos arremessos, a atingir, mais rapidamente, um padrão que se encaixe como elementar, mas com bons ensaios de padrão maduro. Seguindo a escala citada por Gallahue e Ozmun (2001), percebemos, assim, uma melhora assuntosa no nível de arremessos, demonstrando um bom direcionamento dos arremessos. Uma vez que outros atributos, como a percepção do todo que envolve as atividades, velocidade, reação, sejam ainda mais lentos e bem característicos dessa idade, notamos relativa melhora, também, dessas capacidades na maioria dos aprendentes, vindo a atingir o padrão maduro (em acordo com as faixas etárias do crescimento e desenvolvimento humano) em idades superiores, com excelentes condições de acertos, isso nos primeiros anos do ensino fundamental I, geralmente com ápice no terceiro ano. Logico que agimos, sempre, de forma gradual, partindo do simples para o complexo e oferecendo os obstáculos um a um, dando muitas oportunidades de vivências a cada fase, no dia a dia escolar e sem deixar de trabalhar outros temas, ao que os aprendentes foram decifrando os cenários, pouco a pouco, obstáculos esses que se tornaram cada vez mais difíceis, até que conseguiam, num ambiente de movimento complexo, dar conta das várias dimensões que envolvem essa forma de brincadeira, na qual, além de ter que prestar atenção no pegador e na bola, tem que prestar atenção também nos colegas sentados que também pegam, nos caminhos desenhados, a cada momento, no trajeto por onde possam passar de forma segura. E aos poucos conseguirem fazer todos os cálculos necessários para vencer todos os obstáculos impostos e chegar ao outro lado.

Aumentamos o nosso *cast* de atividades, estendendo as nossas criações a outras brincadeiras, como o corre cotia, por exemplo. Ao que no percurso de fugir e perseguir foram acrescentados obstáculos diversos (de forma gradual) em torno da roda de aprendentes sentados, para esses saltarem, subirem, descerem etc. Notamos uma nova perspectiva a essa brincadeira e novamente aprendentes dando respostas maduras ou perto de maduras ao acrescentar, também, nessa atividade citada, bambolês dispostos de formas diversas para saltos diversos ou cones, postes, até mesmo bancos suecos, explorando os movimentos diversos de equilíbrio e agilidade ou quando dispusemos plintos pelo percurso, notamos significativa melhora da coordenação motora, quando no primeiro ano e a maioria entre o segundo ano e o terceiro ano, sobretudo nas tarefas mais complexas, por exemplo, a quinta fase do plinto montada, na questão do subir e descer. Nessa atividade, também, quando a criança, no ato de agarrar uma bola, por exemplo, ou arremessar uma bola no companheiro, apresenta uma motivação muito maior do que estivesse numa atividade tradicional e mecânica de acertar um alvo fixo. Ainda que o fato de estar o alvo em movimento requer mais cálculos e movimentos combinados do seu corpo, de modo a conseguir reunir condições de atingir o alvo. Lógico que no início existirá mais dificuldade e que não se dispensam, também, as atividades tradicionais, porém se dá muito mais vasão a essas atividades mais tradicionais, num período mais inicial. Mas se lembre que o ser humano é multifacetado e precisa de toda informação o tempo todo e as atividades tradicionais são também bem-vindas.

As brincadeiras de pegas-pegas em que os pegos passam a ser obstáculos humanos a ser superados pelos que ainda não foram pegos, seja esses obstáculos mais fixos (sentados) ou podendo rolar para os lados para pegar, proporciona a quem foge um leque de opções enorme, melhorando significativamente não só a sua percepção, mas o pleno desenvolvimento da sua lateralidade. Nesse aspecto, o profissional tem uma gama de possibilidades para melhorar cada vez mais isso, seja dando a cada um dos fugitivos uma bola de borracha e determinando que quem foge tem que atravessar o percurso, quicando uma bola no chão ou arremessando-a para cima e batendo palmas, antes de apanhá-la (número de palmas pode ser aumentado a cada vez que se tornar mais fácil para eles a atividade).

Cuidados como manter os alunos sempre juntos numa das paredes e saírem para outra só no apito são válidos para não existirem encontros de frente entre eles e colisões que possam causar lesões. Outra forma interessante de se observar ao final de cada brincadeira é destinar o apito a quem ganhou a brincadeira, pois essa posição de comando da brincadeira, que logo passará por todos os aprendentes, é uma experiência agradável na desinibição dos alunos e na sua participação ativa, além do fato de trabalhar a sua capacidade de decisão, autonomia, bem como colabora para o melhor entendimento da atividade proposta, ao mesmo tempo em que o aprendente descansa, após ter galgado o principal papel da brincadeira e que dispõe de mais movimento e energia, que é ser o pegador. Ressaltamos que não é dar o apito e abandonar a criança na atividade, mas, sim, uma oportunidade de observar mais a distância e intervir nas suas decisões, quando necessário for, instruindo-o, sempre. Temos vídeos em que aprendentes autistas, dessas turmas descritas, assim como outros aprendentes, com outras deficiências, aparecem, plenamente, cumprindo também esse papel de apitar (comandar) na brincadeira. Demonstrando conhecer as regras e perceber os vários nuances e possibilidades que ela causa, por exemplo, quem está pegando sentado, levantar para pegar os fugitivos e o aprendente com deficiência (autismo), no apito, não aceitar tal fato, parar a brincadeira e colocar o "espertinho" sentado de novo no seu lugar devido.

Os casos de pessoas com deficiência nessas turmas não foram poucos. Tivemos um cadeirante com comprometimento motor, mas com o seu cognitivo preservado, dois casos de Síndrome de Down, três casos de Autismo e uma deficiência visual. Todo o processo de criação das atividades, levava em consideração a característica individual de cada um e como cada um poderia ter apoio durante as aulas. Nesse sentido, a escola contava com um profissional especializado em pessoas com deficiência, que acompanhava o aluno nas sessões de aula e ajudava muito o professor de Educação Física a decifrar coisas importantes para a montagem e o bom desenvolvimento das aulas. Fora isso, o professor buscava auxílio na literatura da época, artigos e outras vivencias comunicadas a Ciência, de modo a buscar melhorar as suas ações. Hoje, esse tipo de informação é muito mais amplo que naquela ocasião. O que torna esse relato sensato e discutido, num momento melhor, quanto ao entendimento daquele momento.

Pesquisas no campo da Pedagogia e Saúde Mental com a Psicologia da Educação têm procurado investigar e discutir a função da escola e o papel de todos os seus protagonistas, entre eles, o professor, no processo de inclusão, de modo a proporcionar um ensino voltado e mais adequado a TODOS os aprendentes. Essas pesquisas interdisciplinares têm viabilizado estratégias a serem utilizadas no dia a dia profissional em diferentes casos de inclusão escolar (RORIZ, 2005; LACERDA, 2006; SILVEIRA; NEVES, 2006; BARBOSA; MOREIRA, 2009; FERRAZ *et al*., 2010; SANTOS *et al*., 2011; RÉZIO *et al*., 2012; ALMEIDA, 2012; WEBER; BRUDNA, 2013; SCHENEIDER; FONSECA, 2013; PIEDRA, 2015; PIRES; SOUZA, 2015; DECUSSATTI *et al*., 2016). Vale salientar que algumas pesquisas no campo da Educação Física destacam, num cenário mais atual, um movimento de maior receptividade em relação à inclusão, com mais informações que naquele passado recente, porém esses estudos colocam que as ações pedagógicas concretas, ainda assim, são frágeis e necessitam de estratégias mais adequadas (FALKENBACH; WERLE; DREXSLER, 2006; EIZIRIK, 2008; CHICON *et al*., 2016; VASCONCELLOS *et al*., 2016; BARBOSA, 2018).

Considerações finais

Só por tudo isso descrito anteriormente, subentende-se que o ensino deva ser a longo prazo e, por isso, ultrapassando a linha, muitas vezes, mal compreendida como limítrofe da educação infantil para o ensino fundamental I, o que não acontece, de fato, e sendo no fundamental I, onde a maior parte dos aprendentes vão apresentar padrões em níveis elementares e maduros, ou seja, resultados significativos, advindos, logo nos anos iniciais, caso tenha um trabalho dirigido nesse sentido, diversificado e de longo prazo. Tudo isso nos leva a crer que a criatividade do professor no sentido de modificar atividades com fundo pedagógico e visando o desenvolvimento motor nessa faixa etária, sobretudo dos cinco primeiros anos escolares, a partir da educação infantil, é essencial para a formação de um ser humano melhor, desenvolvido em suas capacidades motoras. Levamos em conta que duas sessões de aula semanais de 45 minutos, do ponto de vista lógico, já seria um paliativo limitante para um professor atingir todos os seus objetivos nos mais diversos temas a serem trabalhados durante um ano de trabalho. Casar atividades, então, com inteligência, é uma boa forma de se aplicar os conteúdos da Educação Física. Uma aula rica de possibilidades e temas desperta muito mais atenção da criança, que tem a sua motivação aguçada, quando, numa sessão de aula, tem uma vivência intensa com várias nuances à sua disposição. Disponibilizar materiais diversos em formas, tamanhos, composição e que causem realizações distintas, como bolas que pulam ou não, bolas de formatos diferentes, grandes ou pequenas, leves ou mais pesadas e até quadradas, nesse caso (dados de pano), foram todos experimentos que fizemos e que modificavam as ações colaborando para que os aprendentes adquirissem o seu arquivo motor de forma bem diversificada e rica.

REFERÊNCIAS

ALMEIDA, Cristina Fernandes Cunha. **A Inclusão de Crianças com Paralisia Cerebral no 1º Ciclo do Ensino Regular**: Práticas Educativas Inclusivas. 2012. Dissertação (Mestrado em Educação) – Universidade Católica Portuguesa, Viseu, Portugal, 2012.

BARBOSA, Altemir José Gonçalves; MOREIRA, Priscila de Souza. Deficiência Mental e Inclusão Escolar: Produção Científica em Educação e Psicologia. **Revista Brasileira de Educação Especial**, Marília, v. 15, n. 2, p. 337-352, maio/ago. 2009.

BARBOSA, Marily Oliveira. O transtorno do espectro autista em tempos de inclusão escolar: o foco nos profissionais de educação. **Revista Educação Especial**, v. 31, n. 61, p. 299-310, 2018. Disponível em: https://periodicos.ufsm.br/educacaoespecial/article/view/24248/pdf. Acesso em: 10 jan. 2022.

BORBA, Ângela M. O brincar como um modo de ser e estar no mundo. *In*: BRASIL, MEC/SEB; BEAUCHAMP, Jeanete; RANGEL, Sandra Denise; NASCIMENTO, Aricélia Ribeiro do (org.). **Ensino Fundamental de nove anos;** orientações para a inclusão da criança de seis anos de idade. Brasília: Ministério da Educação, Secretaria de Educação Básica, 2006.

BRASIL. Ministério da Educação. Secretaria de Educação Fundamental. **Referencial Curricular Nacional para a Educação Infantil**. Brasília: MEC/SEF.

CHICON, José Francisco; HUBER, Leilane Lauer; ALBIÁS, Thais Rodrigues Mardegan; SÁ, Maria das Graças Carvalho Silva de; ESTEVÃO, Adriana. Educação Física e Inclusão: A mediação pedagógica do professor na brinquedoteca. **Revista Movimento**, Porto Alegre, v. 22, n. 1, p. 279-292, jan./mar. 2016.

COLETIVO DE AUTORES. **Metodologia do Ensino de Educação Física**. São Paulo: Cortez, 1992.

DECUSSATTI, Dênis Oliveira; TEIXEIRA, Fábio Luis Santos; CAMINHA, Iraquitan Oliveira. Educação Física e Teoria das Cinco Peles: uma revisão sistemática. **Revista Movimento**, Porto Alegre, v. 22, n. 1, p. 337-346, jan./mar. 2016.

EIZIRIK, Marisa Faermann. Diferença e Exclusão ou...a gestação de uma mentalidade inclusiva. **Inclusão:** Revista da Educação Especial, Brasília, v. 4, n. 2, p. 17-23, jul./out. 2008.

FALKENBACH, Atos Prinz; WERLE, Verônica; DREXSLER, Greice. Crianças com necessidades especiais na Educação Física. *In:* CONGRESSO SULBRASILEIRO DE CIÊNCIAS DO ESPORTE, 3., 2006, Santa Maria. **Anais [...]**. Santa Maria – RS: UFSM, 2006.

FERRAZ, Clara Regina Abdalla; ARAÚJO, Marcos Vinícius de; CARREIRO, Luiz Renato Rodrigues. Inclusão de crianças com Síndrome de Down e Paralisia Cerebral no Ensino Fundamental I: comparação dos relatos de mães e professores. **Revista Brasileira de Educação Especial**, Marília, v. 16, n. 3, p. 397-414, set./dez. 2010.

FERREIRA, Aurélio Buarque de Holanda. **Dicionário da Língua Portuguesa**. São Paulo: 2010

FREIRE, João Batista; SCAGLIA, Alcides José. **Educação como prática corporal.** São Paulo: Scipione, 2003.

FROEBEL, Friederich. **A Educação do Homem**. Tradução de Maria Helena C. Bastos. Passo Fundo: EdUPF, 2001.

GARANHANI, Marynelma Camargo. A educação física na escolarização da criança pequena. **Pensar a Prática**, v. 5, p. 106-122, 2002. Disponível em: https://www.revistas.ufg.br/fef/article/view/49/46. Acesso em: 10 jan. 2022.

GALLAHUE, David Lee; OZMUN, John Charles. **Compreendendo o desenvolvimento motor**. São Paulo: Ed. Phorte, 2001.

GOUVÊA, Fernando Cesar. **Motivação e prática da Educação Física**. Campinas: Papirus, 2007.

KISHIMOTO, Tizuco Morchida (org.). **Jogo, brinquedo, brincadeira e a educação**. 4. ed. São Paulo: Cortez, 2000.

LACERDA, Cristina Broglia Feitosa de. A Inclusão Escolar de alunos surdos: o que dizem os alunos, professores e intérpretes sobre esta experiência. **Caderno Cedes**, Campinas, v. 26, n. 69, p. 163-184, maio/ago. 2006. Disponível em: http://www.cedes.uniamp.br. Acesso em: 10 jan. 2022.

MEDINA, João Paulo S. **A Educação Física cuida do corpo e... mente**. Papirus, 2004.

PAIM, Maria Cristina Chimelo; PEREIRA Érico Felden. Fatores Motivacionais dos Adolescentes para a prática de Capoeira na Escola. **Motriz**, Rio Claro, v. 10, n. 3, p. 159-166, 2004.

PIEDRA, Joaquin. Gays y Lesbianas em el Deporte: discurso de jóvenes universitários españoles em torno de su aceptación. **Revista Movimento**, Porto Alegre, v. 21, n. 4, p. 1067-1081, out./dez. 2015.

PIRES, Joice Vigil Lopes; SOUZA, Maristela da Silva. Educação Física e a aplicação da lei n.º 10.639/03: análise da legalidade do ensino da Cultura Afro-Brasileira e Africana em uma escola municipal do RS. **Revista Movimento**, Porto Alegre, v. 21, n. 1, p. 193-294, jan./mar. 2015.

RÉZIO, Geovana Sôffa; CUNHA, Jackeline Oliveira do Vale; FORMIGA, Cibelle Kayenne Martins Roberto. Estudo da Independência Funcional, Motricidade e Inserção Escolar de Crianças com Paralisia Cerebral. **Revista Brasileira de Educação Especial**, Marília, v. 18, n. 4, p. 601-614, out./dez. 2012.

RORIZ, Ticiana Melo de Sá. **Inclusão/exclusão social e escolar de crianças com Paralisia Cerebral, sob a óptica dos profissionais de saúde**. 2005. Dissertação (Mestrado em Educação) – Departamento de Neurologia, Psiquiatria e Psicologia Médica, Universidade de São Paulo, São Paulo, 2005.

SANTOS, Lúcia Helena C. dos; GRISOTTO, Karen Pangracio; RODRIGUES, Danielle Caldas B.; BRUCK, Isac. Inclusão escolar de crianças e adolescentes com paralisia cerebral: esta é uma realidade possível para todas elas em nossos dias? **Revista Paulista de Pediatria**, v. 29, n. 3, p. 314-319, 2011.

SARAIVA. Infantil de A Z: **Dicionário** da Lingua Portuguesa ilustrado/[gerente editorial Rogério Carlos Gstalo de Oliveira; ilustrado Fernando Gonsales]. São Paulo: Saraiva, 2006.

SCHENEIDER, Sônia Maria; FONSECA, Maria da Conceição Ferreira Reis. ESSE É O MEU LUGAR... ESSE NÃO É O MEU LUGAR: INCLUSÃO E EXCLUSÃO DE JOVENS E DE ADULTOS NA ESCOLA. **Educação & Sociedade**, Campinas, Centro de Estudos Educação e Sociedade, v. 34, n. 122, p. 227-244, 2013.

SILVEIRA, Sérgio Roberto; BASSO, Luciano; FREUDENHEIN, Andrea Michele; CORRÊA, Umberto Cesar; FERREIRA, Marilda Gonçalves; TANI, Go. Aquisição da habilidade motora rebater na Educação Física escolar: um estudo das dicas de aprendizagem como conteúdo de ensino. **Revista Brasileira de Educação Física e Esporte,** São Paulo, v. 27, n. 1, p. 149-157, jan./mar. 2013.

SILVEIRA, Flávia Furtado; NEVES, Marisa Maria Brito da Justa. Inclusão Escolar de Crianças com Deficiência Múltipla: Concepções de pais e professores. **Psicologia:** Teoria e Pesquisa, ano 1, v. 22, p. 79-88, jan./abr. 2006.

VASCONCELLOS, Alice Sonaglio de; FINOQUETTO, Leila Cristiane; MACHADO, Roseli Belmonte; FREITAS, Débora Duarte. Inclusão e Educação Física no município de Rio Grande: Reflexões sobre as percepções dos educandos com deficiência. **Revista Movimento**, Porto Alegre, v. 22, n. 2, p. 835-848, jul./set. 2016.

WEBER, Elaine Terezinha de Almeida; BRUDNA, Francieli Andreatta. Os desafios e possibilidades da Inclusão na Rede Regular de Ensino. *In:* SEMINÁRIO INTERNACIONAL DE EDUCAÇÃO NO MERCOSUL, 15., 2013. **Anais [...]**. Brasil, 2013. p. 10-19.

CAPÍTULO 16

A INTER-RELAÇÃO NECESSÁRIA ENTRE O BRINCAR E A AÇÃO CORPORAL PARA O DESENVOLVIMENTO DA CRIANÇA DA EDUCAÇÃO INFANTIL

Ida Carneiro Martins
Alexandre Aparecido Alves de Lima
Lucimar Cristina da Silva
Francisco Finardi do Nascimento
Karina Paula da Conceição

INTRODUÇÃO

Há muito se discute a relevância do brincar e da ação corporal infantil para o desenvolvimento da criança, é o que encontramos na produção científica e nos documentos oficiais relativos à educação infantil. O documento das Diretrizes Curriculares Nacionais para a Educação Infantil (DCNEI) identifica como eixos norteadores para as práticas pedagógicas as interações e o brincar, já a Base Nacional Comum Curricular (BNCC) assume tais eixos e estabelece as referências para a ação corporal infantil no campo de experiência denominado "Corpo, gestos e movimentos".

Todavia, o que podemos perceber nos resultados iniciais de uma pesquisa em andamento é que, tanto na produção acadêmica, como nesses documentos oficiais, não se considera de modo efetivo a inter-relação entre os dois elementos, o brincar e o movimento da criança, enquanto fundamental para a promoção do melhor desenvolvimento infantil (CUNHA; CONCEIÇÃO; MARTINS, 2022).

Observando tais contextos, podemos afirmar que a valorização dada ao brincar e à ação corporal infantil se encontra nos discursos dos sujeitos do meio educacional, mas nem sempre está presente em suas práticas educativas (MARTINS, 2009).

Foi justamente a apreensão desses dados que nos impulsionaram à escrita do presente capítulo e o argumento que pretendemos desenvolver é que há uma mútua influência entre o brincar e a ação corporal infantil, a qual é potencializadora do desenvolvimento da criança. Ainda mais, para que o desenvolvimento alcance toda a sua potencialidade, é primordial a mediação do adulto que com ela convive e, nesse processo, é preciso que se observe os princípios que fundamentam o trabalho conjunto entre o brincar e o movimento, desde a tenra infância.

Para o encaminhamento de nossa argumentação, baseamo-nos nos estudos da teoria histórico-cultural de Vigotski[43] (1996, 2003, 2008), Leontiev (2014), Elkonin (1987a, 1987b, 1998, 2012) e Zaporozhets (1987a, 1987b), assim como em outros autores que se debruçaram sobre os seus trabalhos.

A periodização do desenvolvimento humano

A perspectiva histórico-cultural do desenvolvimento humano pressupõe considerar a unidade dialética entre o indivíduo e a sociedade, entre o que lhe é natural e o que é adquirido histórico-culturalmente, reconhecer o papel das relações sociais e o momento histórico em que vive o sujeito no processo de sua constituição e compreender o sujeito enquanto totalidade que abarca tais contradições. "Trabalhar esses aspectos da realidade humana enquanto unidade e luta de contrários significa compreender o desenvolvimento psíquico com base na totalidade indivíduo/realidade social, reconhecendo como elemento mediador dessa relação a inserção ativa do sujeito no mundo" (MARTINS, 2016, p. 2).

Assim, o "desenvolvimento neste caso, como frequentemente acontece, se dá não em círculo, mas em espiral, passando por um mesmo ponto a cada nova revolução, enquanto avança para um nível superior" (VIGOTSKI, 2003, p. 63).

Para Elkonin (2012), os períodos de desenvolvimento humano são determinados pela atividade dominante pela qual o indivíduo estabelece relações com o os outros, ou seja, pelas quais ele age no mundo. "De acordo com isso, poderíamos dizer que cada estágio do desenvolvimento mental é caracterizado por uma relação dominante da criança para com seu meio, por uma atividade dominante àquele dado estágio" (LEONTIEV, 1965, p.

[43] Em decorrência das diferentes traduções, utilizaremos Vigotski ou Vigotsky, de acordo com a grafia utilizada na obra.

591-592 *apud* ELKONIN, 2012, p. 155). Vale destacar que, ao se referir à atividade dominante, o autor não quer dizer que essa é o único tipo de atividade exercida pela criança, mas, sim, a principal, em determinada época de sua vida.

> Em cada período, a vida da criança tem muitos aspectos e as atividades das quais sua vida é composta são variadas. Novos tipos de atividades aparecem, a criança forma novas relações com seu entorno. Quando uma nova atividade se torna dominante, ela não cancela todas as atividades previamente existentes: ela meramente altera seu status com o amplo sistema de relações entre a criança e seu meio, o qual, portanto, se torna crescentemente mais rico (ELKONIN, 2012, p. 167).

Segundo Elkonin (1987, p. 122), o desenvolvimento humano é caracterizado por seis períodos, são eles: *comunicação emocional direta, atividade objetal manipulatória, jogo de papéis, atividade de estudo, comunicação íntima pessoal,* e *atividade profissional/estudo.* Como o texto se refere à fase de vida da criança que é a educação infantil, só trataremos dos três primeiros períodos.

O primeiro período, da *comunicação emocional direta,* caracteriza-se por uma sociabilidade muito específica e peculiar, pois, pela sua limitação biológica, o bebê é incapaz de satisfazer as suas necessidade básicas, requerendo, assim, a comunicação máxima com os adultos, ou seja, "[...] o desenvolvimento do bebe no primeiro ano baseia-se na contradição entre a máxima sociabilidade (em razão da situação em que se encontra) e suas mínimas possibilidades de comunicação" (VYGOTSKI, 1996, p. 286, tradução nossa).

> A animação que aparece durante o terceiro mês de vida do bebê e que formalmente foi considerada uma simples reação ao adulto (o estímulo mais forte e mais complexo) é, na realidade, uma atividade complexa com o objetivo de fazer contato com o adulto e empregando seus próprios meios especiais. (VYGOTSKI, 1996, p. 162).

Com o tempo a criança começa a manipular objetos a ela oferecidos pelos adultos e, medida que isso acontece, passa a organizar o processo de comunicação e colaboração, aí se inicia a transição do que era *comunicação emocional direta* para uma colaboração prática e as ações manipulativas vão tomando forma (ELKONIN, 2012).

Determina-se o período de atividade objetal manipulatória e, segundo Elkonin (1987, p. 117), "há motivos para supor que justamente a atividade orientadora na primeira infância seja a atividade objeto-instrumental, na qual se dá a assimilação de procedimentos de ação socialmente elaborados com os objetos", de modo gradativo a criança vai se apropriando dos sentidos atribuídos a eles, ou seja, ela não aprende a utilizá-los sozinha (CRUZ, 2005). "São sempre os adultos que introduzem os brinquedos na vida das crianças e as ensinam manejá-los" (ELKONIN, 1998, p. 46).

Afirma Elkonin (1998) que,

> [...] de um modo geral, toda ação com um objeto que a criança assimila como sendo um modelo que os adultos lhe oferecem apresenta dupla natureza. Por uma parte, tem seu aspecto técnico operante, que requer uma orientação para as propriedades do objeto e para as condições de execução do ato; por outra parte, é um modo social de executar a ação, da qual o adulto é veículo e, por isso mesmo, dá lugar a que a criança lhe equipare. (ELKONIN, 1998, p. 69).

Os objetos são manipulados de acordo com as suas características e função, ou seja, o objeto é que domina a ação. Com o tempo, ele vai perdendo a sua força e a ação infantil passa a ser regida pelo campo das ideias, a criança brinca imaginativamente não se apoiando na sua percepção imediata, mas nos significados atribuídos às circunstâncias, às regras de funcionamento das situações e aos papéis sociais, pois "quando começa a construção do faz-de-conta, opera-se uma separação dos campos da percepção e da motivação, as ações são simuladas e uma coisa é usada para significar outra" (GÓES, 2000, p. 1).

Inicialmente, a criança aprende a brincar e a utilizar o objeto na relação entre pessoas, depois, internaliza o significado da ação, o brinquedo é o pivô que permite a separação do pensamento perceptual imediato e daí decorre as primeiras formas de brincar de faz de conta, pela representação de pequenas ações domésticas (ELKONIN, 1998).

Gradativamente, as ações são desenvolvidas com a utilização de outros objetos, os quais são substituídos pela necessidade, em sua ausência, de completar a ação. Todavia, a substituição não é livre, pois tem que comportar a ação que a criança quer representar (VIGOTSKI, 2008). "Um aspecto essencial para criar essa situação lúdica é a transferência do significado de um objeto para outro" (ELKONIN, 1998, p. 2-3).

> A realidade que circunda a criança pode ser convencionalmente dividida em duas esferas interdependentes, mas, ao mesmo tempo, distintas. A primeira é a esfera dos objetos, tanto naturais quanto produzidos pela mão do homem; a segunda é a esfera de atividade das pessoas, de seu trabalho e das relações que estabelecem. (ELKONIN, 1998, p. 32).

Assim sendo, o período de desenvolvimento no qual a atividade dominante é o *jogo de papéis* se estabelece. Podemos afirmar que o brincar de faz de conta é uma atividade dominante nesse período da infância, todavia, não acontece naturalmente, pois depende da mediação do adulto ou de pares mais experientes para que aconteça.

Na medida em que a experiência da criança é ampliada e as relações sociais passam a ser representadas, ela constrói enredos mais complexos e os seus temas são alargados, pois se relacionam ao contexto social vivido, ou seja, a "base do jogo é social devido precisamente a que também o são sua natureza e sua origem, ou seja, a que o jogo nasce das condições de vida da criança em sociedade" (ELKONIN, 1998, p. 36-37).

O repertório adquirido permite que haja uma melhor coordenação das ações durante a brincadeira, na organização do cenário, no uso dos objetos e brinquedos, na combinação e distribuição de papéis. Vigotski (2008) afirma que o jogo de papéis impulsiona a criança a atuar de maneira superior ao que está acostumada, já que se submete às regras e às normativas sociais, o que proporciona a auto-organização e desenvolva a capacidade de fazer escolhas, nele, "estão representadas em união indissolúvel a motivação afetiva e o aspecto técnico-operacional da atividade" (ELKONIN, 1998, p. 29).

No período posterior, na atividade de estudo, o brincar de faz de conta não desaparece, mas tomam outras formas no período em que há predominância de tarefas escolares, as quais são baseadas em regras e intensifica-se na participação em jogos esportivos. Elkonin (1998) diz que, "serem repetidas uma infinidade de vezes na atividade coletiva real, foram se destacando paulatinamente as regras das relações humanas que levavam com êxito. A sua reconstituição sem fins utilitários reais forma o conteúdo do jogo esportivo" (ELKONIN, 1998, p. 19).

Nesse novo período, *a atividade de estudo* passa a ser dominante, ou seja, é o período no qual a criança passa a adquirir novos conhecimentos via um sistema de instrução, com um direcionamento apropriado para a aprendizagem. Outra questão que se destaca nesse período é a relevância dada pela família à aprendizagem das crianças, o que determina um fato relevante nas relações pessoais.

Após uma breve discussão sobre os períodos de desenvolvimento, segundo a abordagem histórico-cultural, passamos a discutir a relevância que se deve dar à inter-relação entre o brincar e a ação corporal infantil para a potencialização do desenvolvimento da criança.

A inter-relação entre o brincar e a ação corporal infantil para o desenvolvimento da criança

Nosso argumento destaca a fundamental importância de considerarmos a mútua influência que existe entre o brincar e a ação corporal infantil na potencialização do desenvolvimento da criança, o que impõe a necessidade de seu inter-relacionamento na atuação frente a elas, desde a tenra infância. Todavia, quando fazemos tal afirmação, não estamos nos referindo a uma superestimulação da criança, mas, ao contrário, o respeito às características, aos desejos e às necessidades dela em cada tempo de vida.

> De acordo com essa concepção, as condições pedagógicas ótimas para a realização das possibilidades potenciais da criança, para seu desenvolvimento harmonioso, não são criadas por meio de um ensino forçado, superprecoce, destinado a abreviar a infância, a converter a criança antes de seu tempo em pré-escolar, e este em escolar etc. Ao contrário, é essencial, o amplo desdobramento e o máximo enriquecimento do conteúdo das formas especificamente infantis de atividade lúdica, prática e plástica e, também, da comunicação das crianças entre si e com os adultos (ZAPOROZÉTHS, 1987b, p. 247, tradução nossa).

Daí a importância de se ampliar o universo cultural das crianças por meios dos jogos e da ação corporal infantil.

Já apontamos que, no período da *comunicação emocional direta*, existe a necessidade do bebê de se comunicar com o adulto para a resolução de suas necessidades e desconfortos. Na impossibilidade de uma comunicação por palavras, ela se dá por meio de manifestações tais como o choro e, mais adiante, o sorriso. Nesse período, os movimentos infantis são dispersos, involuntários, todavia, o bebê se apercebe do mundo que o cerca por meio dos sentidos. Brincar com a criança, comunicar-se com ela por meio de atividades lúdicas permite a educação dos seus sentidos (FREIRE, 1989). Nesse período, a criança não brinca, é o adulto que brinca com ela, somente depois de algum tempo que ela estabelece algum tipo de parceria durante a brincadeira (BROUGÈRE, 2005).

Isso pode ser observado na brincadeira do *Serra, Serra, Serrador*, uma brincadeira típica que envolve a relação do adulto com a criança, vejamos a música: *Serra, serra, serrador, Quantas tábuas já serrou? Eu serrei vinte e quatro, 1, 2, 3, 4*... A brincadeira se desenvolve com a criança apoiada nas pernas de um adulto que está sentado com elas unidas. Se o bebê, ainda, não tiver o controle da cabeça, é importante que se apoie as mãos atrás de seu pescoço para que se possa brincar. Enquanto a música é cantada, balança-se a criança para frente e para trás, mantendo-a apoiada. Ao final da cantoria, quando se diz o número 4, beija-se a criança.

Durante a brincadeira, na interação lúdica do adulto com a criança, verificamos a possibilidade de potencializar o seu desenvolvimento em vários aspectos: ao segurar o bebê, é-lhe propiciada a percepção tátil dos limites de seu próprio corpo; ao balançar a criança e ao cantar é dada, pela percepção auditiva e pelo balanço do corpo, a noção de ritmo; potencializa-se o esforço para a estabilização no controle corporal; pela ludicidade e a expressão afetiva, em especial com o beijo ao final, é promovido o sentimento de empatia, tão necessário ao desenvolvimento posterior da criança.

> Consequentemente, é o adulto que atrai a criança para a comunicação e então, no processo dessa mesma atividade, a nova necessidade de comunicação é gerada aos poucos nos pequenos, diferente de todas as que existiam no bebê desde os primeiros contatos com os que estão próximo a ele (LÍSINA, 1987, p. 282).

Além da comunicação propriamente dita, a relação que o adulto estabelece com a criança por meio de condutas lúdicas a impulsiona a agir, em especial, em relação às propostas manipulativas no oferecimento de objetos e brinquedos. Esse processo, em conjunto com as experiências vivenciadas, dá a percepção de si, pois a criança gosta de olhar e mexer nos pés e nas mãos; do outro, pois aprecia tocar e ser tocada; e do que a cerca por meio das capacidades perceptivas e das habilidades manipulativas são uma base importante para as ações sensório motoras nessa fase e nas posteriores (ELKONIN, 1987).

A transição de um processo de *comunicação emocional direta* para um período no qual a atividade dominante é a *objetal manipulatória*, dá-se quando a criança já possui uma base sensório-motora que permita tal manipulação, daí que se passa para um processo de colaboração prática.

> Dessa forma, então, as ações objetais surgem no contexto da comunicação das crianças com os adultos. Mas então elas adquirem uma relativa independência da atividade comunicativa e têm sua própria linha de desenvolvimento, ligada à comunicação, mas não mais fundida a ela. Entre a atividade objetal e as comunicativas se estabelecem relações complexas. (LÍSINA, 1987, p. 282, tradução nossa).

Mais adiante no tempo, a relação com o mundo pela manipulação de objetos se torna mais efetiva, pois antes "de serem devidamente utilizadas na atividade prática, as novas habilidades motoras devem passar por um certo caminho de exercício e aperfeiçoamento na atividade lúdica da criança" (ZAPORÓZHETS, 1987, p. 81-82).

pela manipulação de objetos que a criança consolida as coordenações sensório-motoras necessárias ao jogo de faz de conta, que só se origina quando a condição motora para a representação de gestos e ações que a criança deseja empreender (ELKONIN, 2012) e os adultos têm um papel fundamental na atribuição dos sentido aos gestos e movimentos realizados com os objetos, pois são eles que ensinam as crianças brincar com os brinquedos (CRUZ, 2005).

Aos poucos, a criança passa a utilizar os objetos para representar pequenas ações domésticas, pois ainda apresenta dificuldades para coordenar as ações, porém, gradativamente, as relações sociais são enfocadas, os contextos sociais se ampliam e os enredos se tornam mais complexos, ela assume papéis diferenciados e passa a afirmar na brincadeira: "Eu sou..." (referindo-se a algum papel), esse é o período que a atividade dominante é o *jogo de papéis* (ELKONIN, 1987a).

Nesse período, o desenvolvimento das habilidades motoras tem fundamental importância para a vida da criança, pois ampliam as suas possibilidades de relações como os outros e com o meio que a cerca.

> Na idade pré-escolar ocorre uma profunda mudança nas habilidades motoras da criança. Os pequeninos ficam mais fortes, mais resistentes; seus movimentos, mais hábeis e coordenados. A criança adquire, nessa idade, uma série de novas habilidades motoras complexas que desempenham um papel importante na vida adulta; finalmente, ele aprende a executar os movimentos de forma consciente e voluntária. (ZAPORÓZHETS, 1987, p. 71, tradução nossa).

Tendo a criança estruturada uma base motora que lhe permita ampliar a sua ação e no jogo de faz de conta o "domínio do movimento torna-se o objetivo da atividade da criança. Ele conscientemente tenta reproduzir os movimentos característicos de um determinado personagem, transmite intencionalmente seus modos peculiares" (ZAPORÓZHETS, 1987, p. 82, tradução nossa).

Observando tal condição podemos afirmar que a intervenção do adulto, para proporcionar o alcance da melhor potencial do desenvolvimento infantil, pode elevar a níveis consideráveis de qualidade da ação corporal da criança, ao mesmo tempo em que a qualidade de movimento alcançada possibilita uma maior habilidade para os gestos e movimentos na representação de papéis e situações, os quais impulsionam a execução de movimentos de maior complexidade. Assim, podemos afirmar que na atividade do jogo de faz de conta é imprescindível proporcionar o trabalho que inter-relacione o brincar e o movimento infantil, para que se alcance níveis superiores de pensamento e de ação.

Considerações finais

Observando o exposto anteriormente, pensamos que o uso de uma linguagem própria da infância, da atividade dominante da idade pré-escolar, ou seja, o jogo de faz de conta, parece-nos adequado à proposição de práticas educativas que objetivem o desenvolvimento da motricidade infantil (MARTINS, 2002). "A correta correlação entre a assimilação de novos movimentos em exercícios especiais e seu desenvolvimento em movimento e jogos criativos constitui um dos principais objetivos na organização da educação física na idade pré-escolar" (ZAPORÓZHETS, 1987a, p. 82, tradução nossa).

Fugir da proposição do tipo: "Quero ver quem é capaz de...", porque a criança que não conseguir realizar a proposta se considerará incapaz, mas, sim, ter um enredo que encaminhe a ação, ou seja, dar à criança um motivo para a realização da ação corporal infantil, pois "alguns movimentos que se formam na idade pré-escolar, como sua realização e desenvolvimento dependem da natureza da tarefa proposta à criança e dos motivos da atividade da criança" (ZAPORÓZHETS, 1987a, p. 73, tradução nossa).

Observando o argumento dos autores, ao final do trabalho, podemos afirmar que há a necessidade de se considerar a mútua influência entre o brincar e ação corporal infantil, em especial, dar referências para a ampliação da compreensão do processo e "dirigi-lo conscientemente, a utilizá-lo como um meio de educação e desenvolvimento da criança pré-escolar" (ELKONIN, 1987, p. 85).

Assim pensando, afirmamos que as crianças necessitam brincar e se movimentar para que alcancem o seu melhor desenvolvimento, para que se humanizem nas ações de serem crianças e nós, adultos, precisamos nos responsabilizar em favorecer tal processo.

REFERÊNCIAS

BROUGÈRE, Gilles. **Brinquedo e cultura.** Tradução de Maria Alice A. de Sampaio Dória. Revisão Técnica de Gisela Wajskop. São Paulo: Cortez, 1995.

CRUZ, Maria Nazaré da. O brincar na educação infantil e o desenvolvimento da criança. *In*: SILVA, Daniela Nunes Henrique da; ABREU, Fabrício Santos Dias de. **Vamos brincar de quê?**: cuidado e educação no desenvolvimento infantil. São Paulo: Summus, 2015. Cap. 3. p. 67-90.

CUNHA, Jonas; CONCEIÇÃO, Karina Paula da; MARTINS, Ida Carneiro. As inter-relações entre o brincar e o movimento na educação da infância: uma revisão sistemática da produção teórica nos últimos 5 anos. *In*: ALMEIDA, Marcos Teodorico Pinheiro de. **O game em jogo**: diálogos e reflexões sobre a ludicidade do jogar na era digital. Fortaleza: Instituto Nexos, 2022. Cap. 8. p. 99-109.

ELKONIN, Dannil Borisovich. Sobre el problema de la periodizacion del desarrollo psiquico en la infancia. *In*: DAVIDOV, Vasili; SHUARE, Marta. **La Psicologia Evolutiva y Pedagógica en la URSS (Antologia)**. Moscou: Editorial Progresso, 1987a. p. 104-124.

ELKONIN, Dannil Borisovich. Problemas Psicologicos del Juego en la Edad Preescolar. *In*: DAVIDOV, Vasili; SHUARE, Marta. **La Psicologia Evolutiva y Pedagógica en la URSS (Antologia)**. Moscou: Editorial Progresso, 1987b. p. 104-124.

ELKONIN, Dannil Borisovich. **Psicologia do Jogo.** Tradução de Álvaro Cabral. São Paulo: Martins Fontes, 1998.

ELKONIN, Dannil Borisovich. Enfrentando o problema dos estágios no desenvolvimento mental das crianças. **Educar em Revista** [online], [*S. l.*], n. 43, p. 149-172, 2012. Disponível em: https://doi.org/10.1590/S0104-40602012000100011. Acesso em: 16 maio 2022.

FREIRE, João Batista. **Educação de corpo inteiro**: teoria e prática da Educação Física. São Paulo: Scipione, 1989.

GÓES, Maria Cecília Rafael. O jogo imaginário na infância: a linguagem e a criação de personagens. *In*: REUNIÃO ANUAL DA ASSOCIAÇÃO NACIONAL

DE PÓS-GRADUAÇÃO E PESQUISA NA EDUCAÇÃO (ANPED), 23., 2000, Caxambu - Mg. **Anais [...]**. Caxambu-MG: Anped,2000.p.1-15.Disponívelem: https://anped.org.br/sites/default/files/gt_07_08.pdf. Acesso em: 22 maio 2022.

LEONTIEV, Alexis Nikolaevich Os princípios psicológicos da brincadeira pré-escolar. *In*: VIGOTSKII, Lev Semenovich; LURIA, Alexander Romanovich; LEONTIEV, Alex N. **Linguagem, desenvolvimento e aprendizagem**. Tradução de Maria da Pena Villalobos. 13. ed. São Paulo: Ícone, 2014. Cap. 6. p. 119-142. (Col. Educação Crítica).

LÍSINA, Maia. La génesis de las formas de la comunicación en los niños. *In*: DAVÍDOV, Vasili; SHUARE, Marta (org.). **La Psicología Evolutiva y Pedagógica en la URSS (Antología)**. Moscou: Editorial Progresso, 1987. p. 274- 298.

MARTINS, Ida Carneiro. **As relações do professor de educação infantil com a brincadeira:** do brincar na rua ao brincar na escola. 2009. 169f. Tese (Doutorado em Educação) – Programa de Pós-graduação em Educação, Faculdade de Ciências Humanas, Universidade Metodista de Piracicaba, 2009.

MARTINS, Lígia Márcia, ABRANTES, Angelo Antonio; FACCI, Marilda Gomes Dias (org.). **Periodização Histórico-Cultural do Desenvolvimento Psíquico**: do nascimento à velhice. Campinas, SP: Autores Associados, 2016.

VIGOTSKY, Lev Semionovitch. El problema de la edad. *In*: **Obras Escogidas. T. IV.** Segunda Edición. Madrid: Visor, 1996. p. 251-273.

VIGOTSKI, Lev Semionovitch. **A formação social da mente:** o desenvolvimento dos processos superiores. Organização de Michael Cole *et al.* Tradução de José Cipolla Neto, Luís Silveira Menna Barreto e Solange Castro Afeche. 6. ed. São Paulo: Martins Fontes, 2003. 191 p.

VIGOTSKI, Lev Semionovitch. A brincadeira e o seu papel no desenvolvimento psíquico da criança. Tradução de Zoia Prestes. **Revista Virtual de Gestão de Iniciativas Sociais**, 2008. Disponível em: https://isabeladominici.files.wordpress.com/2014/07/revista-educ-infant-indic-zoia.pdf. Acesso em: 15 maio 2022.

ZAPORÓZHETS, Alexander. Estudio psicológico del desarrollo de la motricidad en el niño preescolar. *In*: DAVIDOV, Vasili; SHUARE, Marta. **La Psicologia Evolutiva y Pedagógica en la URSS (Antologia)**. Moscou: Editorial Progresso, 1987a. p. 71-82.

ZAPORÓZHETS, Alexander. Importancia de los Periodos Iniciales de la Vida en la Formacion de la Personalidad Infantil. *In*: DAVIDOV, Vasili; SHUARE, Marta. **La Psicologia Evolutiva y Pedagógica en la URSS (Antologia)**. Moscou: Editorial Progresso, 1987b. p. 228-249.

CAPÍTULO 17

SENTIR, PENSAR E AGIR COM "ENZO E VALENTINA" NO ESTÁGIO EM EDUCAÇÃO FÍSICA *NA* E *COM* A EDUCAÇÃO INFANTIL: AVANÇOS E LIMITES DA DOCÊNCIA COMPARTILHADA NA RESIDÊNCIA PEDAGÓGICA

Emmanuelle Cynthia da Silva Ferreira
Lucas Luan de Brito Cordeiro
Ana Alice Lopes Bezerra
Vanessa Maria Ferreira Luduvino Xavier
Ravenna de Freitas Pinto
Raiany Kelly Abreu de Oliveira
Sérgio Renato Bezerra Filho
Luiz Sanches Neto
Luciana Venâncio

INTRODUÇÃO

Este capítulo abrange a iniciação à docência e as contribuições de seis estudantes residentes — do programa institucional de bolsas de residência pedagógica (RP) —, no processo de formação inicial de professores/as no âmbito do curso de licenciatura em Educação Física da Universidade Federal do Ceará (UFC). As coautorias do capítulo referem-se às ações conjuntas de três professores/as-pesquisadores/as (Emmanuelle, Luiz e Luciana) e dos/as seis bolsistas (Lucas, Alice, Vanessa, Ravenna, Raiany e Renato), em um núcleo do programa de RP, subsidiado pela Capes, no período de setembro de 2020 a abril de 2022. Embora a RP tenha equivalência ao estágio curricular supervisionado, nós organizamos uma turma específica de estágio *na* educação infantil com os/as residentes, porque as escolas-campo da RP abrangeram outros níveis de ensino. A perspectiva que subsidia o estágio está ancorada no pressuposto formativo de que nos tornarmos professores/as-pesquisadores/as em um processo complexo e colaborativo a longo prazo (VENÂNCIO; SANCHES NETO, 2022). Desse modo, uma experiência compartilhada no estágio supervisionado em educação física *na* e *com* a educação infantil é problematizada por nós neste capítulo. O foco está na criação de uma narrativa baseada em dois/as personagens, **Enzo** e **Valentina**, que se tornaram *objetos de aprendizagem* (SANCHES NETO *et al.*, 2006; ZYLBERBERG, 2003).

Por um lado, essa experiência foi contemplativa, reflexiva, empolgante, às vezes frustrante e — em concordância com os/as residentes, que interviram como colegas de estágio — foi desafiadora. A experiência foi contemplativa e reflexiva em relação às interações com as crianças, tornando-se estudantes, bem como os seus modos de agir e questionar tudo ao seu redor e em como os/as futuros/as professores/as podem realizar vivências reflexivas e análises do ambiente a cada encontro de aprendizagem. Essas análises levam em conta os contextos em que as crianças estão inseridas, assim como as demandas do ambiente em que lhes foram oportunizadas as primeiras vivências e instruções de sobrevivência. Além disso, a experiência foi empolgante por conta das linguagens que a educação infantil possibilita que desenvolvamos para reelaborarmos saberes de volta às crianças e junto com elas, como desenhos, vídeos etc. na construção dos planos de aula.

Embora utilizemos a nomenclatura de "planos de aula" ao nos referirmos ao planejamento e à estruturação dos encontros com as crianças — que são diferentes de sessões recreativas, de lazer e/ou de entretenimento, por exemplo —, há um detalhe importante que precisamos ressaltar. Na dinâmica dos processos de ensino e de aprendizagem na educação infantil, entendemos que os "encontros de aprendizagem" designam com mais coerência o protagonismo das crianças nas suas próprias aprendizagens e o tempo pedagogicamente necessário para que essas aprendizagens sejam concretizadas de modo situado. Esse entendimento diz respeito à temporalidade intersubjetiva das infâncias, que não se limita à estruturação temporal das intencionalidades pedagógicas na forma de "aulas", como ocorre em outros níveis da educação básica.

Por outro lado, a experiência foi frustrante e desafiadora no quesito de romper com os próprios paradigmas dos/as residentes para que entendessem como cada aspecto dos processos de ensino e de aprendizagem tem particularidades e potencialidades. A reflexão acerca dos encontros, desde o seu planejamento até a sua realização, acontecia constantemente de acordo com as limitações que iam surgindo no decorrer da construção das aulas ou depois que elas eram concretizadas. A reflexão, muitas vezes, acontecia a partir de algumas colocações dos/as residentes frente às suas limitações ou por algumas dificuldades que estavam implícitas no contexto, por exemplo, o fato de estarem em situação de ensino remoto — em decorrência das medidas de distanciamento social para o enfrentamento da pandemia da Covid-19 (SARS-CoV-2). O contexto pandêmico é um dos desafios do tempo presente e tem reconfigurado os modos de ensino em toda a educação básica e em todas as áreas (MARTINS *et al.*, 2021; PRATA-LINHARES *et al.*, 2020; SILVA *et al.*, 2022). Sendo assim, a partir disso, as reflexões iam acontecendo à medida que era sentida a necessidade reflexiva e a urgência das ações, para que pudessem superar e transgredir essas limitações.

A professora-pesquisadora supervisora do estágio, antes de assumir essa função, era colega de curso dos/as estagiários/as, o que fez com que se sentissem sempre mais próximos/as dela, de certa forma, e à vontade para conversar abertamente sobre certos assuntos. Desde o início, a professora-pesquisadora foi bastante sincera e explicou como ela também se sentia agora estando naquela posição. Recém-formada e ingressando há pouco mais de um ano na sua carreira profissional docente, tranquilizou os/as estagiários/as com relação a algumas situações e os/as alertou frente a outras. Relatou sobre os seus medos e principais desafios nesse início de carreira e como andava lidando com eles. Inclusive, foi a partir da forma como ela estava trabalhando com os/as estagiários(as) e lidando com essa demanda de ser supervisora de estágio, sendo colaborativa, que estava tentando embasar sua prática, tentando sempre agir de maneira reflexiva e crítica frente às adversidades que enfrentava.

A professora-pesquisadora explicou também sobre um acontecimento que passou no ambiente de aula. Em um momento de esgotamento cognitivo e psicológico, ela pediu para as crianças repetirem seus nomes várias vezes no quadro como forma de "castigo". Depois, refletiu sobre sua contradição naquele momento. Por mais que aquela não fosse a conduta que ela se embasasse, a professora-pesquisadora chegou a um momento em que se viu tendo aquela atitude como alternativa ao acontecido. Falou dos enfrentamentos que vinha fazendo na escola, desde a maneira como os documentos municipais ainda tratam a Educação Física *na* educação infantil até como as outras professoras enxergavam o componente curricular dentro da escola comparado a outros. Algumas circunstâncias foram investigativas pela própria professora-pesquisadora ao problematizar seus desafios como supervisora de estágio (FERREIRA *et al.*, 2021a). E, dentro desses processos, fomos construindo nossa relação e desenvolvendo nosso trabalho colaborativo no ambiente de aula. Experienciar a prática pedagógica da Educação Física *com* a educação infantil foi uma ação muito complexa e desafiadora, com múltiplas implicações (MELLO *et al.*, 2021). As crianças são sujeitos singulares e que nos ensinam muito.

Há indícios de que uma conduta docente freireana foi fomentada nos/as residentes ao longo da RP (SANTOS *et al.*, 2022). Essa conduta é valorizada pela própria professora-pesquisadora que supervisionou o estágio, também sendo investigada por ela (FERREIRA *et al.*, 2021b). Na perspectiva dos/as residentes, no início, fomos mais cautelosos/as e relutantes com relação a trabalhar com algumas temáticas específicas com esse nível de ensino. Porém, no decorrer do processo, as crianças foram nos ensinando a não as subestimar, pois elas eram altamente capazes e estavam muito dispostas a discutir e trabalhar questões como a de gênero, por exemplo. Foi assim — nesse processo formativo colaborativo — que problematizamos diversos temas nas aulas, por meio de histórias em quadrinhos (HQ) com os/as personagens **Enzo** e **Valentina**. O nosso objetivo neste capítulo é apresentar alguns avanços e limites da docência compartilhada na RP a partir do sentir, pensar e agir — vivenciado com as crianças por meio dos/as personagens **Enzo** e **Valentina** — apreendido pelos/as residentes no estágio em educação física *na* e *com* a educação infantil.

Apresentação da proposta

Após uma reunião inicial para compreensão do contexto das crianças presentes na escola de educação infantil e da apresentação da professora-pesquisadora supervisora, foi apresentada a proposta de utilização da estratégia de confecção de HQ para interação síncrona e assíncrona com as crianças. A partir da aceitação da proposta pelos/as residentes, também foi sugerida a organização de grupos operacionais fixos, nos quais seriam definidas diferentes funções de acordo com as semanas de duração do estágio. Assim, foram tematizadas HQ, a partir dos quatro blocos de conteúdos propostos por Sanches Neto *et al.* (2013), tendo como aspecto central um deles, os *elementos culturais*. Seriam problematizados em cada episódio da HQ pelo menos uma de suas seis categorias temáticas, sendo-as: brincadeira e jogo;

circo e ginástica; dança; esporte; luta e capoeira; vivências e atividades da vida diária (AVD). Dessa forma, utilizamos um *template* do aplicativo Canva ©, que fornecia algumas ferramentas para criação de um quadrinho. Iniciamos as HQ, tendo definido como personagens principais **Enzo** e **Valentina**. Esses nomes foram escolhidos por serem nomes frequentemente atribuídos às crianças no contexto brasileiro nos últimos anos.

Brincadeiras e jogos

Fonte: o autor

Em sua apresentação no primeiro episódio, os/as personagens **Enzo** e **Valentina** explicavam inicialmente um sonho de conhecer todas as práticas corporais do mundo. A partir disso, esperavam todas as noites uma estrela cadente, até que a encontraram e desejaram uma nuvem voadora que os/as levassem para qualquer lugar.

Fonte: o autor

A partir da apresentação de **Enzo** e **Valentina** na HQ, iniciamos no segundo episódio a problematização dos conteúdos pela temática (ou subcategoria) brincadeira e jogo. A supressão lúdica da realidade foi compreendida em ambos os elementos culturais, tanto na brincadeira, como no jogo (SANCHES NETO, 2017). Ao viajarem pelas regiões do Brasil, inicialmente no norte brasileiro, os/as personagens foram ao Amazonas brincar de *buraco,* brincadeira característica da região que tem como meta principal acertar três bolas de gude (ou *bilas*) nos três buracos que formam um triângulo.

AS BRINCADEIRAS E OS JOGOS, EPISÓDIO 3

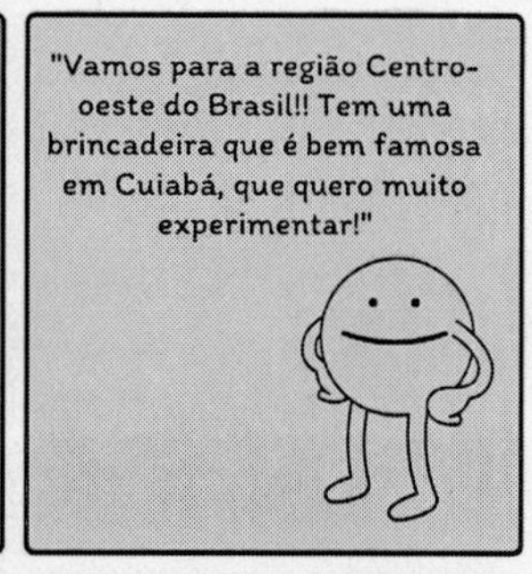

Fonte: o autor

No terceiro episódio, **Enzo** e **Valentina**, ainda no Brasil, seguem sua viagem para a Região Centro-Oeste. Em Cuiabá, os/as personagens jogaram *cinco Marias*, que consiste em fazer o movimento de malabarismo com cinco objetos, iniciando apenas com um objeto e tentando progredir ao máximo.

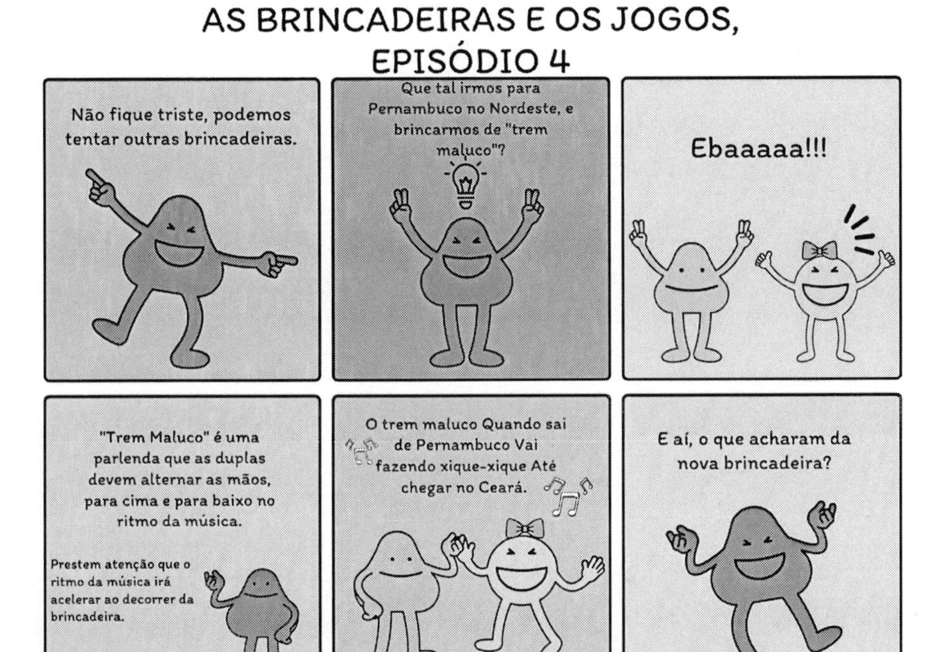

Fonte: o autor

Quanto ao quarto episódio, em uma viagem para o Nordeste brasileiro, especificamente para Pernambuco, os/as personagens brincaram de *trem maluco*. Essa brincadeira rítmica, cantada no estilo de parlenda, requer que as mãos sejam alternadas de cima para baixo, de acordo com os ritmos da música cantada.

Fonte: o autor

Em um quinto episódio, apresentando o sul como a região mais fria do Brasil, os/as personagens conhecem uma brincadeira regional do Rio Grande do Sul, *caiu na rede é peixe*. Essa brincadeira consiste em inicialmente ter um/a pegador/a, que, ao pegar outras pessoas, elas deverão ficar de mãos dadas e tentarão pegar quem ainda não foi pego/a.

Fonte: o autor

Já no episódio 6, **Enzo** e **Valentina** encontram uma ilha onde fazem novos/as colegas, que estão brincando de *tubarão*. Nessa brincadeira, o/a pegador/a, ao nadar debaixo d'água, deve tentar pegar outros/as colegas que, ao serem pegos/as, deverão fazer o mesmo até que todos/as tenham sido pegos/as.

AS BRINCADEIRAS E OS JOGOS,
EPISÓDIO 7

Fonte: o autor

Enquanto no sétimo episódio, com os/as personagens ainda na ilha, **Enzo** e **Valentina** fazem uma brincadeira de origem africana chamada *terra-mar*, que é uma variação de *dentro-fora* ou *vivo-morto*. A intencionalidade pedagógica da professora-pesquisadora com os/as residentes teve o intuito de também tematizar brincadeiras africanas. Conforme Pereira e Venâncio (2021), é necessário explicitar a diversidade dos elementos culturais de matrizes africanas e indígenas para fomentar a criticidade em uma perspectiva antirracista na educação física escolar.

AS BRINCADEIRAS E OS JOGOS,
EPISÓDIO 8

Fonte: o autor

Posteriormente, no oitavo episódio, seguimos a lógica de valorização das brincadeiras de povos originários brasileiros. Após a apresentação dos povos indígenas, também apresentamos a brincadeira da *peteca,* que consiste em jogar o objeto *peteca* para os/as outros/as participantes sem deixá-lo cair. Além disso, em outro momento, foram ensinados os modos de confecção de uma *peteca* com uso de vídeos.

AS BRINCADEIRAS E OS JOGOS, EPISÓDIO 9

Fonte: o autor

Após isso, no nono episódio, há a presença de um personagem característico do folclore brasileiro, o *Saci*. Então, o Saci propõe uma brincadeira com saco, na qual **Enzo**, **Valentina** e colegas deverão utilizar bastante o seu equilíbrio.

Circo e ginástica

Fonte: o autor

Ainda no nono episódio, são continuadas as aventuras de **Enzo** e **Valentina**. Contudo, agora, os/as personagens encontram um circo ao viajarem para a Inglaterra. Esperam se divertir bastante no circo. Porém, infelizmente, os/as personagens encontram um colega que os/as alerta de que animais estão presos logo após um penhasco, onde só é possível passar com uma corda. A partir disso, **Enzo** e **Valentina** incentivam as crianças a tentarem exercícios de equilíbrio e, futuramente, conseguem salvar os animais.

Fonte: o autor

Logo após soltarem os animais, **Enzo** e **Valentina** tentam imitar alguns deles por meio de exercícios que valorizam a flexibilidade. Em posição de *ponte*, os/as personagens imitam uma aranha. Após isso, na ginástica, **Enzo** e **Valentina** conhecem a ginasta brasileira Rebeca Andrade — e o ginasta Arthur Zanetti e a ginasta americana Simone Bales — apresentando as diferentes situações vividas pelos/as atletas nos jogos olímpicos de 2020.

PRONTOS(AS) PARA O PRÓXIMO DESAFIO?

Fonte: o autor

Finalmente, após uma longa temporada, no décimo episódio chegamos à França. Ainda seguindo a lógica da ginástica, agora **Enzo** e **Valentina** — junto/as com seus/as colegas — aprendem sobre o *parkour*, característico de uma prática corporal de aventura (PCA) urbana, com movimentos de saltar, correr, agachar etc.

EPISÓDIO 11: OUTRAS PRÁTICAS DE AVENTURA

Fonte: o autor

No décimo primeiro episódio, mobilizados/as pelo *parkour*, os/as personagens desejam aprender outras PCA. Então, tentam o *surfe*. Além da explicação sobre o que é o *surfe*, **Enzo** e **Valentina** reforçam o respeito ao ambiente marinho e a limpeza dos mares, características éticas da maioria dos/as surfistas. Também salientam os impactos ambientais da poluição nos animais marinhos, motivando as crianças para uma coleta de lixo consciente. As PCA têm especificidades e aproximações com o sentido de esportes na natureza, conforme investigado por Gonçalves *et al.* (2021). Seguindo a lógica de esportes na natureza, os/as protagonistas dessa HQ agora se interessam pelo *Mountain Bike*. É uma PCA que envolve a subida com bicicleta em montanhas, passando por vivências bastante desafiadoras, ao subir e descer diversos obstáculos ao longo do seu passeio de bicicleta.

EPISÓDIO 12: OUTRAS PRÁTICAS DE AVENTURA

Fonte: o autor

Já no décimo segundo episódio, **Enzo** e **Valentina** aproveitam a floresta para praticar arvorismo, atravessando as pontes por meio de redes, como consiste nessa PCA. Porém, ao chegarem do outro lado da floresta, encontram-na extremamente suja e repleta de lixo, questionando-se a origem desse problema. Então, surge o Saci, protetor da floresta, dizendo que o problema está em cima de uma montanha e os/as convida para ajudá-lo.

Vivências e AVD

Fonte: o autor

Ao subirem na montanha, **Enzo** e **Valentina** praticam montanhismo e, em uma referência a um desenho clássico, encontram a origem do lixo espalhado em um personagem do pica-pau, que é o *Luiz Espalha Lixo*. Desse modo, os/as personagens explicam para o *Luiz Espalha Lixo* a importância de não poluir a floresta e mantê-la limpa. Após a conscientização, abre-se um portal e **Enzo** e **Valentina** correm para ver o que há do outro lado.

Lutas e capoeira

Ao problematizarmos as lutas com as crianças, utilizarmos esta música, que foi produzida em colaboração entre os/as residentes e a professora-pesquisadora. A música foi gravada em áudio e compartilhada com as crianças.

Narrador/a: Enzo e Valentina caminham pela floresta

Valentina pergunta: qual aventura que nos resta?
Enzo fala: eu não sei
Muitas coisas experimentei

De tudo um pouco vivenciei

Nadei por todo o mar
No parkour conseguir saltar
Você subiu numa bicicleta
Andamos pela floresta

Veio o espalha lixo e também o ensinamos

Onde jogar lixo
E então comemoramos
A floresta está mais limpa

Os animais mais felizes ainda

Valentina: Olha isso, Enzo, parece até um portal

Vamos entrar nele, parece que é legal
Enzo: Conseguimos entrar, Valentina, mas eu tô com medo
Tem uma mulher ali, parece ter um segredo

Senpai: Oi, crianças, sou a senpai

Sei muitas lutas, vou ensinar como é que faz
Sei que brincaram e muitas coisas jogaram
Mas vamos aprender como os guerreiros batalhavam

Vamos conhecer o sumô, ele fica no Japão

Para entender melhor, preste muita atenção!
Para ganhar essa luta é fácil, empurre seu adversário
Para fora do espaço, mas tome cuidado!

Cuidado com o colega

E respeite bem as regras
Vamos agora pro portal
Pra Europa Ocidental

Lá muitos países criaram a esgrima

Onde tem espadas com a ponta muito fina
Para quem não tem espada isso não é um sinal
Faça sua espada com papel de um jornal!

Mas tome cuidado com cabeça e os olhos

Proteja-se bem com equipamentos e acessórios
Enzo: Pera, senpai, por que isso é uma luta?
Senpai: Olha bem garoto, vou falar então me escuta

Para ser uma luta de distância longa

Tem que ter um implemento
A espada pode ser um grande exemplo
Assim não precisa tocar o adversário

Enzo e Valentina então começam a lutar

Porém não confundam
Não é a mesma coisa que brigar
Nas artes marciais temos respeito e regras
Enquanto na briga não respeitam os colegas

E assim se encerra mais uma experiência

Agora vamos com a Manuh [professora-pesquisadora Emmanuelle] *para ter nossas vivências :D*

EPISÓDIO 13: ENZO E VALENTINA EM... LUTAS DO MUNDO!!!

Fonte: o autor

Partindo do portal misterioso, temos o episódio 13 da série de HQ. **Enzo** e **Valentina** encontram do outro lado do portal uma *Senpai* — mestra em *artes marciais* — que os/as ensinam a diferença entre briga e luta. Além disso, a *Senpai* ensina práticas como *sumô* no Japão, que tem como principal objetivo inserir o/a adversário/a fora do ambiente demarcado. Após a passagem no Japão, a *Senpai* os/as leva à Europa Ocidental para que aprendam *esgrima*, uma luta a longa distância caracterizada por uso de um implemento — semelhante a uma espada — para tocar o/a adversário/a.

EPISÓDIO 14

Fonte: o autor

No décimo quarto episódio, **Enzo** e **Valentina** voltam a encontrar o portal. Contudo, agora, acabam voltando no tempo e viajando para o Brasil do século 19, mais precisamente na Bahia, juntos/as com o Saci. Então, o Saci lhes explica o que é a *capoeira* e sua origem como luta de resistência, bem como suas características de jogo e dança, não se limitando a uma *arte marcial*. Nesse episódio, ainda, temos um momento bastante interativo com **Enzo** e **Valentina** assistindo à tevê e tendo demonstrações de movimentos básicos da capoeira por parte dos/as residentes.

Dança

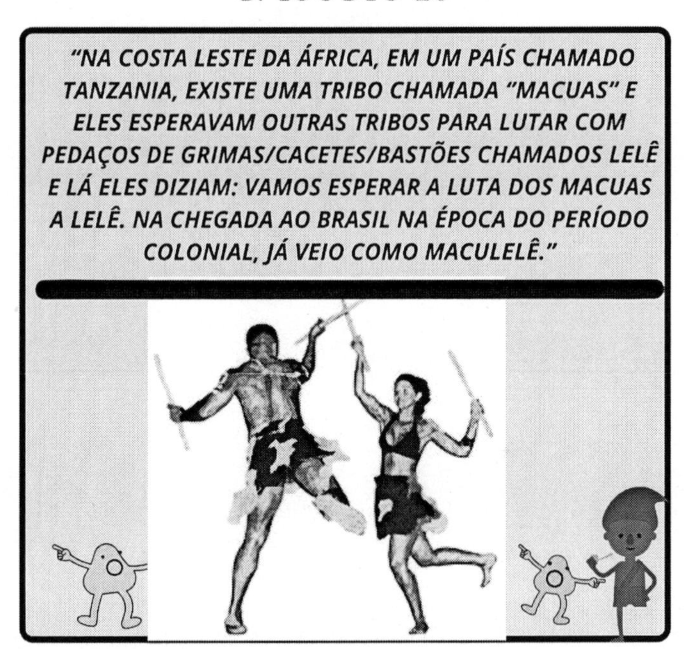

Fonte: o autor

Após as aventuras referentes à dança e à capoeira, os/as personagens são convidados/as pelo Saci para continuar na Bahia e dançar *maculêlê*. Então, aparecem heróis e heroínas negros/as reais e brasileiros/as, como *Dandara* e *Zumbi de Palmares*. Também há a visita do boxeador Popó. Todos/as ensinam valores para o Saci, que são repassados a **Enzo** e **Valentina** para que pudessem aprender sobre essa dança e sua origem africana, com características parecidas com a luta.

Esporte

EPISÓDIO 16: ENZO E VALENTINA EM... ESPORTE

Fonte: o autor

Em seu último episódio e em um clima de despedida, **Enzo** e **Valentina** aprendem um pouco sobre o esporte mais popular no Brasil e no Mundo, o futebol. Aprendem sobre a origem inglesa desse esporte, que foi pouco aprofundado em relação às demais temáticas (subcategorias) da dinâmica dos elementos culturais. Intencionalmente, optamos por não enfatizar o esporte nos encontros de aprendizagem *com* a educação infantil, porque o esporte, geralmente, é o conteúdo mais aprofundado na Educação Física ao longo da escolarização dos sujeitos.

Epílogo

Apresentamos algumas possibilidades, assim como avanços e limitações para a docência a partir da HQ. Consideramos que o sentir, pensar e agir foram vivenciados e potencializados com as crianças por meio dos/

as personagens **Enzo** e **Valentina**. Por meio dessa experiência compartilhada, entendemos que uma conduta docente reflexiva e investigativa — característica de professores/as-pesquisadores/as — foi apreendida pelos/as residentes no estágio em Educação Física *na* e *com* a educação infantil. Nesse sentido, consideramos que a perspectiva crítica e engajada da própria professora-pesquisadora foi imprescindível nesse processo formativo e, por isso, defendemos que esse perfil — de professor/a-pesquisador/a — seja valorizado na escolha de professores/as que colaboram na supervisão dos estágios curriculares supervisionados, sobretudo na educação infantil.

REFERÊNCIAS

FERREIRA, Emmanuelle Cynthia da Silva; LIMA, Cyntia Emanuelle Souza; SANCHES NETO, Luiz; VENÂNCIO, Luciana. Investigando as relações com os saberes necessários à prática educativa: reflexões dos sujeitos da aprendizagem em educação física escolar. **Revista Brasileira de Educação Física Escolar**, Curitiba, edição especial – centenário de Paulo Freire, p. 1-26, 2021b. Disponível em: https://www.rebescolar.com/_files/ugd/99e0c4_7d16740bd5a944e493364f9b0060fd62.pdf. Acesso em: 28 maio 2022.

FERREIRA, Emmanuelle Cyntia da Silva; SANCHES NETO, Luiz; VENÂNCIO, Luciana. Os desafios da supervisão do estágio em educação física na educação infantil: a perspectiva de uma professora pesquisadora em Fortaleza. **Revista Didática Sistêmica**, Rio Grande/RS, v. 23, n. 2, p. 182-207, 2021a. Disponível em: https://doi.org/10.14295/rds.v23i2.13403. Acesso em: 28 maio 2022.

GONÇALVES, Yasmin; ROCHA, Liana Lima; VENÂNCIO, Luciana; SANCHES NETO, Luiz. O esporte na natureza e a sistematização das práticas de aventura na educação física escolar. **Journal of Sport Pedagogy & Research**, Guarda, v. 7, n. 1, p. 12-22, 2021. Disponível em: https://doi.org/10.47863/JHOH5267. Acesso em: 28 maio 2022.

MARTINS, Rodrigo Lema Del Rio; SILVA, Adriane Corrêa da; SANCHES NETO, Luiz. Educação física escolar no tempo presente: dilemas e contradições para a escola pública no enfrentamento da pandemia. *In*: VAGO, Tarcísio Mauro; LARA, Larissa Michelle; MOLINA NETO, Vicente (org.). **Educação física e ciências do esporte no tempo presente: desmonte dos processos democráticos, desvalorização da ciência, da educação e ações em defesa da vida**. Maringá: EdUEM, 2021. p. 181-200. Disponível em: https://public.cbce.org.br/arquivos/repositorio/61af83b40cab4ef_ciencias_do_esporte_tempo _presente.pdf. Acesso em: 28 maio 2022.

MELLO, André da Silva; BERSCH, Ângela Adriane; RIBEIRO, Camilo Borges; MARTINS, Rodrigo Lema Del Rio. Editorial do dossiê – da inserção à legitimação: dilemas e perspectivas da educação física com a educação infantil. **Revista Didática Sistêmica**, Rio Grande-RS, v.23,n.1,p.9-15,2021.Disponívelem: https://doi.org/10.14295/rds.v23i1.13907. Acesso em: 28 maio 2022.

PEREIRA, Arliene Stephanie Menezes; VENÂNCIO, Luciana. African and Indigenous games and activities: a pilot study on their legitimacy and complexity in Brazilian physical education teaching. **Sport, Education and Society**, Londres, v. 26, n. 7, p. 718-732, 2021. Disponível em: https://doi.org/10.1080/13573322.2021.1902298. Acesso em: 28 maio 2022.

PRATA-LINHARES, Martha Maria; CARDOSO, Thiago da Silva Gusmão; LOPES JÚNIOR, Derson S.; ZUKOWSKY-TAVARES, Cristina. Social distancing effects on the teaching systems and teacher education programmes in Brazil: reinventing without distorting teaching. **Journal of Education for Teaching**, v. 46, n. 4, p. 554-564, 2020. Disponível em: https://doi.org/10.1080/02607476.2020.1800406. Acesso em: 28 maio 2022.

SANCHES NETO, Luiz. A brincadeira e o jogo no contexto da educação física na escola. *In*: SCARPATO, Marta; CAMPOS, Márcia Zendron de (org.). **Educação física:** como planejar as aulas na educação básica. 2. ed. São Paulo: Avercamp, 2017. p. 115-136.

SANCHES NETO, Luiz *et al.* As novas tecnologias nas aulas de educação física: em busca de objetos de aprendizagem. *In*: Anais... XI Congresso Ciências do Desporto e Educação Física dos Países de Língua Portuguesa. **Revista Brasileira de Educação Física e Esporte**, São Paulo, v. 20, suplemento n. 5, 2006. Disponível em: CD-ROM.

SANCHES NETO, Luiz; CONCEIÇÃO, Willian Lazaretti da; OKIMURA-KERR, Tiemi; VENÂNCIO, Luciana; VOGEL, Audrei Juliana Zeferino; FRANÇA, André Luiz; CORSINO, Luciano Nascimento; RODRIGUES, Jessica Camila Ramos; FREITAS, Tatiana Pereira de. Demandas ambientais na educação física escolar: perspectivas de adaptação e de transformação. **Movimento**, Porto Alegre, v. 19, n. 4, p. 309-330, 2013. Disponível em: https://doi.org/10.22456/1982-8918.41079. Acesso em: 28 maio 2022.

SANTOS, Felipe Néo dos; SILVESTRE, Lis Bastos; VIDAL, Deyve José da Silva; SANTOS, Aldemir Bezerra; VENÂNCIO, Luciana; SANCHES NETO, Luiz. Indícios de uma perspectiva freireana na educação física escolar: a argumentação prática de professores/as preceptores/as da residência pedagógica e supervisores/as do PIBID. **Cenas Educacionais**, Caetité-BA, v. 5, n. e13181, p. 1-22, 2022. Disponível em: https://revistas.uneb.br/index.php/cenaseducacionais/article/view/13181. Acesso em: 28 maio 2022.

SILVA, Antonio Jansen Fernandes da; SILVA, Cybele Câmara da; TINÔCO, Rafael de Gois; ARAÚJO, Allyson Carvalho de; VENÂNCIO, Luciana; SANCHES NETO, Luiz; FREIRE, Elisabete dos Santos; CONCEIÇÃO, Willian Lazaretti da. Dilemmas, challenges and strategies of physical education teachers-researchers to combat covid-19 (SARS-CoV-2) in Brazil. *In*: COOPER, Jane McIntosh; GAUNA, Leslie Michel; BEAUDRY, Christine (org.). **Covid-19 and the educational response:** new educational and social realities. Lausanne: FrontiersMedia,2022. p.146-160.Disponívelem: https://doi.org/10.3389/978-2-88974-378-0. Acesso em: 28 maio 2022.

VENÂNCIO, Luciana; SANCHES NETO, Luiz. Tornar-se professor(a)-pesquisador(a) de educação física. *In*: LEITÃO, Arnaldo Sifuentes Pinheiro; PEREIRA, Mateus Camargo (org.). **Educações físicas:** temas emergentes para mundos (im)possíveis. v. 1. Curitiba: CRV, 2022. p. 39-52. Disponível em: https://doi.org/10.24824/978652512446.9. Acesso em: 28 maio 2022.

ZYLBERBERG, Tatiana Passos. A internet como uma possibilidade do mundo da (in)formação sobre a cultura corporal. *In*: BETTI, Mauro (org.). **Educação física e mídia: novos olhares, outras práticas**. São Paulo: Hucitec, 2003. p. 45-70.

CAPÍTULO 18

BRINCANDO DE SUPER-HERÓIS E HEROÍNAS: HABILIDADES BÁSICAS DAS GINÁSTICAS RÍTMICA E ARTÍSTICA PARA CRIANÇAS

Roberta Gaio
Cristiane Camargo
Henrique Nunes da Silva

Vai começar a brincadeira

Este texto tem como meta apresentar uma proposta de desenvolvimento das habilidades básicas das ginásticas rítmica e artística para crianças da educação infantil, especificamente no período denominado de pré-escola, que vai dos 4 aos 5 anos e 11 meses, como também nas séries iniciais do ensino fundamental, isto é, de 6 e 7 anos, período considerado de transição.

Percebe-se que, no universo da Educação Física, há sempre uma insegurança em relação aos movimentos que se deve desenvolver com as crianças, até mesmo para que não seja caracterizado como uma iniciação precoce no esporte.

As ginásticas rítmica e artística são combinações complexas de movimentos com e em aparelhos, respectivamente, portanto, o trabalho lúdico com habilidades básicas das modalidades é uma possibilidade, antes mesmo de atividades que priorizem as combinações de movimentos, pois a ideia é desenvolver a relação da criança com o meio ambiente, de objetos (aparelhos) e pessoas (outras crianças), sem pensar em esportivização.

Assim, não há neste texto a intenção de progredir com a execução dos movimentos numa dimensão técnica que se possa prever a organização de equipes da modalidade das ginásticas aqui mencionadas. O intuito é atender os campos de experiências postos na Base Nacional Comum Curricular (BNCC) e subsidiar o crescimento e desenvolvimento das melhores qualidades humanas das crianças, nas faixas etárias acima mencionadas.

A BNCC prioriza o educar e cuidar na educação infantil, "entendendo o cuidado como algo indissociável do processo educativo" (BRASIL, 2018, p. 36), concepção necessária para pensar o desenvolvimento das habilidades básicas, relacionadas às modalidades gímnicas e propõe cinco direitos de desenvolvimento e aprendizagem, que podemos atender na dinâmica do brincar de ginásticas, a saber: conviver (possibilidades de estar com outros/as), brincar (atividades lúdicas educativas), participar (fazer ativamente a atividade, sem cobrança de performance definida), explorar (conhecer diferentes formas de colocar o corpo no espaço com e sem objetos), expressar (comunicar-se por meio de gestos e ritmos, de forma criativa e sensível) e conhecer-se (construção da identidade pessoal, social e cultural)

O mesmo documento apresenta os campos de experiências, entre eles, três que são o foco da proposta lúdica de brincar de super-heróis e heroínas por meio dos elementos básicos das ginásticas: o eu, o outro e o nós; corpo, gestos e movimentos e escuta, fala, pensamento e imaginação.

No campo de experiência denominado como o eu, o outro e o nós, as crianças "podem ampliar o modo de perceber a si mesmas e ao outro, valorizar sua identidade, respeitar os outros e reconhecer as diferenças que nos constituem como seres humanos." (BRASIL, 2018, p. 40)

Já no campo corpo, gestos e movimentos, as crianças "exploram o mundo, o espaço e os objetos do seu entorno, estabelecem relações, expressam- -se, brincam e produzem conhecimentos sobre si, sobre o outro, sobre o universo social e cultural, tornando-se, progressivamente, conscientes dessa corporeidade" (BRASIL, 2018, p. 41).

No campo da escuta, fala, pensamento e imaginação, é relevante promover "experiências nas quais as crianças possam falar e ouvir, potencializando sua participação na cultura oral, pois é na escuta de histórias [...], com as múltiplas linguagens que a criança se constitui ativamente como sujeito singular e pertencente a um grupo social" (BRASIL, 2018, p. 42).

Assim, brincando com as habilidades básicas das ginásticas rítmica e artística, pretende-se estimular a exploração do mundo de objetos pequenos e de grande porte, as relações e o convívio, o conhecimento de si, do outro e do contexto que envolve a vida social, além de incitar a imaginação por meio de histórias que norteiam as brincadeiras, tendo os super-heróis e heroínas como personagens a conduzirem as atividades.

Para que professores/as possam se apoderar dessa ideia e transformá-la em ação pedagógica, primeiramente vamos abordar as características gerais das modalidades e sinalizar algumas habilidades básicas que devem ser trabalhas, ludicamente, com as crianças (mas esse conjunto de habilidades pode e deve ser ampliado).

Ginásticas Rítmica e Artística: características gerais e habilidades básicas

O surgimento das ginásticas rítmica e artística estão atrelados à história da ginástica em geral. A ginástica artística (GA) nasce da evolução do método alemão, especificamente, do "modelo patriótico-social de ginástica, criado por Friedrich Ludwing Jahn (1778-1852)" (GAIO *et al.*, 2021, p. 47).

Já a ginástica rítmica (GR) nasce dos Grandes Movimentos Ginásticos (Centro, Norte e Oeste), que aconteceram no início do século XX, os quais trouxeram um novo olhar para as ginásticas, fortalecendo as características artísticas, rítmicas e pedagógicas. Foi do movimento do centro que brotou "a Ginástica Moderna do alemão Rudolf Bode (1881-1970), com contribuições do também alemão Henrich Medau (1890-1974), [...] que hoje conhecemos como Ginástica Rítmica" (GAIO *et al.*, 2021, p. 49).

A seguir, dividido em dois momentos, abordamos as características gerais e habilidades básicas das modalidades GA e GR, as quais são enfoques da nossa proposta pedagógica.

Características gerais

Sempre que se pensa em elaborar uma proposta lúcida tendo como referencial alguma modalidade esportiva, há que se conhecer suas características básicas, para colher o que do todo, interessa trabalhar com as crianças, visando o desenvolvimento das melhores qualidades humanas, do aspecto motor, ao cognitivo e, também, o socioafetivo.

A. Ginástica Artística

A GA abrange os dois sexos, tendo algumas diferenças para os dois no número de aparelhos que para os homens são seis: solo, salto, paralelas simétricas, cavalo com alças e argolas e quatro para as mulheres; solo, salto, paralela assimétricas e trave de equilíbrio. O solo é o mesmo tablado para ambos, mas ainda permanece a música e saltos e passos de dança para as mulheres. E, por questão de segurança, hoje o aparelho salto utiliza a mesma configuração para ambos os sexos com diferença na altura.

As provas são divididas por sexo em classificatórias, por equipes, individuais gerais e por aparelhos. Existem Copas do Mundo e Campeonatos Mundiais que ranqueiam as/os ginastas com classificações independentes de suas equipes para participar dos Jogos Olímpicos. Algumas confederações, em seus países, fazem adaptações das regras oficiais e do Código de Pontuação da Federação Internacional de Ginástica (FIG), para atender suas realidades nacionais.

Cada aparelho tem sua especificidade determinada pelo Código, mas, para os homens, a força, a velocidade e a potência são características marcantes nas séries de seus aparelhos e, para as mulheres, além dessas, a graça, a leveza e a expressão artística são fundamentais, principalmente, na trave e no solo.

B. Ginástica Rítmica

Pela FIG, oficialmente, só existe a ginástica rítmica para o feminino, apesar de já haver países que possuem equipes e campeonatos com o masculino, entre eles, o Japão, a Espanha, inclusive o Brasil e outros. Por isso, a ideia de se trabalhar a modalidade com as crianças sem sexismo, sem divisão, isto é, todas as crianças são incentivadas por igual, sem dividir brincadeiras de meninos e brincadeiras de meninas, pois, como afirmam Gaio, Martins e Alves (2020, p.162): "nada é posto como condição inata, tudo é construções cultural e social, que devem ser ressignificadas, para que possamos valorizar a diversidade que existe na condição de ser e viver com liberdade.".

Essa modalidade tem provas de conjunto, com cinco ginastas e de individual com os aparelhos já mencionados, dependendo das categorias, calendário da FIG e do calendário das confederações dos diversos países e federações de estado ou até mesmo ligas independentes nacionais ou internacionais.

É uma modalidade que se caracteriza por uma trilogia, isto é, três elementos que, unidos, constituem-se em um só, sendo eles: elementos corporais, música e aparelhos manuais (corda, arco, bola, maças e fita).

Segundo o Código de Pontuação da GR (2022-2024) cada aparelho possui tamanho e características próprias, há manejos específicos e ainda há elementos que são comuns a todos. Em relação aos elementos corporais, existem os que são considerados de dificuldades, como saltos, equilíbrios e rotações e os outros, que são fundamentais para comporem a coreografia ou séries para competições. A música dita a ideia guia das composições coreográficas de conjunto (2':15" a 2':30") e individuais (1':15" a 1':30") e marcam o ritmo dos movimentos.

Habilidades básicas

Pensamos aqui em enfatizar as habilidades básicas da GA e da GR, no que se refere à locomoção (translado do corpo no solo), à manipulação (relação das crianças com objetos/aparelhos) e à estabilização (ênfase em posições estáticas). Os/as professores/as devem ampliar o rol de atividades à medida que as crianças forem familiarizando com as habilidades básicas estimuladas, para além das sugestões apresentadas.

A. Ginástica Artística

As habilidades básicas da GA já fazem parte do repertório lúdico de algumas crianças; outras, talvez por excesso de zelo dos pais ou responsáveis, podem ter algumas dificuldades na expressão de sua motricidade. Os rolamentos para frente e para trás, a parada de mãos, a estrela, o pular a sela, os equilíbrios em uma perna e andar em um muro são movimentos característicos da GA e não se caracterizam como elementos de dificuldades, porém podem contribuir com a aprendizagem de movimentos fundamentais para todos os aparelhos.

B. Ginástica Rítmica

Como elementos básicos da modalidade em questão, propomos trabalhar os elementos corporais que não são de dificuldades, isto é, deslocamentos variados, saltitos, giros, balanceamentos e poses; atividades rítmicas e expressivas e os aparelhos que fazem parte do folclore infantil, sem exigências dos movimentos fundamentais, sendo eles: a corda e o arco

Brincando de ginásticas: contribuições para o desenvolvimento das crianças

As brincadeiras exercem um importante papel para o desenvolvimento motor, cognitivo e socioafetivo durante a infância. Ao brincar, a criança assume diferentes papeis, experimenta situações diversificadas, interage e se conecta a tudo que vivencia e, com isso, estabelece relações com o mundo que a cerca, ampliando, assim, seus conhecimentos de modo mais significativo.

Por proporcionar alegria e diversão, as brincadeiras tornam-se valiosas ferramenta pedagógica, pois estimulam a criatividade, a imaginação e propiciam a aprendizagem de forma prazerosa, contribuindo, assim, para o desenvolvimento integral da criança (MOREIRA; MOTA; VIEIRA, 2021).

> Nas brincadeiras as crianças podem desenvolver algumas capacidades importantes, tais como a atenção, a imitação, a memória, a imaginação. Amadurecem também algumas capacidades de socialização, por meio da interação e da utilização e experimentação de regras e papéis sociais vivenciados nas brincadeiras. (CONCEIÇÃO; MACEDO, 2018, p. 124).

As crianças armazenam em seu repertório motor as experiências adquiridas por meio das brincadeiras, sendo assim, quanto mais vivências motoras experimentarem durante a primeira infância, desfrutarão de maior bagagem motora para novas aprendizagens mais complexas (CAMARGO; PANONTIM, 2021).

A maturação e as condições do ambiente exercem um papel essencial no desenvolvimento dos padrões dos movimentos fundamentais. É necessário adequar as atividades propostas ao estágio de desenvolvimento motor, no qual a criança se encontra e favorecer ampla experimentação e exploração de suas capacidades motoras. O progresso deve ocorrer de forma gradual, respeitando os desempenhos mecanicamente eficientes, coordenados e controlados (GALLAHUE; OZMUN; GOODWAY, 2013).

Os autores utilizam um modelo em forma de ampulheta para elucidar o percurso de desenvolvimento motor e a progressão sequencial das habilidades de movimentos ao longo do tempo. A partir desse modelo de classificação, estabelecem algumas relações referentes à faixa etária, os estágios e as fases de desenvolvimento motor desde o nascimento até o início da puberdade: fase do movimento reflexo, rudimentar, fundamental e especializado. Cada fase engloba diferentes estágios que destacam o desenvolvimento e a progressão motora dos indivíduos.

As crianças com idade entre 2 e 7 anos encontram-se na fase de movimentos fundamentais, de acordo com Gallahue, Ozmun e Goodway (2013), nessa etapa, as habilidades motoras são consequência da fase anterior, dos movimentos rudimentares. Representa um período em que as crianças estão ativamente envolvidas na exploração e na experimentação das capacidades motoras, momento em que desempenham uma variedade de movimentos estabilizadores (balançar e equilibrar), locomotores (correr e saltar) e manipuladores (arremessar e apanhar), de forma isolada e combinada.

O desenvolvimento das habilidades básicas advindas das modalidades esportivas gímnicas, por meio da diversidade de movimentos envolvidos, favorece o desenvolvimento e domínio motor. As modalidades ginásticas rítmica e artística, por suas características de execução, contemplam uma variedade de elementos corporais, sobre e com a manipulação dos aparelhos, que, além de trabalhar as inúmeras habilidades motoras, possibilita uma melhora nas valências físicas das crianças (ANDRADE *et al.*, 2016).

É relevante propor diferentes concepções do ensino de habilidades básicas das ginásticas rítmica e artística, com inovações didático-pedagógicas, brincando com os movimentos ginásticos e com abordagens originais nesse processo.

Em face às consideráveis estratégias de ensino existentes, a utilização dos jogos e brincadeiras na prática pedagógica pode transformar conteúdos com habilidades motoras complexas em atividades simples, relevantes e prazerosas, além de propiciar motivação, disciplina e maior interesse dos/as alunos/as pelo que está sendo ensinado. Essas ferramentas de ensino devem ser desenvolvidas como meio para uma aprendizagem significativa e como estímulo à construção de um novo conhecimento com o desenvolvimento de novas habilidades.

Nessa perspectiva, nas atividades desenvolvidas para a manipulação de aparelhos, como a corda da ginástica rítmica, a criança pode transformá-lo, simbolicamente, em um objeto inanimado, em uma cobra dançante ou em um chicote mágico; enfim, cada criança apresentará uma diversidade de interpretações, de acordo com sua imaginação e criatividade. É oportuno deixar as crianças explorarem o material livremente, observar suas manifestações e estimular a construção de novos movimentos, para posteriormente propor variações na brincadeira com intuito de consolidar o conhecimento. O mesmo pode acontecer com um banco sueco, com o plinto, que são aparelhos auxiliares no desenvolvimento de habilidades da ginástica artística.

Sendo assim, é fundamental explorar vasta possibilidade motora, estabelecer relações com o meio ambiente, favorecer o conhecimento de si e do/da outro/a, para que por meio dos brinquedos e brincadeiras, a prática pedagógica se torne um espaço especial e bem estruturado para a aprendizagem da GR e da GA, para que os/as alunos/as aprendam de maneiras diversificadas e lúdica, sem ter o foco na especialização e na competição, somente como manifestações e conhecimentos culturais.

Super-heróis e heroínas em ação: propostas lúdicas de Ginásticas Rítmica e Artística na escola

Percebe-se que, atualmente, vários fatores impedem ou dificultam as vivências lúdicas das crianças em espaços públicos de lazer, como parques, praças e outros. Diversas características das zonas urbanas, como violência, trânsito desordenado, desigualdade social, entre outras, impossibilitam as brincadeiras de grande movimentação e "se estabelece uma tendência às atividades que requerem menor movimentação. Assim, vários aspectos do desenvolvimento infantil ficam comprometidos." (MARTINS *et al.*, 2021, p. 177).

A proposta é criar um espaço profícuo para aflorar a imaginação da criança, trazer os super-heróis e heroínas que permeiam o universo infantil e produzir um ambiente instigante e desafiador para as crianças brincarem e se desenvolverem.

A seguir, expomos algumas atividades lúdicas que representam nossa sugestão de brincar de ginástica a partir do universo já conhecido da criança, as histórias e seus personagens.

Atividade 1 – Brincando de ser elástico (GA e GR)

OBJETIVOS	Desenvolver a consciência corporal
MATERIAIS	Aparelho de Som – criar acessórios para as crianças, elaborando assim um personagem de super-herói e heroína com poder de esticar braços e pernas e realizar movimentos grandes, amplos.
DISPOSIÇÃO	Crianças à vontade pelo espaço.
DESCRIÇÃO DA ATIVIDADE	Professor/a conta uma história para preparar o ambiente; passa o desafio para as crianças (passar por determinados desenhos no solo até chegar no ponto determinado para salvar o segredo da classe). Desenhos geométricos no solo com indicações de setas, nos quais as crianças devem colocar pés e mãos e, assim, deslocando-se, chegar no ponto determinado e salvar o segredo da classe.

Atividade 2 – Brincando de ser elástico (GA e GR) – Preservação do meio ambiente

OBJETIVO	Desenvolver a consciência corporal e preservação do meio ambiente.
MATERIAIS	Aparelho de som – criar acessórios para as crianças, elaborando assim um personagem de super-herói e heroína com poder de esticar braços e pernas e realizar movimentos grandes, amplos.
DISPOSIÇÃO	Crianças à vontade pelo espaço.
DESCRIÇÃO DA ATIVIDADE	Professor/a conta uma história sobre floresta, animais e heróis/heroínas que salvam o meio ambiente; passa o desafio para as crianças desenhos de animais (girafas, cavalos, galinhas, gatos, tartaruga, entre outros) no solo com indicações de setas, nos quais as crianças devem reproduzir e, assim, deslocando-se, chegar no ponto determinado e salvar o meio ambiente.

Atividade 3 – Brincando de super-heróis e heroínas do ritmo (GA e GR)

OBJETIVOS	Desenvolver a consciência rítmica e expressiva
MATERIAIS	Aparelho de Som – criar acessórios para as crianças, criando assim um personagem de super-herói e heroína com poder de se movimentar em vários ritmos
DISPOSIÇÃO	Crianças à vontade pelo espaço.
DESCRIÇÃO DA ATIVIDADE	Professor/a conta uma história sobre a música e seus poderes e lança o desafio para as crianças. Propõe que as crianças se movimentem em diversos rítmicos e assim possam salvar a música do vilão chamado silêncio.

Atividade 4 – Brincando de corda (GR)

OBEJTIVOS	Manipulação do aparelho, visando coordenação e percepção espaço-temporal.
MATERIAIS	Cordas pequenas (de acordo com o tamanho de cada criança) individuais
DISPOSIÇÃO	A vontade pelo espaço, cada criança com uma corda.
DESCRIÇÃO DA ATIVIDADE	Professor/a conta uma história sobre heróis e heroínas que se utilizam da corda para salvar animais ou viverem perto deles sem machucá-los e lança os desafios para as crianças. A corda pode ser uma cobra (pular e escapar do animal sem machucá-lo); um chicote que dá sinal para o cavalo andar, mas não acerta o bichinho, para não o machucar; de repente, todos viram heróis e heroínas que precisam se equilibrar na corda que está presa entre dois prédios, para salvarem o gatinho que está no telhado; entre outras propostas lúdicas (vale a criatividade do/da professor/as e das crianças).

Atividade 5 – Brincando de Arco (GR)

OBJETIVOS	Manipulação do aparelho, visando coordenação e percepção espaço-temporal
MATERIAIS	Arcos – o conhecido bambolê.
DISPOSIÇÃO	A vontade pelo espaço, um grande circuito de arcos montado com variações de possibilidades de movimentos.
DESCRIÇÃO DA ATIVIDADE	Professor/a conta histórias de heróis e heroínas de poderes variados de correr, saltitar, passar entre buracos e prepara um circuito com vários arcos, propiciando a vivências desses movimentos.

Atividade 6 – Brincando de ser um bicho (GA)

OBJETIVOS	Desenvolver a consciência corporal, a tonicidade, a coordenação, a força, ocupação do espaço e a agilidade.
MATERIAIS	Aparelho de som – criar acessórios para as crianças, criando, assim, um personagem de um animal com a força de manter seus braços e pernas firmes, altos, unidos e afastados.
DISPOSIÇÃO	Crianças à vontade pelo espaço.
DESCRIÇÃO DA ATIVIDADE	Professor/a conta uma história sobre floresta, animais e as incentiva a imitação de vários bichos como um desafio. Movimentos simples que são chamados com nomes de animais (girafas, coelho, minhoca, flamingo, gaivota, falcão, gatos, tatu, golfinho entre outros) no solo com deslocamentos lineares nas diversas direções do solo ou pista.

Atividade 7 – Brincando de Andar na prancha salvar o baú do tesouro (GA)

OBJETIVOS	Desenvolver a consciência corporal, e equilíbrio, a tonicidade, a coordenação, a força, ocupação do espaço e a agilidade.
MATERIAIS	Aparelho de som – criar acessórios para as crianças, criando assim um personagem de super-herói e heroína com poder de superar todos os desafios apresentados a serem realizados no banco sueco
DISPOSIÇÃO	Crianças em fila na frente estreita do banco (posição normal e invertida).

DESCRIÇÃO DA ATIVIDADE	Professor/a conta uma história sobre piratas e/ou os animais do mar. Os/as heróis/heroínas que salvam os passageiros e enfrentam os desafios. Desenhos de animais (girafas, cavalos, galinhas, gatos, tartaruga, entre outros) no banco sueco com indicações de setas, nos quais as crianças devem superar com/e/ou em o apoio das mãos de forma lateral, frontal, para cima, para baixo e sob o banco em deslocamento curtos, longos, com os dois e com um pé e assim, deslocando-se, até chegar no ponto determinado e salvar o baú e receber seu tesouro.

Atividade 8 – Brincando de escalar e saltar a montanha (GA)

OBJETIVOS	Desenvolver a consciência corporal, e equilíbrio, a tonicidade, a coordenação, a força e a agilidade.
MATERIAIS	Aparelho de som – criar acessórios para as crianças, criando assim um personagem de super-herói e heroína com poder de superar todos os desafios apresentados a serem realizados no plinto em diversas alturas.
DISPOSIÇÃO	Crianças em fila.
DESCRIÇÃO DA ATIVIDADE	Professor/a conta uma história sobre piratas e/ou os animais do mar. Os/as heróis/heroínas que salvam os passageiros e enfrentam os desafios. Desenhos de animais (girafas, cavalos, galinhas, gatos, tartaruga, entre outros) no banco sueco com indicações de setas, nos quais as crianças devem superar com/e/ou em o apoio das mãos de forma lateral, frontal, para cima, para baixo e sob o banco em deslocamento curtos, longos, com os dois e com um pé e assim, deslocando-se, até chegar no ponto determinado e salvar o baú e receber seu tesouro.

A brincadeira acabou: que pena!

Neste pequeno espaço, no qual o enfoque é a finalização do texto, queremos convocar os/as professores/as a refletirem para além da relevância do brincar para as crianças, e, sim, o quanto as brincadeiras precisam ter um fator educativo na escola, pois "é no brincar, estabelecido na Educação Infantil que os aspectos sociais, afetivos, cognitivos, psicológicos e biológicos são estimulados e aplicados. Com facilidade a criança transita entre o que foi acertado na brincadeira com seus afazeres e práticas cotidianas." (GAIO; ROCHA; FREITAS, 2017, p. 106).

Assim, a mediação propiciada pelos/as professores/as no decorrer das brincadeiras é fundamental para o desenvolvimento pessoal e cultural das crianças. Há que se ter um conhecimento prévio sobre as modalidades para se colocar na condição de elaborar propostas lúdicas que promovam o desenrolar de brincadeiras de super-heróis e heroínas no universo das ginásticas rítmica e artística.

Isso posto, nesse momento, conduz-nos a indicar Morin (2018) e os sete saberes necessários para educação do futuro, em especial, quando o autor fala da relação entre o todo e as partes, pois "o conhecimento pertinente deve reconhecer esse caráter multidimensional e nele inserir estes dados: não apenas não se poderia isolar uma parte do todo, mas as partes umas das outras." (MORIN, 2018, p. 38).

REFERÊNCIAS

ANDRADE, Thais Vinciprova Chiesse de; ROCHA, Érica Cristina Da Silva; ALVES, Marcelo Paraíso; FONSECA, Maria Da Conceição Vinciprova. Ligações entre o ensino de ginástica artística escolar e o desenvolvimento motor de crianças: um estudo de revisão. **Revista Práxis**, v. 8, n. 16, dez., 2016.

BRASIL, Ministério da Educação. **Base Nacional Comum Curricular:** Educação é a base. Brasília: MEC, 2018.

CAMARGO, Cristiane; PANONTIM, Camila. DANÇA CRIATIVA: CONTRIBUIÇÕES DO LÚDICO PARA O DESENVOLVIMENTO DA EXPRESSÃO CORPORAL NA ESCOLA. *In*: GAIO, Roberta; PATRÍCIO, Tamiris Lima (org.). **Dança na escola:** reflexões e ações pedagógicas. 1. ed. Curitiba-PR: Editora Bagai, 2021.

CONCEIÇÃO, Ana Paula; MACEDO, Roberto Sidnei. Prática, biografia e construções teóricas em educação infantil: um currículo brincante. **Rev. FAEEBA** – Ed. e Contemp., Salvador, v. 27, n. 51, p. 121-132, jan./abr. 2018.

GAIO, Roberta *et al.* História da ginástica: revisita ao passado, valorização do presente e olho no futuro. *In:* GAIO, Roberta; BOAS, João Paulo Villas. **Ginástica na escola**: a teoria na prática. Curitiba: Appris, 2021.

GAIO, Roberta; MARTINS, Ida Carneiro; ALVES, Perge Cipriano. Brincadeira de menino ou de menina? o que dizem os/as professores/as de educação infantil. *In*: SOARES, Artemis de Araújo (org.). **Sociedade, Cultura, Educação e Extensões na Amazônia**. São Paulo: ALEXA Cultural, 2020.

GAIO, Roberta; ROCHA, Paloma Tavares Ferreira; FREITAS, Tatiana Pereira. Movimento e Ritmo: conviver e aprender com as diferenças desde a educação infantil. *In*: MARTINS, Ida Carneiro; GAIO, Roberta. **No palco da infância**: movimento, ritmo e expressão corporal na educação infantil. Curitiba: CRV, 2017.

GALLAHUE, D. L.; OZMUN, J. C.; GOODWAY, J. D. **Compreendendo o desenvolvimento motor**: bebês, crianças, adolescentes e adultos. 3. ed. São Paulo: Phorte, 2013.

MARTINS, Ida Carneiro; ZACHARIAS, Vany; GAIO, Roberta. Quem quer brincar de ginástica põe o dedo aqui, que já vai fechar! *In*: GAIO, Roberta; BOAS, João Paulo Villas. **Ginástica na escola**: a teoria na prática. Curitiba: Appris, 2021.

MOREIRA, Janice Gorete dos Reis; MOTA, Rafael Silveira da Mota; VIEIRA, Mauricio Aires. A contribuição da brincadeira na educação infantil: uma das ferramentas utilizadas como forma de desenvolvimento cognitivo e motor. **Revista Latino-Americana de Estudos Cientifico,** v. 2, n. 12, 2021. ISSN 2675-3855.

MORIN, Edgar. **Os sete saberes necessários à educação do futuro**. Tradução de Catarina Eleonora F. da Silva e Jeanne Sawaya. Revisão técnica de Edgard de Assis Carvalho. 2. ed. São Paulo: Cortez; Brasília, DF: Unesco, 2018.

TSUKAMOTO, M. H. C.; NUNOMURA, M. Iniciação esportiva e infância. **Rev. Bras. Cienc. Esporte**, Campinas, v. 26, n. 3, p.159-176, maio 2005. Quadrimensal.

CAPÍTULO 19

BRINQUEDOS, BRINCADEIRAS E JOGOS PARA (RE)CRIAÇÃO DE UMA EDUCAÇÃO FÍSICA INFANTIL

Marcos Fernando Larizzatti
Dóris Sathler de Souza Larizzatti

INTRODUÇÃO

Este capítulo tem por objetivo contribuir na formação de professores da educação infantil, abordando conteúdos e métodos, integrados às filosofias do lúdico e da sustentabilidade, com o uso de materiais alternativos para auxiliar no desenvolvimento de crianças.

Quando o tema do jogo tem início em nossas vidas? Na verdade, jogamos mesmo sem saber que o fazemos, porque o jogar é anterior aos jogos. Sem dúvida, o jogo está ao nosso redor e nós próprios jogamos, real ou metaforicamente. Brincamos desde a nossa tenra infância, mesmo sem saber que jogamos a exemplo de um bebê que tapa o seu rosto com as mãos e o revela novamente em uma brincadeira de esconde-esconde. Nesse sentido, é conhecida a famosa análise de Freud (1994 *apud* CERTEAU, 1994, p. 190, grifo do autor), estudando essa experiência matricial na brincadeira de seu netinho, com um ano e meio, que jogava para longe um carretel com um contentamento *fort* (para "lá", "foi embora" ou "não pode") e o trazia de volta puxando o fio com um alegre *da* (para "aqui", "de volta").

E de onde vem tanta energia corporal? Tudo indica que de uma reserva necessária para construir aquilo que a natureza não supriu ao nascimento: a cultura humana. Partimos do pressuposto de que o jogo é uma dimensão essencial da existência humana. Contudo, esse entendimento nem sempre foi claro e, muitas vezes, precisou ser desvelado, pois antigamente considerava-se o jogo uma "atividade infantil", não só pela limitação ao universo das crianças, mas também por carregar a noção pejorativa do termo, ou seja, de pouca importância, respectivamente como divertimento e passatempo.

O brincar possui diversas aplicações e objetivos na educação infantil, desenvolvendo aspectos físico-motores, sociais e emocionais (SANTOS; PEREIRA, 2019; COTONHOTO *et al.*, 2019; KISHIMOTO, 2017), a partir de brinquedos, brincadeiras, jogos, expressões corporais, atividades físicas e esportes, destacadas em diversas obras de Huizinga, Caillois, Dumazedier, Ariés, Piaget, só para citar alguns dos principais autores.

Por exemplo, ao estudar as manifestações lúdicas em diversas culturas, Huizinga (1980, p. 34) observou que há povos que utilizam expressões distintas para denominar jogo: no grego — *paidiá, agón e* áthyrma; no inglês — *play e game*; no português — brincadeira, encenação, tocar etc.; e no alemão — *spiel,* sendo *spielen* o verbo de significado abrangente, designando atividades lúdicas em geral — brincar, realizar jogos de salão, praticar jogos de azar, representar um papel teatral, tocar um instrumento, dançar, participar de competições esportivas etc. O fato é que termos como jogo, jogar, brincadeira, brincar, lúdico, brinquedo nem sempre possuem os mesmos significados ou se referem a fenômenos semelhantes nas diferentes línguas.

Freire (2005) pontua que o melhor caminho para se captar o jogo seja numa perspectiva total, conforme nos esclarece Huizinga (1980, p. 5-6): "É legítimo considerar o jogo uma 'totalidade', no moderno sentido da palavra, e é como totalidade que devemos procurar avaliá-lo e compreendê-lo". Portanto, analisamos que a brincadeira e o jogo são aspectos inerentes à sociedade, sendo atividades que se apresentam de forma natural, nas práticas e atitudes de seres humanos, que encontram a sensação do prazer ao imergir na ludicidade existencial. "É nessa intensidade, nessa fascinação, nessa capacidade de excitar que reside a própria essência e a característica primordial do jogo" (HUIZINGA, 1980, p. 5-6).

Ao jogar, cada sujeito realiza ações que tornam sua experiência ontológica cada vez mais intensa e única. A partir dos limites do jogo determinados pelas regras, buscamos superar desafios, interagindo com elementos do próprio jogo. E a satisfação e a diversão obtidas a cada jogada aprendida possibilitam a superação de novos desafios, que geram novos prazeres, renovando a esfera lúdica.

O objetivo desta proposta é apresentar materiais de baixo custo, adaptados e reutilizados, em conformidade às realidades do nosso país com dificuldades econômicas, principalmente na área da educação (ARAÚJO *et al.*, 2015). Por sua vez, a educação infantil possui características específicas conforme a faixa etária, tais como a necessidade de objetos individuais, pois algumas crianças têm dificuldades para compartilhar. Se possível, os materiais devem ser motivantes (coloridos, macios se possível) e resistentes (grande uso e energia). Apresentaremos, a seguir, suportes possíveis com usos e objetivos didáticos para materiais alternativos e tradicionais. Lembramos que o material em si é apenas usado como estratégia de ensino, para se alcançar os objetivos propostos.

MATERIAIS ALTERNATIVOS PNEUS

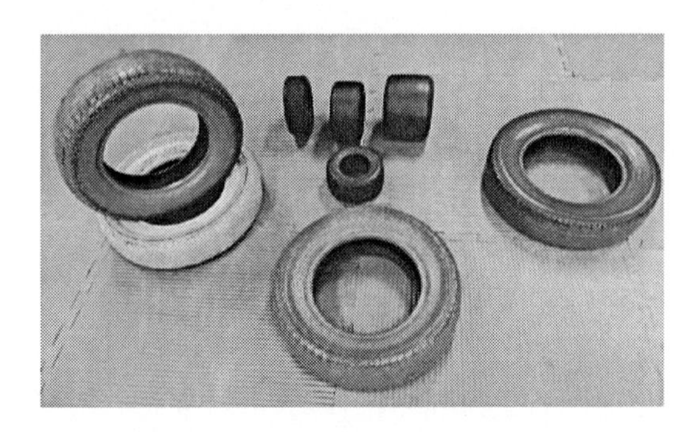

Os pneus são materiais de fácil acesso. Borracharias, bicicletarias, pistas de kart ofertam pneus a interessados. Pintar é uma boa opção, tornando-os mais "alegres" para se brincar. Vale notar que pneus mais velhos podem estar gastos demais, aparecendo a "malha de aço" interna, oferecendo riscos à segurança dos alunos.

Pneus enfileirados no chão: propor que os alunos andem sobre e nos espaços internos dos pneus; saltem com ambas as pernas ou alternadas. Trabalhamos aqui as habilidades de locomoção (andar, saltar, engatinhar etc.) e as formas de equilíbrio estático e dinâmico.

Rolar o pneu: desenvolve as habilidades de manipulação e o equilíbrio do material, para que não caia ao chão.

Jogo simbólico: com o uso de ferramentas de plástico ou apenas toquinhos de cabo de vassoura, podemos criar uma oficina de "reparos dos carros", uma corrida entre participantes e sua "equipe de apoio" para consertos no carro, abastecimento de combustível, e outras possibilidades. Usando giz de lousa, branco e colorido, cada criança pode pintar seu "carro" com o giz. Depois, é só passar um pano úmido para limpar.

Alvos: pneus deitados no chão, pendurados por cordas ou apoiados uns sobre os outros podem servir de alvos, para jogar bolas de diferentes tipos.

ESCADA ARTICULADA

A escada pode ficar inicialmente no chão e os alunos devem andar passando apenas nos buracos dos degraus; pisando sobre os degraus; pisando nas laterais da escada etc.

Com a escada inclinada, podemos nos pendurar por baixo, passando de um degrau ao outro, sustentando o peso do corpo pelas mãos. É importante prender a escada, deixar apoiada em algum lugar, para que ela não balance. Ou o professor deve ficar segurando, auxiliando nos movimentos.

TECIDOS COM ALVOS

Em um pedaço de TNT (1,5 m de altura por 4-5 m de comprimento), fazemos diferente buracos, sendo que quanto menores os furos, mais pontos valem (10, 8, 5), ao passo que quanto maiores os orifícios, menos pontos valem (1, 2, 3). Pode-se também fixar uma madeira em cada lateral do TNT, para inserir uma corda para amarrar em cerca, poste ou parede.

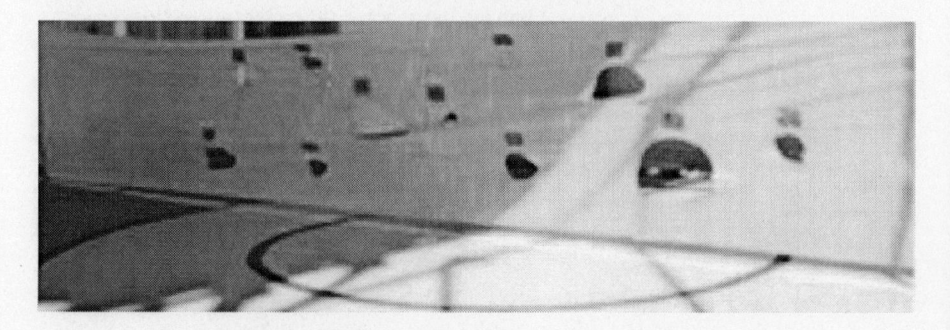

Outra forma de trabalho com o banner, seria que em cada furo possam ser colocados fotos de alimentos saudáveis (valem mais pontos) e alimentos não saudáveis (que devem ser utilizados com cautela, em menor quantidade, como os ultra processados ou ricos em açúcar, sal, gordura etc.) que valem poucos pontos.

CATAPULTA DE PREGADOR

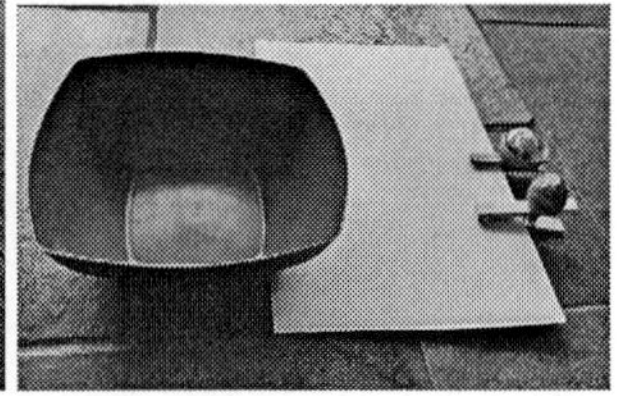

Nessa atividade, usamos pregadores de roupa, com uma tampa de refrigerante ou suco colada (cola quente, cola de contato ou tipo "superbonder". Prendemos o pregador num papelão para fixar o pregador. Colocamos uma bolinha de papel (enrolada numa fita adesiva para não abrir) dentro da tampinha e apertamos o pregador para que lance a bolinha dentro de um alvo (bacia, balde, copo). Trabalha a coordenação motora fina e orientação espacial.

PULANDO NA SEQUÊNCIA

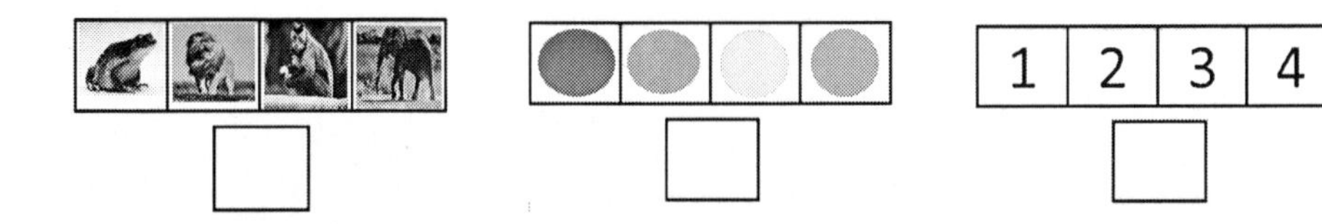

Para os alunos que ainda não são alfabetizados, podemos usar fotos de animais e cores. Para os que já sabem ou estão em processo de alfabetização, podemos usar números ou letras. O aluno deve ficar no espaço (quadrado) vazio. Daí, damos uma sequência, como: elefante/leão/macaco. É a sequência de saltos que deverá se dar e retornar ao quadrado vazio. Podemos fazer uma sequência de 2, 3, 4 bichos etc., repetindo algum se quiser. O mesmo processo se dá com relação a números, cores etc.

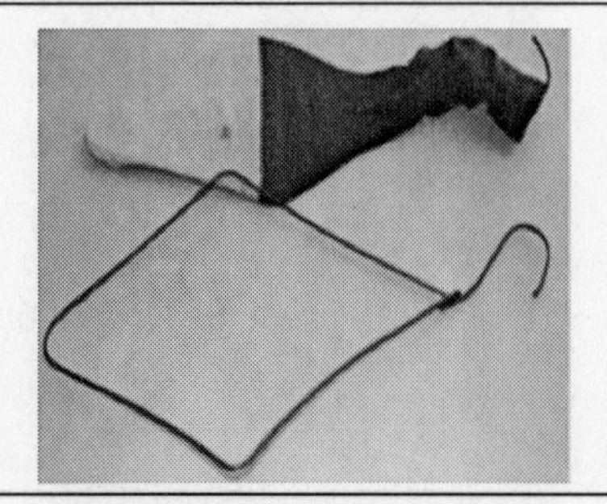	Um cabide de arame grosso (moldável) pode se transformar em uma raquete para rebater bolas leves (pingue-pongue, papel, lã, tecido, meia etc.). Inicialmente, entortamos o cabide em um formato de losango e colocamos um meião grande de futebol ou meia fina de mulher. Daí, é só rebater como uma raquete. Caso fique uma ponta de arame visível, pode enrolar na própria meia e fixar com fita adesiva para não soltar.
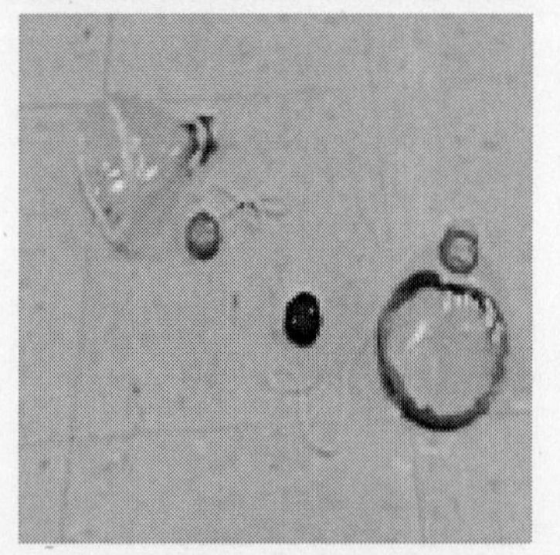	Passamos fita adesiva larga, para evitar que o plástico corte ou machuque a mão da criança. Usamos a própria tampa para servir de "peso", que deve ser amarrado num barbante de cerca de 30 cm. Devemos balançar a tampa e fazer com que ela entre dentro do "copo" da garrafa. Trabalha a coordenação motora óculo manual.

GALÃO PEGA BOLA 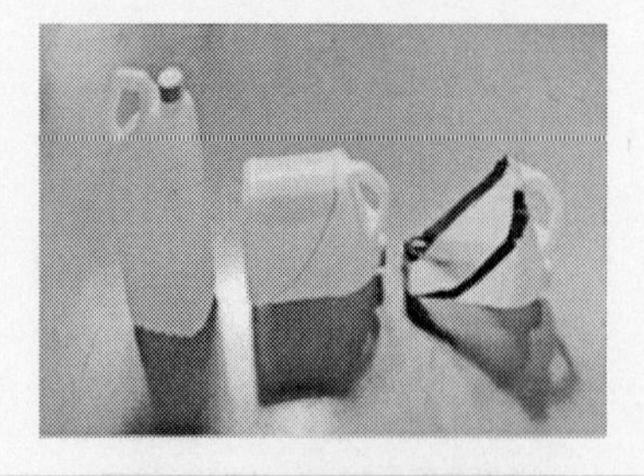	Para cortar o galão, usamos um estilete. Mas sempre sobram rebarbas que podem machucar os alunos. Assim, para garantir, usamos uma fita adesiva larga nas laterais, que prevenirá acidentes. Usamos o "pega-bola" para trabalhar o receber bolas de tênis, pingue-pongue, de meias ou de papel. Podemos trabalhar individualmente ou em duplas, onde um lança e o outro recebe.
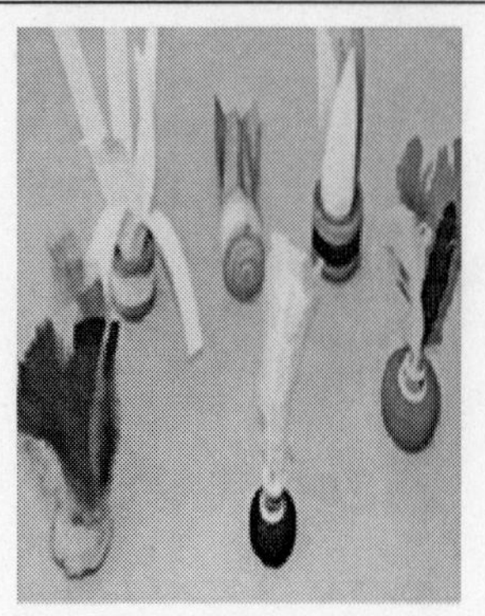	A peteca pode ser feita com tiras de EVA ou sacos plásticos, conforme produções a seguir: **Tiras de EVA**: recortamos tiras de EVA com cerca de 25 cm de comprimento e 5 cm de largura. Enrolamos a fita como um "rocambole" para formar a base da peteca. A imitação das "penas" também pode ser feita com pedaços de EVA (cerca 15x15 cm), cortados até a metade. Elas se enrolam junto com a tira (rocambole), parecendo a peteca. E, por fim, fazemos um fechamento com fita adesiva colorida para não desenrolar mais.

<table>
<tr>
<td>PETECAS E SACOLAS
</td>
<td>Sacolas plásticas: a partir de suas sacolas plásticas, sendo uma usada como recheio e a outra para ser a parte externa, "abraçando" a bola interna. As alças da sacola externa devem ser cortadas e usadas para amarrar e fazer o fechamento da peteca.

Desenvolve a habilidade de manipulação, mediante o rebater a peteca com as mãos, a e coordenação viso-manual, essencial para o "jogo de peteca". Pode ser exercitada em duplas, com um rebatendo para o outro, ou acertando em alvos no chão, apoiados em locais mais altos ou pendurados.</td>
</tr>
<tr>
<td>SAQUINHOS DE AREIA PARA 5 MARIAS OU ALVOS

</td>
<td>Os saquinhos para "5 Marias" podem ser costurados em tecido e devem medir em torno de 5 cm x 5 cm. Podemos usar um saco plástico antes de costurar no tecido. Isso dará uma vida útil maior ao produto, caso haja uma abertura na costura.

A brincadeira de 5 Marias possuem diversas sequências, que podem ser pesquisadas na internet. Os saquinhos também podem ser usados para serem lançados em alvos desenhados no chão ou pendurados (caixas, aros etc.). Os saquinhos podem ser usados com o objetivo de desenvolver o esquema corporal (conhecimento do próprio corpo). Pedimos para que coloquem o saquinho em determinadas partes do corpo (ombro, cabeça, braço, pé etc.) e andem com eles, sem deixar cair no chão.</td>
</tr>
</table>

<table>
<tr>
<td>

PRANCHAS DE EQUILÍBRIO

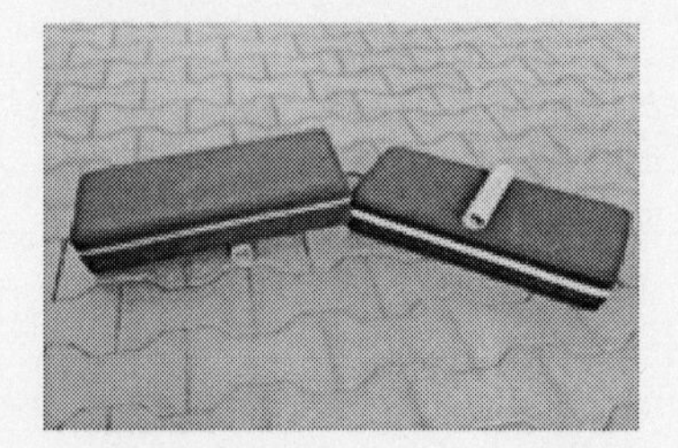

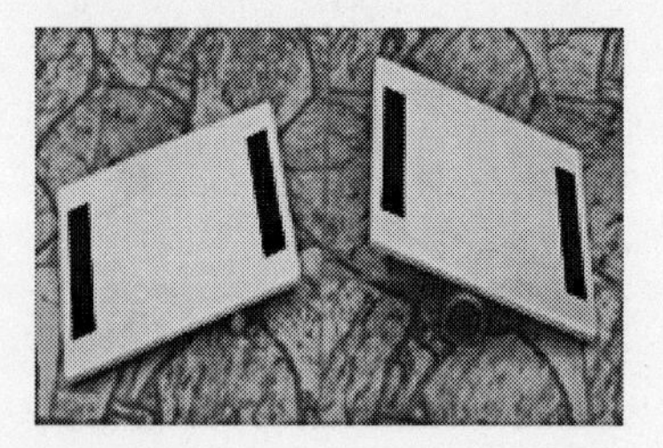

</td>
<td>

A prancha de equilíbrio pode ser feita com pedaço de madeira (30 cm de largura por 50 cm de comprimento por 2 cm de espessura), devendo ser lixada para retirar possíveis farpas que machuquem as crianças. Em cada borda inferior, colamos ou pregamos uma pequena ripa de madeira (30 cm x 3 cm de altura e 3 cm de largura), a fim de evitar que o cano usado embaixo saia debaixo da prancha.

Esse material também pode ser feito com *step* de EVA, utilizando o mesmo cano de PVC, com cerca de 3 polegadas de espessura. Pode ser maior, mas o grau de dificuldade aumenta. O ideal é que você tenha diferentes diâmetros, desde um cabo de vassoura até 3 a 4 polegadas.

Podem ser exercitadas em duplas, quando uma criança sobe na prancha e a outra dá as mãos para apoiar e ajudar no equilíbrio; é possível também o uso individual, colocando a prancha perto da parede, para apoiar-se com as mãos, favorecendo o equilíbrio.

</td>
</tr>
</table>

<table>
<tr>
<td>

CAIXAS DE OVO

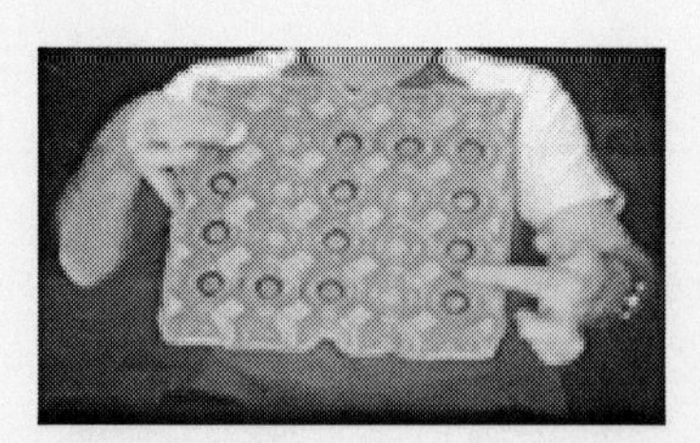

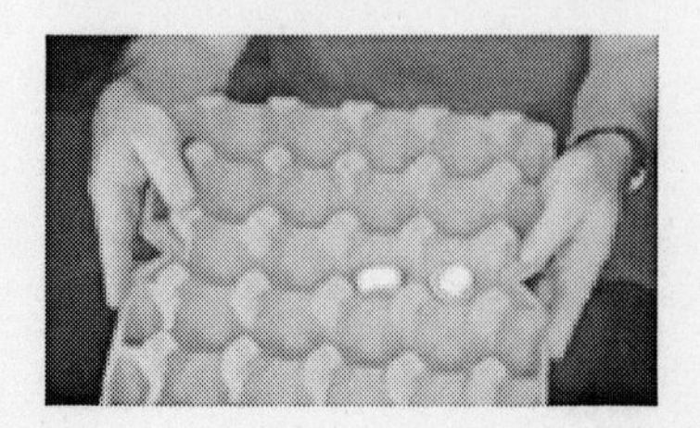

</td>
<td>

Com uma bandeja grande de ovos faremos um jogo para exercitar a coordenação motora fina e a orientação espacial. Uma tampinha de refrigerante irá pular de buraco em buraco, seguindo uma sequência indicada por cores pintadas na caixa.

Ou, então, colocar 2 tampinhas e fazer elas pularem juntas de uma fileira para outra.

</td>
</tr>
</table>

<table>
<tr>
<td>

PERNA DE PAU OU LATA

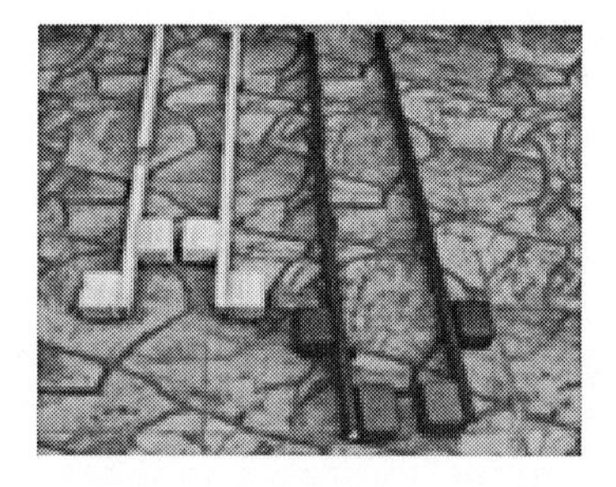

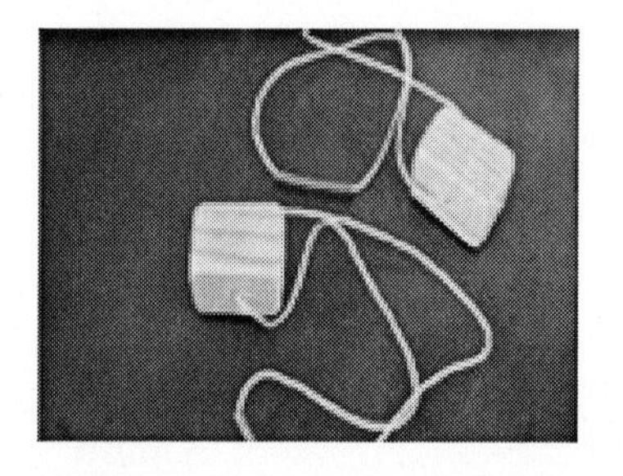

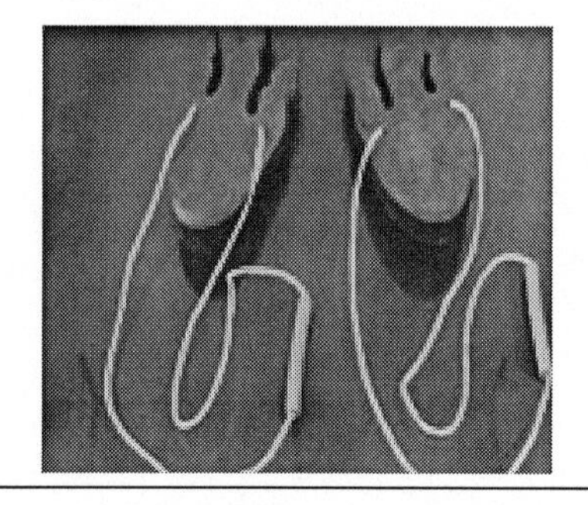

</td>
<td>

Pernas de pau, lata ou toquinhos de equilíbrio são equipamentos que auxiliam no equilíbrio corporal de alunos. As pernas de pau podem ser produzidas com dois estágios, isto é, um encostado no chão e outro elevado, oferecendo dificuldades motoras diferenciadas.

As pernas de lata e toquinhos de madeira são mais fáceis de andar e podem ser feitas com latas de leite em pó, de aveia e outras. Para tanto, traçamos um raio interno e fazemos dois furos nas laterais, na sequência passamos uma cordinha, cujo tamanho deve ser dos pés até às mãos, fixando as pontas na parte interna, a fim de dar maior apoio ao andar.

Podemos também cortar "pegadas de EVA" e fazer como se fossem pés de lata. A corda passa por dentro (lateral das "patas") e sobe até onde seguramos. Um cuidado recomendado é colocar um caninho de plástico ou borracha por onde o fio passará, caso contrário o fio acabará cortando o EVA em poucas vezes de uso.

</td>
</tr>
</table>

CAIXAS DE LEITE  	As caixas de leite devem ser reutilizadas depois de uma boa lavagem para não sobrar resíduos do leite e exalar odores indesejados. Para manter o formato original da caixa, inserimos na parte interna jornal amassado e fechamos com uma fita larga adesiva para não abrir mais. Nessa atividade, os alunos trabalham a coordenação motora fina e orientação espacial ao empilhar os blocos, por exemplo. Também pode ser utilizado como um jogo simbólico, ou seja, construir um castelo, uma torre ou ponte, para as crianças criarem personagens e histórias. Após a construção, oferecemos bolinhas de tênis ou de meia para que, a uma determinada distância, para que cada criança ou equipe tente derrubar o maior número de caixas, por determinado tempo ou número de jogadas.
PIÃO DE CD  	Com um CD usado construímos um bom pião. Utilizamos uma cola de contato rápido e fixamos na área central de uma das faces uma tampinha de caixa de leite. No outro lado do CD, utilizamos uma tampa de remédio conta-gotas, com um formato afunilado para facilitar o giro do pião. Ao girar o pião, a criança desenvolve a coordenação motora fina para a empunhadura da tampa com a ponta dos dedos.

<table>
<tr>
<td>POMPOM

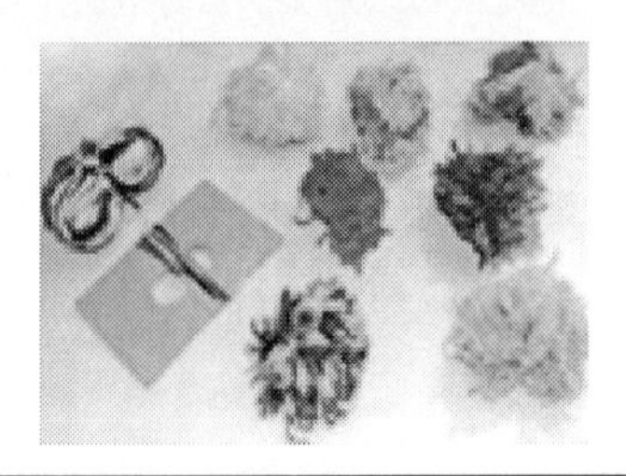</td>
<td>O pompom de lã é um tipo de "bolinha" que pode ser usado para lançar, receber, equilibrar em partes do corpo etc. Com o uso de um papelão ou madeira como molde, fazemos vários deles. É necessário contar as voltas que damos com o novelo de lã na base do papelão ou madeira. Por exemplo, com o molde em torno de 12 cm, podemos dar 70 voltas em torno dele. Ficará um pompom bem "fofinho". Usamos uma fita de lacre dentro do vazado para o fechamento, evitando soltar pedaços, e cortamos as pontas de cima e de baixo com um estilete para "abrir" o pompom.</td>
</tr>
<tr>
<td>PISTAS DE BANNER
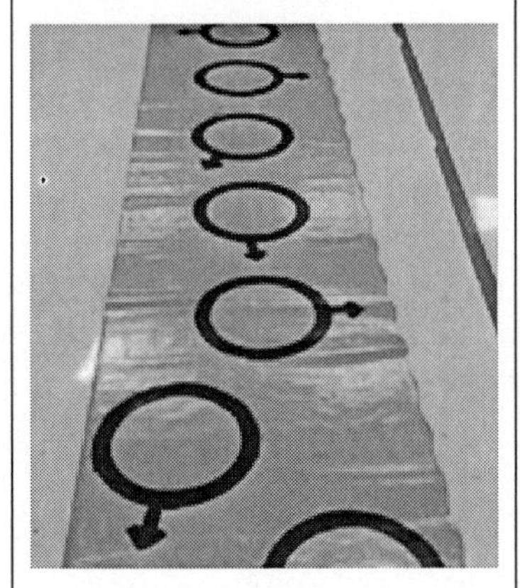</td>
<td>Com base em círculos pintados em um banner ou lona plástica, colocamos indicamos flechas para diferentes direções. Os alunos devem saltar de diferentes formas: um pé, dois pés juntos; de lado ou costas; agachados etc.

Depois de saltarem de diferentes formas, podem aterrissar no próximo círculo e ficar de frente para onde a flecha está indicando, trabalhando a orientação espacial. Resumindo, a ponta dos pés aponta para onde a flecha está.

Variações gráficas de seta podem ser feitas no formato de amarelinhas ou campo minado.</td>
</tr>
</table>

<table>
<tr><td>BAMBOLÊS
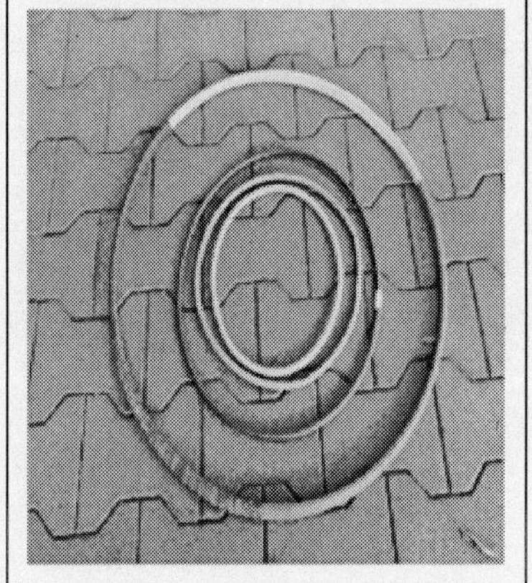</td><td>Podemos comprar bambolês ou fazer com conduítes elétricos, sendo que existe um tipo preto que é muito resistente e durável. Ao passo que o modelo de conduíte amarelo, de embutir na parede, por ser mole não é adequado. Já o bambolê “gigante, é feito com bambolês mais velhos, amassados. Juntamos quatro bambolês, de dois em dois, passando fita crepe por toda a extensão, para que fiquem unidos, além de um “acabamento” com fitas adesivas coloridas (vide foto).
As atividades podem ser tanto de manipulação com os bambolês quanto de locomoção (saltar dentro, passar por dentro etc.).</td></tr>
<tr><td>PRANCHA DE EQUILÍBRIO EM CARACOL
</td><td>Similar à prancha de equilíbrio, só que em um formato redondo. Embaixo, temos uma peça de madeira arredondada como um “coco” cortado ao meio, tornando-se por si um desafio significante. Mas podemos acrescentar um “labirinto”, por onde uma bolinha irá passeando, enquanto a criança se equilibra e movimenta a prancha.</td></tr>
<tr><td>TIRO AO ALVO COM COPOS

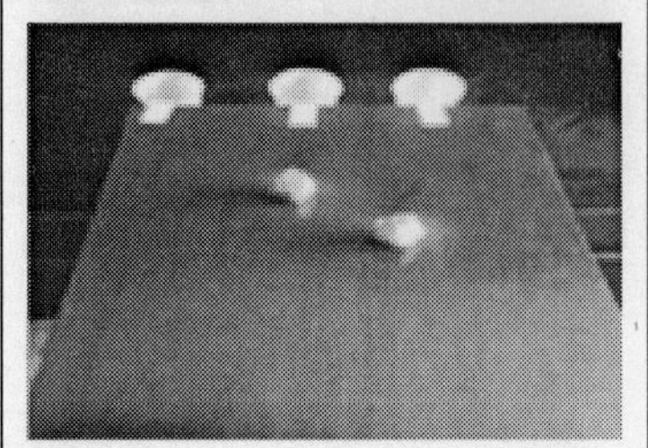</td><td>Várias são as atividades que podem ser feitas com copos plásticos: “pendurados” numa porta, como cestas de basquete; ou na ponta da mesa (pendurados para fora dela), como caçapas de um jogo de sinuca. Podemos lançar bolinhas de papel ou de pingue pongue para dentro dos copos, trabalhando orientação espacial para acertar no alvo, lateralidade, pedindo para que a criança lance cada vez com uma das mãos, além de força e coordenação óculo-manual.</td></tr>
</table>

<table>
<tr>
<td>

"CAMINHOS" DAS TAMPINHAS

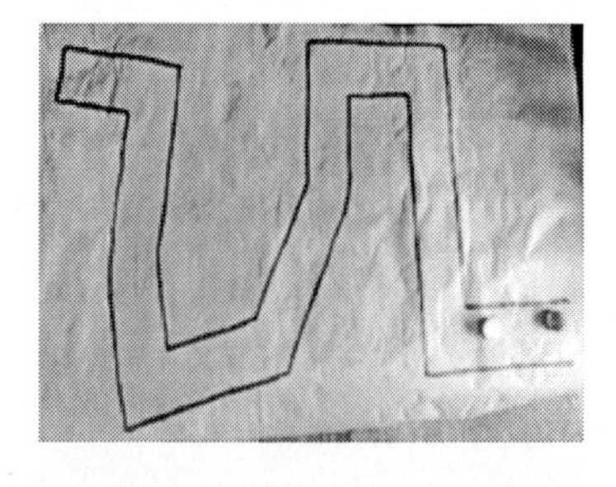

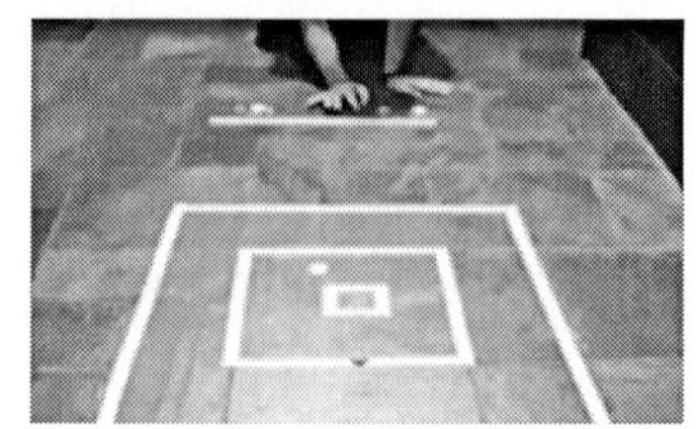

</td>
<td>

Com o uso de tampinhas de garrafas, suco, leite, percorremos caminhos empurrando uma tampinha com "petelecos" do dedo, ou empurrando com o dedo ou palito, a fim de fazer a tampinha percorrer o caminho com menor número de batidas possíveis. Pode ser uma competição em duplas, trios, onde cada um joga uma vez e quem chegar ao final do percurso primeiro, vence. Sempre que a tampinha saia do caminho demarcado, deve voltar para o ponto onde ela saiu do percurso.

No segundo exemplo, seria como um "tiro ao alvo", empurrando a tampinha para o alvo, que poderá ter pontuações diferentes: quanto maior o alvo, menos ponto e vice-versa.

</td>
</tr>
</table>

REFERÊNCIAS

ARAUJO, Mariana dos S. Tavares *et al.* Jogos e brinquedos com sucata: reciclagem. **Intr@ciência**, Guarujá, edição 10, dez 2015. Disponível em: http://uniesp.edu.br/sites/_biblioteca/revistas/20170531134537.pdf. Acesso em: 4 mar. 22.

CERTEAU, Michel de. **A invenção do cotidiano**. Petrópolis/RJ: Vozes, 1994.

COTONHOTO, Larissy Alves *et al.* A importância do jogo e da brincadeira na prática pedagógica. **Construção Psicopedagógica,** São Paulo, v. 27, n. 28, 2019. Disponível em: http://pepsic.bvsalud.org/scielo.php?script=sci_arttext&pid=S1415-69542019000100005. Acesso em: 4 mar. 2022.

FREIRE, João Batista. **O jogo:** entre o riso e o choro. Campinas/SP: Autores Associados, 2005.

HUIZINGA, Johan. **Homo ludens**: o jogo como elemento da cultura. São Paulo: Perspectiva, 1980.

KISHIMOTO, Tisuko Morshida (org.). **Jogo, brinquedo, brincadeira e a educação.** São Paulo: Cortez, 2017.

SANTOS, Adriano Alves; PEREIRA, Otaviano José. A importância dos jogos e brincadeiras lúdicas na Educação Infantil. **Revista Eletrônica Pesquiseduca**, v. 11, n. 25, 2019. Disponível em: https://periodicos.unisantos.br/pesquiseduca/article/view/899/pdf. Acesso em: 4 mar. 2022.

CAPÍTULO 20

A PSICOMOTRICIDADE CONTRIBUINDO PARA A EDUCAÇÃO FÍSICA NA EDUCAÇÃO INFANTIL

Sergio Augusto Nacarato

INTRODUÇÃO

Partindo da proposta do Base Nacional Comum Curricular (BNCC, 2018), na primeira etapa da educação básica e de acordo com os eixos estruturantes da educação infantil, devem ser assegurados seis direitos de aprendizagem para que as crianças tenham condições de aprender e se desenvolverem. Os direitos são: conviver, brincar, participar, explorar, expressar e conhecer-se. Esse processo se inicia na creche com os bebês até 18 meses, crianças muito pequenas entre 1 ano e meio até 3 anos e 11 meses e crianças pequenas entre 4 e 5 anos. A psicomotricidade pode contribuir em muitos aspectos com a Educação Física.

Inicialmente, pode ser considerado o conhecimento da relação entre o desenvolvimento psíquico e o desenvolvimento motor. Desenvolvimento esse que faz coincidir a maturação das funções neuromotoras com as capacidades psíquicas do indivíduo como um único processo.

A título de esclarecimentos, sabe-se que a psicomotricidade tem uma origem clínica e historicamente iniciada na França, trabalhando com as patologias relacionadas ao transtorno motor em particular a neuropsiquiatria infantil. No decorrer do desenvolvimento da teoria e pratica, os estudos sobre movimento humano foram abordados por diversas áreas profissionais, como: fisiatria, neurologia, ortopedia, neuropsiquiatria infantil, psicologia, pedagogia e psicanálise. Entendendo que todas essas práticas têm um caráter terapêutico e, de uma maneira ou de outra, acabam convergindo no intuito de ganho na qualidade de vida das pessoas.

Cabe aqui esclarecer como se pode entender a psicomotricidade: uma área de conhecimento que se ocupa do estudo e compreensão dos fenômenos relacionados com o movimento corporal e seu desenvolvimento. Faz-se relevante o entendimento da psicomotricidade fundamentalmente como uma forma de enfocar a Educação e/ou terapia, em seu amplo objetivo de desenvolver as capacidades do indivíduo, a partir do movimento e da ação, atingindo na pessoa a ênfase na maturação de aspectos da inteligência, comunicação, afetividade, sociabilidade e aprendizagem.

De acordo com Le Bouch (1982), a Educação Física praticada no contexto da educação infantil deve ser uma experiência ativa de confrontação com o meio ambiente. Na educação infantil, a priorização da prática constitui-se na atividade motora lúdica como fonte de prazer, permitindo a criança prosseguir a organização de sua "imagem corporal" no que foi vivido e servir de ponto de partida na sua organização motora e relação com o desenvolvimento das atitudes de análise perceptiva. A ajuda educativa, proveniente dos pais e do meio escolar, tem a finalidade não de ensinar à criança comportamento motores, mas, sim, de permitir, mediante um jogo, exercer sua função de ajustamento, individualmente ou com outras crianças.

Pierre Vayer (1989) enfatiza a importância e a riqueza das trocas com o mundo. Essas trocas se dão de acordo com a maneira como são vividas as interações e as formas de estabelecer as comunicações entre as pessoas. Assim, a qualidade do diálogo estabelecido entre a criança e o mundo é gerada a partir qualidade do diálogo que se dá pela presença do adulto. No caso da escola, o professor; da família o pai e a mãe, dentre outros. Portanto, entende-se aqui que todo o desenvolvimento da criança é o resultado das trocas que se estabelecem, desenvolvem-se, diversificam-se e, finalmente, estruturam-se e se organizam, por meio da ação.

No desenvolvimento do capítulo, será abordado a teoria e a possibilidade prática de aspectos psicomotores pela visão da psicomotricidade. A noção de corpo como sendo o foco principal na educação infantil, dando prosseguimento e aprofundamento a partir do entendimento do movimento humano e sua evolução nos aspectos psicomotores da tonicidade, equilibração, lateralização, praxia global, estrutura espaço temporal, praxia global e praxia fina.

DESENVOLVIMENTO

Vitor da Fonseca (2008), psicomotricista português e referente teórico extremamente conhecido na psicomotricidade, constituiu uma excelente correlação entre os Fatores Psicomotores e o Desenvolvimento da Divisão Funcional Cerebral em Blocos, do neuropsicólogo russo Alexander Luria

(1981). Os fatores psicomotores considerados são: tonicidade, equilibração, lateralização, noção de corpo, estruturação espaço temporal, praxia global e praxia fina, articulando-os à divisão cerebral em três blocos (Figura 1), sendo que cada bloco tem sua função particular, mas trabalham em conjunto.

O primeiro bloco tem a composição das regiões mais profundas do sistema nervoso central, como tálamo, hipotálamo, mesencéfalo, corpo caloso, formação reticulada e tem a função principal de regulação tônicas, manutenção para atenção e vigília e interação sensorial. O Segundo bloco é composto pelos lóbulos pariental, occipital e temporal e tem a função de receber e processar as informações recebidas do meio ambiente. O terceiro bloco fica região cortical do sistema nervoso central e é composto pelo córtex motor, pré-central e pré-frontal. A função desse terceiro bloco é atuar na programação e verificação para assegurar a natureza intencional do comportamento (LURIA, 1981).

Figura 1 – Blocos de Luria – correlação entre os Fatores Psicomotores e o Desenvolvimento da Divisão Funcional Cerebral

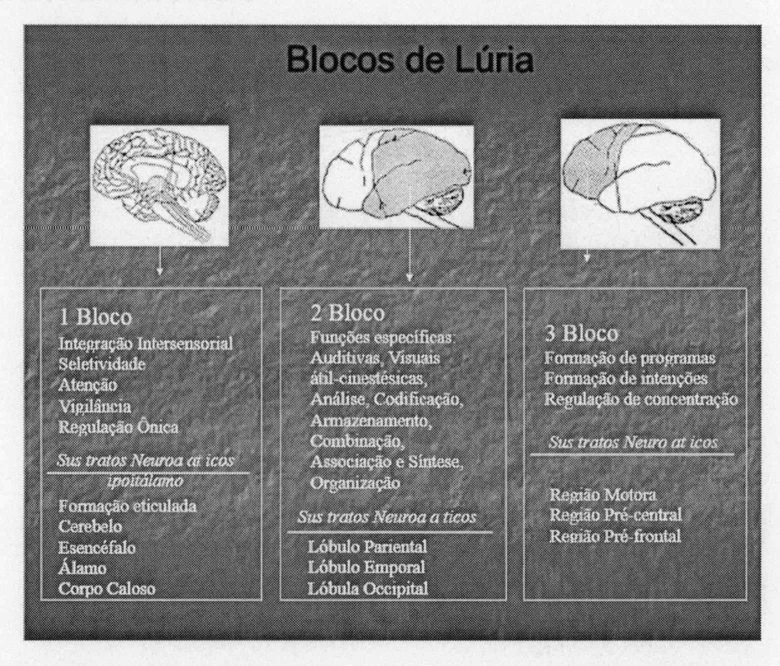

Fonte: arquivo pessoal

A maturação do SNC é definida como o desenvolvimento das estruturas corporais neurofisiológicas, determinado pelas potencialidades inatas e independentemente de experiência prévia, que poderá tanto possibilitar, quanto limitar o desenvolvimento do comportamento. O indivíduo ao nascer não tem ainda condições de ter suas células nervosas em funcionamento e necessitará de dois processos para que isto ocorra: a mielinização das fibras nervosas que seria o revestimento dos neurônios e um meio ambiente que estimule adequadamente (WAJNSZTEIN, 2005).

Partindo do entendimento da evolução do sistema nervoso central e periférico pela mielinização, podemos criar atividades práticas para todas as faixas etárias, inclusive as crianças que tenham alguma dificuldade, tanto física, como mental. Os fatores psicomotores podem ajudar a nortear a organização dessas atividades práticas.

Correlacionando os Fatores Psicomotores com os blocos de Luria (Figura 2), a tonicidade e a equilibração são relacionados com o primeiro bloco de Luria que seriam as estruturas mais profundas do SNC. A lateralização, a noção de corpo e a estruturação espaço temporal são relacionados com o segundo bloco de Luria e a praxia global e praxia fina são relacionados com o terceiro bloco de Luria (FONSECA, 2008).

Figura 2 – Correlação dos Fatores Psicomotores com os blocos de Luria

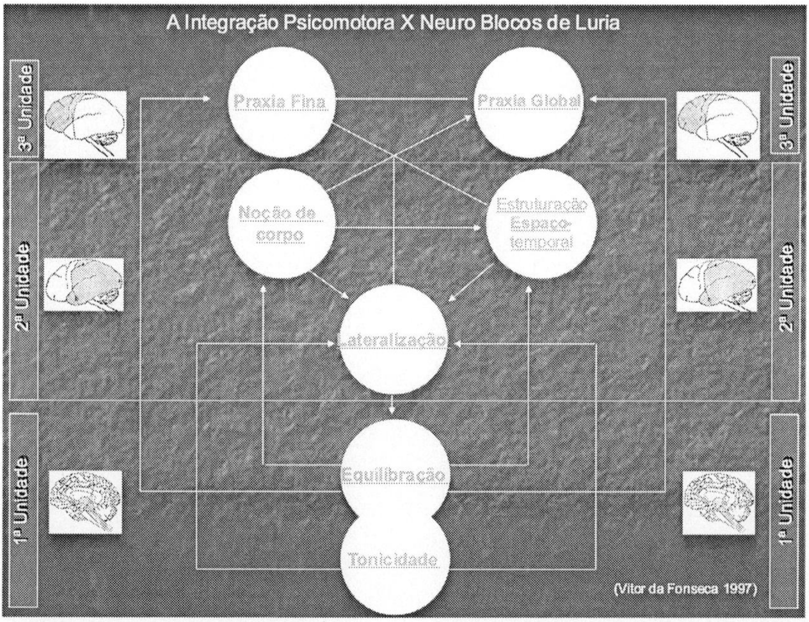

Fonte: arquivo pessoal

Os Fatores Psicomotores podem ser utilizados para complementar atividades corporais nas aulas de Educação Física, mas também podem ser utilizados para ajudar a acompanhar o desenvolvimento neuropsicomotor dos alunos durante as aulas e em todo desenvolvimento escolar. Assim, segue o esclarecimento sobre cada fator psicomotor.

TONICIDADE

A tonicidade é o fator psicomotor, do ponto de vista neurológico, que irá propiciar o desenvolvimento ajustado a outros fatores psicomotores. A tonicidade irá garantir o desenvolvimento do estado de alerta e vigilância. Para ser possível receber e integrar informações intracorporal e extracorporal, a condição de alerta exige a mobilização de um certo tônus e de uma certa energia cortical, sendo essencial para ativação dos sistemas seletivos de conexão, sem os quais nenhuma atividade mental pode ser processada, mantida e organizada (FONSECA, 2018).

No início da vida, a tonicidade é o fator psicomotor mais importante e, nesse momento, precisa ser oportunizado para criança, a partir da maturação do pescoço, onde é possível, por atividades dirigidas, como o rolar, rastejar, engatinhar, sempre com desejo de querer realizar os movimentos. E nesse momento o professor é de fundamental importância para contribuir na realização das atividades. Assim como atividades para fortalecimento do tronco para chegar no sentar-se sem apoio. Além, claro, de estabelecer uma relação visual com as pessoas e com os objetos. Nessa fase de vida, o bebê precisa vencer a gravidade para ficar em pé. Posteriormente, a tonicidade continua sendo um fator importante que ajuda a garantir que a ação motora possa realizar as atividades de experimentação.

Henri Wallon, filósofo, psicólogo e médico referia-se dupla função do músculo: 1. Clônica (ou fásica), de características cinéticas — encurtamento e alongamento das miofibrilas); 2. Tônica de características de suporte — manutenção de uma certa tensão de apoio que caracteriza o músculo esquelético em estado de repouso. Ambas são dependentes de uma relação hiper complexa, tanto em nível inferior medular, assim como em níveis superiores reticular e cortical (WALLON, 1981).

Em termos práticos, a tonicidade possibilita todas as atividades motoras, porém as atividades motoras precisam ser espontâneas e organizadas. No trabalho de atenção, o ser humano ou leva adiante, iniciando o movimento ou parando. A atenção começa pelo corpo, e atividades que priorizem o freio inibitório, que seriam atividades de frear ou romper a inércia com o corpo, a partir de um estimulo, seja ele auditivo, visual, olfativo ou outro.

EQUILIBRAÇÃO

Do ponto de vista psicomotor, o equilíbrio é uma qualidade coordenativa específica, é o fruto do senso de posicionamento e balanço do corpo. O equilíbrio parte da capacidade de manutenção e recuperação do posicionamento estático e dinâmico funcional, em relação à força de gravidade. Para viver o momento de equilíbrio, passa pelo desiquilíbrio. O equilíbrio, como toda função neurológica, depende da maturação céfalo-caudal, da cabeça até os pés; próximo distal onde se entende que a maturação ocorre do centro do corpo para as extremidades. O desenvolvimento do aprendizado é o resultado da interação com o ambiente e a maturação neurológica (PALMISCINO, 1998).

A gravidade é a força universal mais constante no nosso planeta, nenhum ser vivo pode subsistir sem se relacionar com ela, razão pela qual a sua superação e domínio culmina em uma das aquisições mais significativas da espécie humana — a postura bípede, verdadeiro marco da humanidade, em que obviamente está integrado a evolução do sistema vestibular e seu papel em todo o desenvolvimento perceptivo e cognitivo (FONSECA, 2009).

Fica evidente o quanto a segurança gravitacional é importante para o desenvolvimento da criança do ponto de vista motor e cognitivo. Quando as funções de vigília, de alerta e de atenção facilitarão as funções de processamento de informação recebida pelo ambiente. Vale ressaltar que a prática realizada pelo professor seja lúdica e com variedades, tanto dinâmica, quanto estática.

LATERALIZAÇÃO

A lateralização é o fator psicomotor que está relacionado com o segundo bloco de Luria. Nesse processo de desenvolvimento que ocorre a partir da mielinização neurológica que resulta na integração dos dois lados do corpo e está relacionada com a evolução motora do ser humano, vinda da utilização de instrumentos e aquisições motoras unilaterais especializadas. O refinamento motor se deu ao longo da evolução humana, de acordo com a demanda na atividade manual.

A lateralização deve ser aprendida pela experimentação com os dois lados do corpo e da relação de um com o outro. Até que se possa distinguir qual lado do corpo terá melhor performance e esse será o dominante. Pela experimentação com o movimento das duas metades do corpo, observando as diferenças entre esses movimentos, comparando essas diferenças com as impressões sensório-motoras, é que se entende a distinção entre o lado, o direito e o esquerdo do corpo.

A evolução dos lados do corpo é exclusiva do ser humano. Durante o processo filogenético, a mão humana evoluiu a partir da utilização de dos instrumentos. Esse processo se deu com integrações sensoriais complexas e aquisições motoras unilaterais das mãos.

A lateralização traduz a capacidade de integração sensória-motora dos dois lados do corpo, transformando-se numa espécie de radar endopsíquico de relação e de orientação com e no mundo exterior. Em termos de motricidade, ela retrata uma competência operacional, que prescinde de todas as formas de orientação do indivíduo (FONSECA, 2018).

A lateralização como função complexa subentende diferentes níveis de complexidade: identificação das partes do corpo; identificação dupla homolateral; identificação dupla contralateral; identificação das partes do corpo no outro; identificação de partes do corpo no outro e no próprio (FONSECA, 2018).

A lateralização é um processo do desenvolvimento da criança, onde o principal é propiciar atividades globais motoras para as crianças e observar a prevalência de mãos e pés. Propiciar atividades de arremessar, rebater, saltar e chutar é possível começar a contribuir para a definição de mão e pé, se será para esquerda ou direita. Pode-se começar a informar verbalmente para criança, para que posteriormente ela consiga por si própria verbalizar qual lado do corpo realizou o movimento.

Outro aspecto da lateralização é o reconhecimento de esquerda e direita e deve ser aprendida a partir da referência do próprio corpo e, depois, o reconhecimento no outro o que favorecerá o entender do sentido e da sequência de letras e números. As letras b,p,q,d são todas a mesma forma, porém com direções diferentes e a percepção dessas direções dependem da lateralização. O espelhamento de letras é esperado no início da alfabetização e, se ocorre, deve ser acompanhado juntamente a outras dificuldades no aprendizado.

NOÇÃO DE CORPO

Ajuriaguerra (1970) descreveu que a evolução da criança é sinônimo de conscientização e conhecimento cada vez mais profundo de seu corpo, a criança é o seu corpo, pois é por meio dele que a criança elabora todas as suas experiências vitais e organiza toda a sua personalidade. A noção de corpo inicia-se a partir uma autoimagem sensorial interior e passa posteriormente a uma noção especializada linguisticamente.

Lembrando sempre que a noção de corpo depende de uma evolução cognitiva para entender o seu espaço no mundo, os estágios de desenvolvimento cognitivo caminham juntos com o desenvolvimento da noção corporal.

A noção corporal é desenvolvida pela vivência motora. Para que se aprenda sobre o seu próprio corpo, é necessário também a reflexão sobre o que foi realizado. Perguntar para criança o que aconteceu com o seu próprio corpo: o que sentiu? Qual foi a posição do corpo em um determinado momento? Isso sugere a ideia de propriocepção, ou seja, o reconhecimento do posicionamento do corpo no espaço. Perguntas que ajudam esse entendimento: você lembra o que você realizou? Como você fez? Qual foi a sensação? Atividades de imitação ajudam a criança observar e reproduzir a ação motora. Nem sempre é possível em Educação Física, mas acompanhar o desenvolvimento da noção de corpo pode ser feito pelo acompanhamento da evolução da figura humana.

As informações proprioceptivas percorrem o caminho neuronal do corpo, até chegar no córtex cerebral. A partir da informação proprioceptiva e da consciência corporal, é possível desenvolver a noção de corpo, que será aprendida pela vivência mediação social. Partindo dessa informação se torna possível desenvolver a noção de corpo a partir de qualquer atividade motora, pois toda sensação corporal que é percebida pela criança na qual ela verbaliza o que está sentindo pode-se entender que a noção de corpo está se constituindo.

ESTRUTURAÇÃO ESPAÇO TEMPORAL

A estruturação espaço-temporal decorre com organização funcional da lateralização e da noção do corpo, uma vez que é necessário desenvolver a conscientização espacial interna do corpo.

A estruturação espaço-temporal parte da motricidade, da relação com os objetos localizados no espaço, da posição relativa que ocupa o corpo, enfim, das relações integradas da tonicidade, da equilibração, da lateralização e da noção do corpo, respeitando a hierarquização dos sistemas funcionais e da sua organização vertical.

A informação mais direta em relação ao conceito de espaço é a informação vinda da cinestesia ou das sensações musculares, pois com essas sensações pode-se prever a quantidade de movimentos que o corpo irá realizar para estabelecer um contato com um objeto ou um deslocamento no ambiente.

De acordo com Kephart (1986), faz-se muito importante construir um mundo espacial estável, pois é a partir das relações espaciais que se torna possível estabelecer relações entre os objetos no meio ambiente. No intuito de comparação, faz-se necessário colocar o que está sendo comparado em algum lugar no espaço enquanto a comparação é feita. É a preservação das relações entre os objetos num mundo espacial adequado que permite observar as semelhanças e as diferenças. Essa preservação possibilita o controle de grande quantidade de elementos pertencentes a grupos de objetos.

Na prática, atividades que envolvam ritmo e movimento, a música é sempre bem-vinda na educação física. As atividades que envolvam números e a criança quantifica pela quantidade de movimento realizado. A vivência dos termos espaciais de direções frente, atrás, esquerda e direita, assim como os planos alto e baixo. Todas as atividades que usam bolas ou objetos que são arremessados e apanhados ajuda a desenvolver a adaptação espaço temporal.

PRAXIA GLOBAL

Ajuriaguerra (1970) refere que a organização práxica decorre da coordenação dos três subsistemas fundamentais:

- Somatograma (conhecimento integrado do corpo).
- Engramas (integração cognitiva e emocional das experiências anteriores).
- Opticograma (integração dos estímulos externos que abrangem a função gnósica).

Também se refere ao Opticograma com função voluntária e aos engramas e ao Somatograma com automáticos, que surgem sem a interferência da consciência. A Consciência quando decide vai servir-se dos sistemas funcionais armazenados, utilizando os dispositivos disponíveis para atingir um determinado objetivo previamente programado.

Por meio do estudo da praxia global, podemos observar, por um lado, a perícia postural e, por outro lado, a macromotricidade, relativas à coordenação dinâmica geral e à generalização motora, que integra a postura, a locomoção, o contato, a recepção e a propulsão de objetos, isto é, a integração sistêmica dos movimentos do corpo com os movimentos do próprio envolvimento (KEPHART, 1986).

A praxia global representa o final das hierarquizações dos fatores psicomotores, pois para uma boa coordenação, irá depender de uma boa estruturação espaço temporal, da noção de corpo adequada, da lateralização definida, de um equilíbrio gravitacional adequado e principalmente de uma tonicidade ajustada. A possibilidade de desenvolver a praxia global é praticamente infinita e a espontaneidade da criança já contribui muito para realização de atividade, desde que respeite as fases de desenvolvimento da criança.

PRAXIA FINA

A mão dispõe de funções de palpações, discriminação tátil e de um repertório de aquisições apreensíveis inigualáveis por qualquer outro segmento corporal, por exemplo: apanhar, segurar, bater, riscar, captar, lançar, puxar, empurrar etc. Todas essas aquisições, porém, em termos normais são os produtos de uma cooperação com visão sem a qual seu desenvolvimento micromotor não se diferenciaria.

A praxia fina deve ser valorizada também pela Educação física, tanto nos trabalhos mais amplos com arremessar, apanhar, rebater com nas confecções de brinquedos e objetos que poderiam ser utilizados no brincar nas aulas das crianças.

A escrita permite a materialização do pensamento, tornando visível e superando a barreira de espaço e tempo. As culturas são conhecidas pela escrita e importante na transformação da civilização.

CONSIDEREÇÕES FINAIS

A Educação Física e a psicomotricidade seguem caminhos distintos, uma dentro da área educacional e outra na área clínica, com crianças com dificuldades motoras ou de aprendizagem. Ambas privilegiam a ação motora e consequentemente podem ter uma mão dupla de contribuição e possibilitar trocas de experiências na prática de cada uma.

Este capítulo teve por objetivo informar sobre a necessidade de termos uma teoria respeitando o desenvolvimento da criança, auxiliando no entendimento dos processos de desenvolvimento, além de propiciar atividades a partir das movimentações mais simples, considerando as etapas do desenvolvimento da criança. Etapas de desenvolvimento essas que partem da tonicidade e equilibração, sucessões de fatos que ocorrem durante o desenvolvimento, chegando na lateralização e noção de corpo; para que posteriormente se desenvolva a estruturação espaço-temporal, a praxia global e a praxia fina.

Atualmente, em que parece que a oportunidade motora da criança está cada vez menor, em que parecem ser valorizados as atividades tecnológicas mais do que as experiências motoras, as tarefas dos professores estão conectadas ao objetivo de propiciar experiencias motoras em maior quantidade e qualidade. Claro que o mundo evoluiu e necessita da tecnologia, mas não podemos nos esquecer que o ser humano continua o mesmo e necessitando da oportunidade de vivenciar corporalmente o mundo para o seu desenvolvimento. Em sendo assim, toda oportunidade de atividade corporal com criança deve ser bem aproveitada.

Os estudos mostram que a atividade corporal é a base do desenvolvimento humano, controle da postura e do equilíbrio, independência do tronco, braço e mão, assim como o controle tônico e a inibição motora, a lateralização, organização do gesto gráfico, coordenação olho à mão, organização espacial, descriminação e sequência temporal. Em sendo assim, fica evidente que grande parte do processo educacional depende da ação corporal para se desenvolver.

Dentro do processo de desenvolvimento humano, constata-se a enorme importância da Educação Física no contexto do desenvolvimento da criança. A atividade corporal precisa continuar sendo incentivada e valorizada dentro das escolas, considerando uma prática que envolva mais espaço e tempo dentro do contexto educacional.

Por fim, entendo que a psicomotricidade, subsidia uma base teórico-prática para a atuação do professor no ambiente educacional.

REFERÊNCIAS

AJURIAGUERRA, J. de. **Manual de Psiquiatria Infantil**. 2. ed. Paris: Masson, 1970.

BOSCAINE, F. **Clínica psicomotriz**. Verona: Marano de Valpolicella, 2013.

BOULCH, Jean Le. **Lo sviluppo psicomotorio dela nascida a 6 anni**. Italia: Armando Editora, 2013.

BOULCH, Jean Le. **O corpo na escola no século XXI**. São Paulo: Forte, 2008.

BOULCH, Jean Le. **Educação Psicomotora**. 2. ed. Porto Alegre: Artemed, 2005.

1COSTALAT, Dalila M. de *et al.* **Otimizando as relações humanas**. São Paulo: Arte e Ciência, 2000.

FONSECA, Vítor da. **Psicomotricidade**: Filogênese, ontogênese e Retrogênese. 2. ed. revisada e aumentada. Rio Janeiro: Wak, 2009.

FONSECA, Vítor da. **Manual de observação psicomotora**. Rio de Janeiro: Wak, 2018.

FONSECA, Vítor da. **Neuropsicomotricidade**. 2. ed. Rio de Janeiro: Wak, 2018.

KHEPHART, N. **O aluno de aprendizagem lenta**. Porto Alegre: Artes Médicas, 1986.

LURIA, A. **Fundamentos de psicologia**. São Paulo: Edusp, 1981.

NUNES, J. **Grafomotricidad, Imagem y escritura**. Madrid: Fundacion Citap, 2017.

NUNES, J.; BERRUEZO, P. *et al.* **Psicomotricidade e Educação Infantil**. Madrid: CEPE, 2015.

VAYER, P. **O diálogo corporal para criança de 2 a 5 anos**. São Paulo: Instituto Piaget, 2006.

WAJNSZTEJN, A. B. C.; WASJNSTEJN, R. **Dificuldades Escolares**. São Paulo: Pampaideia, 2017.

WALLON, H. **Do ato ao pensamento, ensaio de psicologia comparada**. Petrópolis: Vozes, 2008.

POSFÁCIO

Estamos vivendo tempos em que a quantidade de informações que circulam e nos afetam são enormes e sem precedentes em nossa história. A TV, os smartphones, os tablets e computadores disseminam enormes quantidades de narrativas, vídeos e entretenimento que nos inundam constantemente.

Em que pese o lado positivo do acesso facilitado ao mundo do conhecimento, o grande desafio parece concentrar-se na construção de sentido para todas essas informações e esse aspecto impacta diretamente o campo educacional.

Além disso, a sedução desse mundo imagético e a facilidade de acesso por meio de um clique de distância têm obliterado experiências de "corpo inteiro", onde o pensar, o agir e o sentir se integram contribuindo para uma vida plena e de bem-estar.

Desse modo, processos educacionais que valorizem uma vida ativa em que crianças e adolescentes possam interagir com a cultura, a arte e a ciência são fundamentais nos tempos atuais. Quanto se diz "vida ativa", queremos dizer espaços e tempos que possibilitem a construção, elaboração e vivência de modos de agir e de conviver; em que as crianças possam pensar por si mesmas e criar suas trajetórias de vida.

Evidentemente, a constituição de próprios percursos de desenvolvimento e de liberdades de escolha abarcam a inserção das crianças em um universo cultural já estabelecido, é o que se denomina papel conformador da educação, cuja função é criar a percepção de pertencimento a uma comunidade e grupo social. Entretanto, não menos importante, outra função da educação é o seu papel formador, ou seja, os processos educacionais devem incentivar a desconfiança dos arranjos sociais já estabelecidos, de modo que, se assim desejar, pode-se modificá-los.

Cada vez mais, necessitamos pensar, propor e socializar propostas de Educação Física que dialogam com a cultura de movimento, com a construção de uma responsabilidade pessoal e social das crianças e com o bem-estar da população.

Mas o desafio é grande. Pesquisas em educação têm demonstrado altos índices de evasão escolar. Esses estudos têm deixado claro que as causas da evasão não se restringem a inadequações curriculares (projetos e práticas pedagógicas). O que se constata é que a incipiência de políticas sociais que buscam garantir a permanência de crianças e adolescentes nas escolas agrava, sobremaneira, o problema. Sabe-se que, para muitos de nossos estudantes, a escola será o único espaço da vida regido por valores públicos a que eles terão acesso, tais como: a justiça, a dignidade, a solidariedade e a ética, tão importantes em nossa sociedade.

Assim, temos inúmeras evidências de que a escola, mesmo com todas as dificuldades, faz diferença na vida dos alunos.

Este é meu sentimento com a leitura deste livro.

São Paulo, junho de 2023

Osvaldo Luiz Ferraz

Figura – Localidade dos professores autores desta obra

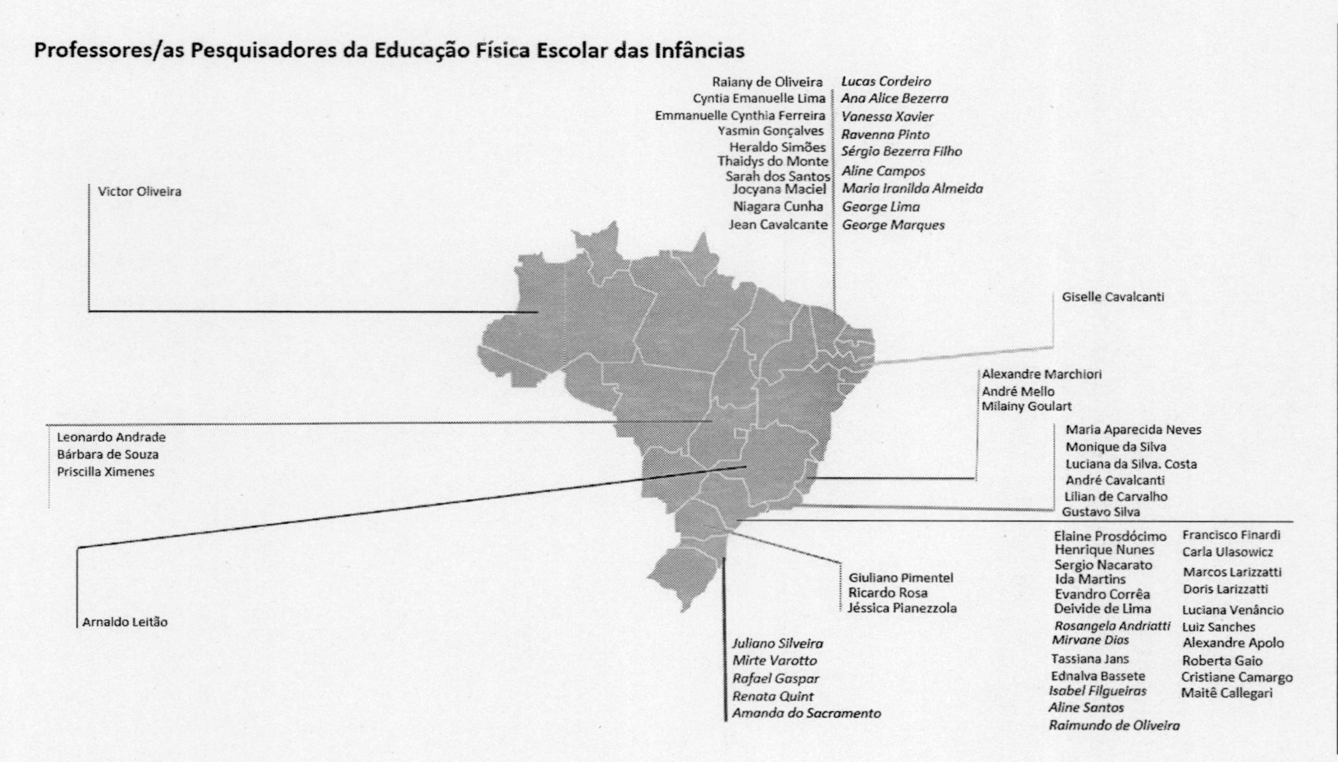

Fonte: os autores

SOBRE OS AUTORES

ALEXANDRE APARECIDO ALVES DE LIMA

Mestre na formação de Gestores Educacionais pela UNICID; especialista em Coordenação Pedagógica e Gestão Escolar pela Faculdade Intervale; especialista em Educação Física Escolar pela UNINOVE; graduado em Pedagogia pela Faculdade Intervale; graduado em Educação Física pela UNINOVE; membro do Grupo de Estudos sobre Aprendizagem, Desenvolvimento Motor e Inclusão na Educação Básica/GEPADIEB; coordenador Pedagógico e professor de Educação Física na rede privada e estadual do Centro Paula Souza.

Orcid: 0009-0004-3211-6048

ALEXANDRE APOLO DA SILVEIRA MENEZES LOPES

Professor, doutor e mestre em Educação Física pela USJT e pós-graduado em Treinamento de Modalidades Esportivas, Metodologia e Didática pela USP. Pedagogo pela Unifran. Professor da Rede Pública Municipal de Ensino de Cubatão/SP.

Orcid: 0009-0004-8185-7467

ALEXANDRE FREITAS MARCHIORI

Professor de Educação Física na educação infantil da Prefeitura Municipal de Vitória. Membro do Núcleo de Aprendizagens das Infâncias e seus Fazeres (NAIF, CEFD-UFES). Tem experiência na área de Educação e Educação Física, atuando principalmente nos seguintes temas: Educação Física, Educação Infantil, Formação Docente, Educação Inclusiva e Autismo.

Orcid: 0000-0002-5919-5696

ALINE RODRIGUES SANTOS

Mestra pela (USJT), pós-graduada em Educação Física Escolar e licenciada em Educação Física pela (UPM). Pedagoga pela (UNJ). Pesquisa sobre a própria prática pedagógica e a formação de professores e professoras. Atua como professora e formadora na rede pública. Atualmente, é coordenadora pedagógica da educação infantil da Rede Municipal de Vinhedo.

Orcid: 0000-0002-9038-3572

ALINE SOARES CAMPOS

Professora de Educação Física da Rede Estadual de Educação (Seduc/CE). Mestre em Educação pela (UFC/Faced), especialista em Psicopedagogia Clínica, Institucional e Organizacional. Pedagoga (Faculdade KURIOS), em Arte-Educação (Uece) e em Educação Física Escolar (Unifor) e graduada em Educação Física pela (Unifor). Pedagoga. Exerce a função de coordenadora Escolar da EEFM Santa Luzia Sefor 2. Integrante do Grupo de Estudos e Pesquisas em Educação Física Escolar (Gepefe/UFC). É docente na especialização em Educação Física Escolar da (Uece). Bolsista do Programa Aprender pra Valer, em Educação Especial (Seduc-CE). Avaliadora do PNLD do Ensino Médio: Objeto 1 e 2 (Ministério da Educação/MEC).

Orcid: 0000-0002-2205-4697

AMANDA COELHO DO SACRAMENTO

Mestranda no Programa de Pós-graduação em Ciências do Movimento Humano da (UESC), pós-graduada em Ludopedagogia e Educação Inclusiva e graduada em Educação Física pela (UESC). Professora da Rede Municipal de Ensino de Florianópolis e integrante do Grupo de Estudos Independente em Educação Física na Educação Infantil.

Orcid: 0000-0002-3827-8425

ANA ALICE LOPES BEZERRA

Graduada em licenciatura e bacharelado em Educação Física pela (UFC). Bolsista no Programa Residência Pedagógica (Capes). Estudos nas áreas de Educação, Ensino Remoto, Desenvolvimento Cognitivo, Desenvolvimento e Aprendizagem Motora.

Orcid: 0009-0000-3152-7567

ANDRÉ DA SILVA MELLO

Professor do Centro de Educação Física e Desportos da (UFES), nos cursos de licenciatura, bacharelado, mestrado e doutorado. Líder do Núcleo de Aprendizagens com as Infâncias e seus Fazeres (NAIF), onde desenvolve pesquisas sobre os seguintes temas: práticas pedagógicas e representações com e sobre as infâncias em contextos escolares e não escolares.

Orcid: 0000-0003-3093-4149

ANDRÉ DOS SANTOS SOUZA CAVALCANTI

Professor de Educação Física da Rede Municipal do Rio de Janeiro. Doutor em Educação – Processos Formativos e Desigualdades Sociais – UERJ/FFP e mestre em Educação – Processos Formativos e Desigualdades Sociais – UERJ/FFP.

Orcid: 0000-0003-0796-7807

ARNALDO SIFUENTES LEITÃO

Professor no Campus-Muzambinho (Ifsuldeminas). Doutor pela Universidade Estadual de Campinas (FEF-Unicamp). Coordenador do Programa Institucional de Bolsa de Iniciação à Docência (PIBID), subprojeto Educação Física. Cocoordenador do Grupos de Estudos de Professores e Professoras de Educação Física (Geprofef-Ifsuldeminas). Coordenador do Grupo de Estudos e Pesquisas em Educação Física Escolar (EscolaR) na FEF-Unicamp.

Orcid: 0000-0002-3768-048X

BÁRBARA ISABELA SOARES DE SOUZA

Licenciada em Educação Física pela Escola Superior de Educação Física e Fisioterapia de Goiás (ESEFFEGO/UEG). Mestre em Educação Física pelo Programa de Pós-Graduação em Educação Física da (PPGEF/UnB), na linha "Estudos Sociais e Pedagógicos da Educação Física, Esporte e Lazer". Professora no Departamento de Educação Infantil (DEI) do Centro de Ensino e Pesquisa Aplicados à Educação (Capae) da (UFG). Desenvolve pesquisas na área da Educação e Educação Física, com ênfase em Formação de Professores e Currículo, Educação Física Escolar e Educação Infantil.

Orcid: 0000-0003-2022-2631

CARLA ULASOWICZ

Doutora e mestre em Psicologia Escolar e do Desenvolvimento pelo Instituto de Psicologia da Universidade de São Paulo Professora da rede municipal de ensino e bacharel e licenciada em Educação Física. Pedagoga.

Orcid: 0000-0003-1015-5930

CRISTIANE CAMARGO

Doutora em Saúde da Criança e do Adolescente, mestre em Educação Física/ Saúde/Qualidade de Vida, especialista em Psicomotricidade e

Pedagogia do Movimento e graduada em Educação Física. É professora do curso de Educação Física do Centro Universitário Salesiano de São Paulo/Campinas/SP e da Fundação de Ensino Superior de Bragança Paulista/SP

Orcid: 0000-0002-8563-7902

DEIVIDE TELLES DE LIMA

Mestre em Docência para Educação Básica pela (Unesp), campus de Bauru, licenciado em Pedagogia pela (UFSCar), bacharel em Educação Física pelas Faculdades Integradas de Bauru (FIB) e licenciado em Educação Física pela (FAEFI). Professor efetivo da Rede Estadual de Educação de São Paulo. Professor de Educação Física em uma escola particular e da Rede Municipal de Educação de Jaú-SP. Professor da (FIJ).

Orcid: 0000-0002-2317-0948

DÓRIS SATHLER DE SOUZA LARIZZATTI

Professora de Educação Física (USP). Doutora em Comunicação (ECA USP), mestra em Educação (PUC-SP), MBA em Desenvolvimento Humano de Gestores (FGV) e outras pós-graduações, com 32 anos de pesquisa, produção, avaliação e gestão de projetos culturais, comunicacionais e educacionais em instituição cultural.

Orcid: 0009-0007-9447-7764

EDNALVA DE FÁTIMA BENTO BASSETE

Especialista em Psicopedagogia pela Faculdade Network e licenciada em Pedagogia pela Unicamp. Participa do Grupo de Estudos EscolaR. Professora de educação infantil e fundamental desde 2010 na Prefeitura Municipal de Santa Bárbara do Oeste, com oito anos de atuação na gestão da primeiríssima infância.

Orcid: 0009-0008-2368-005X

ELAINE PRODÓCIMO

Professora de Educação Física formada pela Universidade Estadual de Campinas (Unicamp). Pós-doutora pela na Universidade de Murcia, Espanha. Coordena o EscolaR – Grupo de Estudos e Pesquisa sobre Educação Física Escolar, que tem como base teórica a Pedagogia Freireana, doutora em Educação Física pela Unicamp e mestre em Educação Especial pela Universidade Federal de São Carlos (Ufscar). Seus estudos tratam da área pedagógica da Educação Física no contexto da escola, do jogo e da violência escolar.

Orcid: 0000-0002-2500-3668

EVANDRO ANTONIO CORRÊA

Doutor em Ciências da Motricidade Unesp-Bauru, mestre em Ciências da Motricidade Unesp-Rio Claro e licenciatura plena em Educação Física pela Escola Superior de Educação Física de Avaré. Professor (FIJ). Membro do Grupo de Estudos e Pesquisas Históricas, Sociológicas e Pedagógicas em Educação Física (Gespefi, Unesp-Bauru) e do Núcleo de Estudos e Pesquisa das Abordagens Táticas nos Esportes Coletivos (Nepatec, Unesp-Bauru). Atuação e pesquisa na área de Educação Física com ênfase em formação e intervenção profissional, Educação Física escolar e tecnologia, lazer e atividades de aventura.

Orcid: 0000-0002-0185-6674

EMMANUELLE CYNTHIA DA SILVA FERREIRA

Professora da rede pública de ensino municipal de Fortaleza. Mestranda do programa de pós-graduação em Educação Física (UFRN, Natal) e licenciada em Educação Física pelo Instituto de Educação Física e Esportes da Universidade Federal do Ceará. Estuda questões de gênero e Educação Física escolar.

Orcid: 0000-0002-7100-5138

FRANCISCO FINARDI DO NASCIMENTO

Pós-graduado em Educação Física Escolar pela FMU/SP e em Psicomotricidade Aplicada à Educação e Psicopedagogia pela São Judas, campus Unimonte, formado em Educação Física (bacharel/licenciatura) pela Fefis/Unimes e licenciado em Pedagogia pela Faculdade Brasil. Santos e em docência no ensino superior e Educação Especial e Inclusão pela Faculdade Brasil. Professor em diversos cursos de aperfeiçoamento e capacitação profissional para professores em redes públicas de ensino, congressos nacionais e internacionais. Hoje, atua nos municípios de Santos e São Vicente como professor de Educação Física escolar. Membro do grupo do Facebook/Instagram — Chão da Quadra — Educação Física escolar. Coautor e autor em três livros um com a temática aventura, jogos e brincadeira e o outro transdisciplinaridade; Integrante do grupo de pesquisa GEPSURF/UFC e membro do grupo de pesquisa do GEL e do *International Advisory Board* (IAB) do *Teaching Games For Understanding* (TGFU) *Special Interest Group*, desde 2019.

Orcid: 0000-0001-7349-6535

GEORGE ALMEIDA LIMA

É mestrando em Educação Física pela (Univasf), especialista Metodologia do Ensino de Educação Física e em Docência do Ensino Superior (Univasf) e licenciado e Bacharel em Educação Física (Univasf). Atualmente, é professor de Educação Física do Colégio Adnilson Batista dos Santos, em Campos Sales-CE. É diretor esportivo da Secretaria Municipal de Desporto de Campos Sales-CE. É membro do Grupo de Estudos em Educação e Práticas Corporais (Geepracor/ Univasf) e do Grupo de estudos e pesquisas em Educação Física escolar (Gepefe/ Uece). Realiza pesquisas sobre a Educação Física escolar e sobre os aspectos pedagógicos e socioculturais das práticas corporais e da educação física.

Orcid: 0000-0003-0899-0427

GEORGE MARQUES FERNANDES

Doutorando em Ciências do Desporto pela (UTAD), mestre em Educação e Gestão Esportiva pela (UA), especialista em Treinamento Desportivo de Alto Rendimento (UGF), em Voleibol pela (ESEF/UPE) e em Pedagogia do Desporto pela (UnB) e graduado em Educação Física pela (Unifor). Membro ouvinte do Grupo de Estudos e Pesquisa em Educação Física Escolar (Gepefe/Uece). Professor de Educação Física da Rede Estadual de Educação (Seduc/CE), da Secretária Municipal de Educação (SME/CE) e do Colégio Santa Cecília (Aric/CE).

Orcid: 0000-0002-5235-4316

GIULIANO GOMES DE ASSIS PIMENTEL

Professor associado da Universidade Estadual de Maringá na graduação (licenciatura e bacharelado) e no Programa Associado UEM/UEL de Pós-Graduação em Educação Física (mestrado e doutorado). Coordena o Grupo de Estudos do Lazer (GEL, 2000). Tem experiência na área de Educação Física, atuando principalmente nos seguintes temas: lazer, aventura, recreação, integração biossocial no movimento humano e ensino da Educação Física.

Orcid: 0000-0003-1242-9296

GISELLE COSTA CAVALCANTI

Professora de Ciências das redes municipais de Recife e Olinda (PE). Mestra em Ciências Biológicas pela UFPB e graduada em Ciências Biológicas pela UFPE.

Orcid: 0009-0005-3871-840X

GUSTAVO DA MOTTA SILV

Doutor em Ciências Humanas – Educação pela Pontifícia Universidade Católica do Rio de Janeiro (PUC-RJ), mestre em Educação (UFRJ) e graduado em Educação Física (EEFD/UFRJ). Professor de Educação Física das Secretarias Municipais de Educação do Rio de Janeiro e de Duque de Caxias.

Orcid: 0000-0002-1874-3633

HENRIQUE NUNES SILVA

Graduado em Educação Física licenciatura e bacharelado e ginasta de GA por 15 anos. É professor convidado do Centro Universitário Salesiano de São Paulo Liceu, Campinas/SP, no curso de extensão Idade Ativa, instrutor de ginástica laboral – Ergomovimento e auxiliar técnico do Grupo de Ginástica e Dança do Unisal, Campinas/SP.

Orcid: 0000-0002-6311-2021

HERALDO SIMÕES

Pós-doutorado em Desenvolvimento Humano (Unesp), doutor em Saúde Coletiva (Uece), especialista em Psicomotricidade (Uece), mestre em Educação em Saúde (Unifor) e graduado em Educação Física (Unifor). Professor adjunto da Universidade Estadual do Ceará (UEC).

Orcid: 0000-0003-1999-7982

IDA CARNEIRO MARTINS

Doutor em Educação na (Unimep), na área de Formação de Professores, mestre em Educação Física pela (Unicamp), na área de Pedagogia do Movimento, e graduado em Educação Física pela (PUC-Camp). Foi professora da educação básica por 22 anos e 21 anos no ensino superior em diferentes instituições. Atualmente, é professora do Programa de Pós-Graduação em Educação (PPGE) e do mestrado profissional em Formação de Gestores Educacionais (PPGe-GE) da (Unicid). Vice-líder do Grupo de Estudos sobre Aprendizagem, Desenvolvimento Motor e Inclusão na Educação Básica

(GEPADIEB), desenvolvendo pesquisas relacionadas aos temas: Jogos e Brincadeiras; Movimento Humano; Desenvolvimento Humano; Educação Infantil, Educação Básica, Educação Física Escolar e Práticas Educativas.

Orcid: 0000-0001-7140-1598

ISABEL PORTO FILGUEIRAS

Doutora e mestre em Educação pela Universidade de São Paulo e licenciada em Educação Física. Foi professora de Educação Física na educação básica na Rede Municipal de São Paulo e em escolas particulares, de 1993 a 2002. Atua como docente universitária formando professores de Educação Física e Pedagogos, desde 2003. Atualmente, é docente do curso de pós-graduação stricto sensu em Educação Física da Universidade São Judas Tadeu, onde orienta pesquisas de mestrado e doutorado nas áreas de formação docente e prática pedagógica. Trabalha com consultora educacional em organizações do terceiro setor e Secretariais Estaduais Municipais de Educação, desde 2000, tendo realizado produção de materiais didáticos, políticas e eventos de formação de professores, elaboração de propostas curriculares e coordenação de projetos.

Orcid: 0000-0001-6173-9560

JEAN SILVA CAVALCANTE

Doutorando em Ciências do Desporto (UTAD), mestre em Ensino na Saúde pela (UECE), especialista em Fisiologia e Biomecânica dos Movimentos pela (FIC), em Treinamento Desportivo pela (Uva), em Traumato-Ortopedia com Ênfase em Terapia Manual pela Estácio do Ceará (Estácio), Fisioterapia Esportiva pela Sociedade Nacional de Fisioterapia Esportiva (Sonafe), graduado em Educação Física (licenciatura plena) pela (Unifor) e em Fisioterapia pela Estácio do Ceará, Osteopata pela Escola Brasileira de Osteopatia e Terapia Manual (Ebom) e *MBA* em Gestão Estratégica de IES pela (FVJ). Membro do Grupo de Estudos e Pesquisa em Educação Física Escolar (Gepefe/Uece).

Orcid: 0000-0002-7084-8408

JÉSSICA ADRIANE PIANEZZOLA DA SILVA

Doutoranda em Educação pela Pontifícia (PUC-PR), mestre em Educação (PUC-PR) e graduada em Pedagogia (PUC-PR). Integrante do grupo de pesquisa Direitos Humanos, Políticas Públicas e Formação de Professores (PPGE/PUC-PR). Professora da Prefeitura Municipal de São José dos Pinhais, exercendo função de Coordenação do Componente Curricular de Geografia no Departamento de Ensino Fundamental da Secretaria Municipal de Educação.

Orcid: 0000-0001-9521-6725

JOCYANA CAVALCANTE DA SILVA MACIEL

Doutora pelo Programa de Pós-Graduação em Educação Brasileira pela (UFC), Bolsista Capes, mestra pelo Programa de Pós-Graduação em Educação Brasileira pela (UFC), Bolsista CNPq, e graduada em Educação Física pela (UFC), Bolsista CNPq. Aperfeiçoamento em Tecnologias Digitais na Educação pela (UFC). Professora do IDJ/UVA e do municipio de Itaitinga-CE

Orcid: 0000-0001-9397-256X

JULIANO SILVEIRA

Doutor em Educação Física pelo Programa de Pós-Graduação em Educação Física da (UFSC). Professor efetivo da Rede Municipal de Ensino de Florianópolis. Pesquisador do Labomidia (Ufsc). Membro da Equipe editorial da *Revista Motrivivência*. Integrante do Grupo de Estudos Independente em Educação Física na Educação Infantil.

Orcid: 0000-0003-2534-630X

KARINA PAULA DA CONCEIÇÃO

Mestre em Educação pela Universidade Cidade de São Paulo (UNICID), licenciada e bacharel em Educação Física pela Universidade Nove de Julho (UNIVONE) e Faculdade de Desporto da Universidade do Porto (FADEUP).

Orcid: 0000-0001-8849-4006

LEONARDO CARLOS DE ANDRADE

Mestre em Educação Física na linha de estudos Pedagógicos e Socioculturais pela Faculdade de Educação Física e Dança da (UFG), especialista em Psicologia dos Processos Educativos pela (UFG) e em Educação Escolar pela (UFC) e graduado em Educação Física licenciatura pela (UFG) e em Educação Física bacharelado pela (UES). Possui formação complementar no campo da Psicologia Histórico-Cultural, Pedagogia Histórico-Crítica e Teoria Social em Marx. Coordenador do GEPEFI/UFG e coordenador Geral do Ciclo de Estudos Fundamentos do Ensino Médio Integrado (IFGoiano). Pesquisador no Grupo de Estudos Capital e Teoria do Valor (FE/UFG). Professor do ensino básico, técnico e tecnológico do (IFGoiano). Professor convidado na Pós-graduação em Educação Infantil e Direitos Humanos da UFCAT e orientador no curso de pós-graduação em Movimento Humano da UEG. Presidente do Núcleo de Ciência, Arte e Cultura (NAIF) do IFGoiano. Parecerista Ad Hoc em revistas científicas brasileiras no campo da Educação; Associado ao Colégio Brasileiro de Ciências do Esporte (CBCE).

Orcid: 0000-0002-0324-6079

LILIAN MARIA RIBEIRO DE CARVALHO

Doutoranda e mestre em Educação Física pela Escola de Educação Física e Desportos da (EEFD/UFRJ), especialista em Educação Física Escolar pela (UGF/RJ) e graduada em Educação Física pela (EEFD/UFRJ). Professora de Educação Física da Secretaria Municipal de Educação do Rio de Janeiro SME/RJ.

Orcid: 0000-0003-4834-5123

LUCAS LUAN DE BRITO CORDEIRO

Atualmente, é acadêmico do 9º semestre do curso de licenciatura em Educação Física da (UFC). Destarte, é bolsista PID nas disciplinas de Educação Física na Educação Infantil e "Estágio Supervisionado - Investigação da Realidade". Também, membro do Grupo de Estudos e Pesquisas em Educação Física Escolar e Relações com os Saberes (GEPEFERS) na UFC e membro do Grupo de Estudos e Pesquisa em Educação Física escolar (GEPEFE) na (UECE). Ademais, é administrador e criador da página "EDFE e Justiça Social" (@EDFEJS) no Instagram, a qual tem como intuito a divulgação e discussão de temas sobre Justiça Social na Educação Física escolar.

Orcid: 0000-0003-1730-1339

LUCIANA SANTIAGO DA SILVA

Professora de Educação Infantil da Rede Municipal do Rio de Janeiro Pedagoga. Mestre em Educação – Processos Formativos e Desigualdades Sociais (UERJ/FFP) e especialista em Ensino de História e Cultura Africana e Afrobrasileira (IFRJ/SG).

Orcid: 0009-0006-9540-0956

LUCIANA VENÂNCIO

Professora adjunta na (UFC). Pós-doutorado em Educação (UFS-SE). Doutora em Educação (Unesp-Presidente Prudente-SP), mestre em Ciência da Motricidade Humana (Unesp-Rio Claro) e especialista em Educação Física Escolar (Unicamp). Estuda e pesquisa Educação Física escolar e as relações com os saberes. Líder do Grupo de Estudo e Pesquisa de Educação Física Escolar e Relações com os Saberes (Gepefers).

Orcid: 0000-0003-2903-7627

LUCIMAR CRISTINA DA SILVA

Mestranda em Formação de Gestores Educacionais pela (UNICID). Licenciatura em Pedagogia pela (UNIFRAN). Licenciatura Plena em Educação Física pela (ESEFM / IFSULDEMINAS), campus Muzambinho. Docente de Educação Infantil e Ensino Fundamental na Secretaria Municipal de Educação de Passos MG. Faz pesquisa na área da Educação Infantil sobre a importância do brincar e do movimento da primeira infância a pré-escola. Membro do Grupo de Estudos e Pesquisa sobre Aprendizagem, Desenvolvimento e Inclusão na Educação Básica (GEPADIEB / UNICID), campus Liberdade.

Orcid: 0000-0003-0360-5454

LUIZ SANCHES NETO

Professor adjunto da (UFC), no instituto de educação física e esportes (Iefes). Membro permanente do Programa de Pós-Graduação em Educação Física da (UFRN). Trabalhou em universidades na região metropolitana, interior e litoral de São Paulo, em escola da rede pública municipal e coautor do Currículo de Educação Física da Rede Pública Estadual.

Orcid: 0000-0001-9143-8048

MAITÊ REZENDE CALLEGARI

Pós-graduada em Bioquímica, Fisiologia, Treinamento e Nutrição Desportiva pela Unicamp e em Educação Física Escolar e Psicologia do Esporte pela AVM Faculdade Integrada, licenciada e bacharel em Educação Física pela Unicamp e licenciada em Pedagogia pela Unimes. Professora de Educação Física escolar na Prefeitura Municipal de Vinhedo, atuando na educação infantil e ensino fundamental anos iniciais.

Orcid: 0009-0008-4764-9460

MARIA APARECIDA ALVES NEVES

Especialização em Língua Portuguesa e Linguista e curso de extensão em Literatura Infantil e Literatura Desde o Berço pela FNLIJ. Professora II da Rede Municipal do Rio de Janeiro. Pedagoga.

Orcid: 0009-0001-4923-8904

MARIA IRANILDA MENESES ALMEIDA

Mestre em Ciências da Educação pela (UA), especialista em Ensino da Educação Física pela (FFB) e em Psicopedagogia Institucional e Clínica pela (UVA) e graduada em Educação Física (licenciatura plena) pela (UFC). Integrante do Grupo de Estudos e Pesquisas em Educação Física Escolar (Gepefe) da (Uece) até a atualidade. Professora de Educação Física da Rede Estadual de Educação (Seduc-CE); Professora de Educação Física da Rede Municipal de Educação (SME-Fortaleza-CE).

Orcid: 0000-0002-0135-7189

MARCOS FERNANDO LARIZZATTI

Professor de Educação Física (USP). Doutor e mestre em Distúrbios do Desenvolvimento pelo Mackenzie e pós-graduado em Psicomotricidade, Fisiologia do Esforço. Com experiência de mais de 32 anos de trabalho com educação infantil em escolas e mais de 15 anos lecionando as disciplinas de Educação Física Infantil, Recreação e Ed. Fís. Adaptada na Universidade Paulista (UNIP).

Orcid: 0000-0003-2261-0451

MILAINY LUDMILA SANTOS GOULART

Mestre e licenciada em Educação Física pela UFES. Professora do ensino básico, técnico e tecnológico do Instituto Federal do Espírito Santo.

Orcid: 0000-0002-2796-2774

MIRTE ADRIANE VAROTTO

Mestre em Educação na linha de pesquisa Educação e Infância do Programa de Pós-Graduação em Educação da UFSC, pós-graduado em Educação Física Escolar e graduado em Educação Física pela Ufsc. Professora de Educação Física da Rede Municipal de Ensino de Florianópolis e integrante do Grupo de Estudos Independente em Educação Física na educação infantil.

Orcid: 0009-0004-6199-6056

MIRVANE DIAS DE SOUZA

Doutoranda em Educação Física, mestra em Educação Física pela (USJT) e licenciatura plena em Educação Física pela (UFMG). Pedagoga e professora de Educação Física na Rede Municipal de Santo André-SP.

Orcid: 0000-0001-7819-6259

MONIQUE FARIAS DA SILVA

Professora de educação infantil da Rede Municipal do Rio de Janeiro, assistente social e pedagoga. Especialista em Educação Infantil: Perspectivas de Trabalho em Creches e Pré-Escolas pela PUC-RJ.

Orcid: 0009-0008-7973-6665

NIÁGARA VIEIRA SOARES CUNHA

Doutora e mestre em Educação pela (UECE) e especialista em Coordenação Pedagógica e Planejamento pela (Finom). Professora adjunta do curso de Educação Física da (UVA). Líder do Grupo de Estudos e Pesquisa em Gênero, Raça, Classe e Sexualidade (Gerclasse-UVA).

Orcid: 0000-0003-1908-7997

PRISCILLA DE ANDRADE SILVA XIMENES

Doutora em Educação pela (UFU), mestre em Educação pela UFG/Regional Catalão e graduada em Pedagogia pela UFG. Professora adjunta, DE, na Faculdade de Educação da (UFCAT) e no Programa de Pós-Graduação em Educação (PPGEDUC /UFCAT). Atualmente, é coordenadora de Extensão da Faculdade de Educação da UFCAT e do PIBID/Pedagogia (UFCAT). Membro do NDE do curso de Pedagogia. Tem experiência na área de Educação, com ênfase em Estágio, Didática e Formação de professores, atuando principalmente nos seguintes temas: Educação Infantil, Formação de professores, Didática, Estágio Supervisionado, Práticas de Ensino e Psicologia Histórico-Cultural. Professora pesquisadora e membro do Núcleo de Estudos e Pesquisas Educação e Infância (Nepie/UFG/RC) e do Grupo de Estudos e Pesquisas em Docência na Educação Básica e Superior (GEPDEBS/UFU). Membro da ANPED e Anfope.

Orcid: 0000-0002-0683-6285

RAFAEL AFFONSO GASPAR

Doutorando em Educação no Programa de Pós-Graduação da Udesc, mestre em Educação na Linha Trabalho e Educação do Programa de Pós-Graduação em Educação da UFSC e graduado em Educação física pela Ufsc. Professor efetivo da Rede Municipal de Ensino de Florianópolis.

Orcid: 0000-0002-9489-6180

RAIANY KELLY ABREU DE OLIVEIRA

Estudante de escola pública e filha de projetos sociais. Cursando Educação Física licenciatura pela Universidade Federal do Ceará. Dançarina do grupo de dança popular Oré Anacã e militante do Movimento de Mulheres Olga Benario. Bolsista por um ano do Programa de Estímulo a Cooperação na Escola (Prece) com formação em Aprendizagem Cooperativa. Bolsista por um ano do Programa de Iniciação à Docência (PID), atuando na monitoria das disciplinas de Psicologia do Desenvolvimento e da Aprendizagem Humana; Residente do Programa Institucional de Bolsas de Residência Pedagógica e, atualmente, atuando na rede pública de ensino municipal de Fortaleza como facilitadora do Projeto Aprender Mais.

Orcid: 0000-0001-6139-6086

RAIMUNDO MAXIMIANO DE OLIVEIRA

Mestrando em Educação Física Escolar pela (USJT), especialista em Educação Inclusiva, LIBRAS e Ensino Lúdico pela Faculdade Barão de Mauá e em Educação Física Escolar, História e Cultura Afro-Brasileira e Psicomotricidade pela Faculdade de Educação São Luiz e licenciada em Educação Física pela (Unicid) e em Pedagogia pela (Uninove). Atua como professor efetivo de Educação Física na educação infantil e no ensino fundamental I e II na Prefeitura Municipal de Santo André. Professor efetivo de Pedagogia na educação infantil na prefeitura de São Caetano de Sul.

Orcid: 0009-0007-0100-7684

RAVENNA DE FREITAS PINTO

Atualmente, é licenciada em Educação Física pela Universidade Federal do Ceará (UFC). Participou como bolsista residente do Programa de Residência Pedagógica pela Capes.

Orcid: 0009-0006-1539-8017

RENATA OURIQUES QUINT

Especialista em Capacitação Continuada em Esporte Escolar pela UNB e graduada em Educação Física pela Ufsc. Professora efetiva de Educação Física na educação infantil da Rede Municipal de Ensino de Florianópolis e integrante do Grupo de Estudos Independente em Educação Física na Educação Infantil.

Orcid: 0000-0001-6885-9709

RICARDO LEMES DA ROSA

Doutor em Educação pela PUC-PR, mestre em Educação Física (UFPR) e graduado em Educação Física (PUC-PR). Membro do grupo de pesquisa Direitos Humanos, Políticas Públicas e Formação de Professores (PPGE/PUC-PR). Professor assistente na Escola Medicina e Ciências da Vida – PUC-PR, atuando nos cursos de bacharelado e licenciatura em Educação Física e licenciatura em Pedagogia da PUC-PR. Secretário adjunto na Secretaria Estadual do Colégio Brasileiro de Ciências do Esporte do Estado do Paraná (CBCE/PR).

Orcid: 0000-0003-2358-0370

ROBERTA GAIO

Doutora em Educação, mestre em Educação Motora, especialista em Ginástica Rítmica e Motricidade Humana e graduada em Educação Física. É professora do Centro Universitário Salesiano de São Paulo/Campinas, SP, professora das especializações de Ginástica Rítmica da Unopar e FMU e coordenadora do Grupo de Ginástica e Dança do Unisal.

Orcid: 0000-0002-0378-3616

ROSANGELA MATIAS-ANDRIATTI

Mestra em Educação Física Escolar pela (Unesp), especialista em Educação Física Escolar pela (Unicamp) e graduada em Educação Física. Pedagoga, psicopedagoga clínica e institucional. Professora titular de Educação Física pela Secretaria Estadual de Educação de São Paulo, professora titular de Educação Básica Ciclo I pela Secretaria Municipal de Educação de Suzano-SP. Técnica de área do ensino fundamental e a Educação de Jovens e Adultos (EJA). Coordenadora do Núcleo Pedagógico e dos Programas Federais voltados à educação básica. Participa do grupo autônomo de Professores-Pesquisadores de Educação Física Escolar-SP.

Orcid: 0000-0002-2156-5874

SARAH GALDINO DOS SANTOS

Licenciada em Educação Física pela (Uece) e bacharel em Educação Física pelo (UNIFAJ). Membro do Grupo de Estudos e Pesquisa em Educação Física Escolar (Gepefe).

Orcid: 0000-0003-4083-7959

SERGIO AUGUSTO NACARATO

Especialista em Neuropsicologia pela Unifesp/SP, em Pesquisa e Educação em Psicomotricidade pela Faculdade do ABC/Instituto Superior de Psicomotricidade (ISPE-GAE/SP) e em Certificat International en Sciences et Tecniques du Corps (CISTC), Organisation Internationale de Psychomotrité et de Relaxation-Paris/França (OIPR) e vários outros cursos de especialização e aperfeiçoamento em Paris/França e graduado em Educação Física pela Faculdade de Educação de Santo André (Fefisa). Trabalhou 12 anos em escolas particulares do estado de São Paulo como o Colégio Elvira Brandão, Colégio Magno, Magico de OZ e atuou por 18 anos nos cursos de pós-graduação no curso de Educação Física Escolar pela FMU/SP e Universidade GAMA Filho/RJ. Hoje, atua como sócio-diretor e psicomotricista na Total Plus Servs e Atend LTDA.

Orcid: 0009-0004-9122-943x

SÉRGIO RENATO BEZERRA FILHO

Licenciando em Educação Física pela Universidade Federal do Ceará (UFC). Foi bolsista no Programa Residência Pedagógica (Capes) e é membro do Grupo de Estudos e Pesquisa em Educação Física escolar (Gepefe-Uece).

Orcid: 0000-0003-4889-4931

TASSIANA JANS

Professora de Educação Física desde 2011 na Prefeitura Municipal de Vinhedo, atuando na educação infantil e ensino fundamental anos finais e iniciais. Formada em Educação Física pela Unicamp, cursando mestrado na Universidade Estadual Paulista em Rio Claro/SP.

Orcid: 0009-0001-9617-8924

THAIDYS DA CONCEIÇÃO LIMA DO MONTE

Doutora e mestra em Educação pela (UECE), especialista no Ensino de Educação Física pela (FFB) e em Atendimento Educacional Especializado pela (UEM) e graduada em Educação Física pela (Uespi). Docente do (IFCE). Integrante dos (Gepefe) da Uece e Educação, Saúde e Exercício Físico (GPESEF) do IFCE.

Orcid: 0000-0002-3459-1465

VANESSA MARIA FERREIRA LUDUVINO XAVIER

Licencianda em Educação Física pela (UFC), está no 9° semestre da graduação. Foi bolsista residente do Programa de Residência Pedagógica pela Capes e bolsista PID pelas disciplinas de "Fundamentos Filosóficos na Educação Física" "Prática Integrativa I" e "Ética e Profissionalidade".

Orcid: 0000-0002-4236-8423

VICTOR JOSÉ MACHADO DE OLIVEIRA

Doutor em Educação Física pela (UFES). Professor da Faculdade de Educação Física e Fisioterapia (FEFF), do Programa de Pós-Graduação em Educação (PPGE), do mestrado profissional em Educação Física em Rede Nacional (PROEF) da (UFAM).

Orcid: 0000-0001-7389-9457